1682
J.B. METZLER

KINDLER KOMPAKT
DIE BIBEL

Von Martina Janßen, Jürgen Wehnert u. a.
Eingeleitet von Heinrich Detering

J. B. Metzler Verlag

Kindler Kompakt bietet Auszüge aus der dritten, völlig neu bearbeiteten Auflage von *Kindlers Literatur Lexikon*, herausgegeben von Heinz Ludwig Arnold. – Die Einleitung wurde eigens für diese Auswahl verfasst und die Artikel wurden, wenn notwendig, aktualisiert.

Heinrich Detering ist Professor für Neuere deutsche Literatur und Vergleichende Literaturwissenschaft an der Universität Göttingen sowie Präsident der Deutschen Akademie für Sprache und Dichtung.

Inhalt

Einführung

Heinrich Detering

Eine knappe, nur rund zweihundert Druckseiten umfassende Einführung zu geben in eines der am weitesten verbreiteten, über die längste Zeit hin entstandenen, am häufigsten (und kontroversesten) ausgelegten und kulturell produktivsten Bücher der Menschheitsgeschichte und einen Überblick über seine einzelnen Teile: das ist eigentlich eine unlösbare Aufgabe. Gerade angesichts der ungeheuren Bedeutung, die dieses Buch erlangt hat, ist sie aber auch unausweichlich. Wer dieses Buch, oder Teile davon, als gläubiger Jude oder Christ oder auch als Muslim liest – denn auch im Koran wird es ja mit Respekt genannt und in Teilen neu erzählt und gedeutet –, für den oder die besitzt es den Rang eines Offenbarungsträgers, haben seine Kenntnis und der Umgang mit ihm womöglich Heilsbedeutung; in Luthers zwischen den Konfessionen umstrittener Formel »sola scriptura« kommt diese Bedeutung am pointiertesten und bündigsten zum Ausdruck. Aber auch wer das Buch als Ungläubiger oder Skeptiker, agnostisch oder einfach nur neugierig liest, hat es sogleich mit den ersten und den letzten Dingen zu tun, mit Grundfragen zu Leben und Sterben, Mensch und Schöpfung, buchstäblich Gott und der Welt – und mit Erzählungen, Ritualvorschriften, Gesängen, die ihm oder ihr ganz und gar fremd und rätselhaft erscheinen müssen, als Zeugnisse ferner und fremder Kulturen.

Diese Fremdheit prägt den Umgang mit der Bibel zunehmend, je weiter sich die von jüdisch-christlichen Überlieferungen geprägten Kulturen säkularisiert haben. Je weniger das Kirchenjahr mit seinen religiösen Narrativen und Ritualen den Gang des bürgerlichen Jahreslaufs bestimmt, je seltener der Kirchgang und damit auch die einst regel- und gewohnheitsmäßige Konfrontation mit biblischen Texten und ihren Auslegungen wird, je weiter die über lange Perioden hinweg unangefochtene autoritative Geltung dieses Buches im Unterschied zu allen anderen verblasst: desto undeutlicher erscheinen auch die Beziehungen zwischen ihm und seinen unabsehbar mannigfaltigen Abkömmlingen in den Künsten und Literaturen, in den Alltagskulturen von der Weihnachtsfeier bis zu den Osterbräuchen, in alltäglichen Redensarten wie in grundlegenden Denkfiguren und Deutungsschemata etwa der Anthropologie, der Geschichtsphilosophie, der Ethik und so fort.

Eine möglichst knappe und möglichst präzise Einführung in das Buch, das im Singular »die Heilige Schrift« heißt oder »das Buch der Bücher« oder eben »die Bibel« und das doch bis in diese Bezeichnung selbst hinein eigentlich ein Plural gewesen ist, »ta biblía«, »die Bücher« (vgl. S. 29): eine solche Einführung ist also ebenso unmöglich wie notwendig. Sie wird in den folgenden Kapiteln mit den Artikeln gegeben, die in *Kindlers Literatur Lexikon* die einzelnen biblischen Texte und Textgruppen vorstellen und darüber hinaus auch die an sie anschließenden, aber nicht in den kanonischen Kernbestand aufgenommenen »apokryphen« Schriften umfassen. Hier im vorliegenden Bändchen wie dort im großen Lexikon geschieht das, der Grundstruktur der Bibel selbst folgend, in zweimal zwei größeren Teilen: Der Darstellung des Alten Testaments einschließlich seiner Apokryphen folgt diejenige des Neuen Testaments einschließlich der seinen. Die hier an den Anfang gestellte Einführung in die Einführung soll lediglich einige große Linien andeuten und Grundzüge hervorheben, die für jeden Leser und Menschen von Bedeutung sein könnten, Gläubige und Ungläubige, Skeptiker und Neugierige und alle, die mehreres davon zugleich sind. Sie geht aus von einem Gedankenspiel, das vielleicht in mancher Hinsicht gar nicht mehr nur ein Spiel ist: Wenn man »Die Bibel« zum ersten Mal aufschlüge und ernsthaft zu lesen versuchte – was würde sich da zeigen?

Von Anfang bis Ende

Die Bibel, das ist »die gantze Heilige Schrifft«, wie es in der Übersetzung Martin Luthers heißt (der wirkungsmächtigsten und darum im Folgenden zugrunde gelegten deutschen Übersetzung). Die Bibel ist in ihrem ersten, umfangreicheren Teil die heilige Schrift des Judentums und in der aus Altem und Neuem Testament zusammengesetzten Fassung die heilige Schrift der Christen. Wenn wir für einen Augenblick so tun, als sei es uns ganz neu und als müssten wir es zum ersten Mal in der riesenhaften Gesamtheit zu überblicken versuchen, in der es nun, nach einer mehr als ein Jahrtausend umfassenden Entstehungsgeschichte, vor uns liegt – dann sehen wir es, als sei es gewissermaßen ein doppelter Trichter, eine Sanduhr: Vom Größten verengt es sich ins Allerkleinste, von dort aus vergrößert es sich wieder ins Allergrößte. Läsen wir das Buch als eine Art von Roman und versuchten dann, den Gang dieser Handlung einem anderen knapp zusammenzufassen, dann könnte das ungefähr so aussehen:

Im Anfang ist das Tohu und das Bohu, Tohuwabohu, die Wüste und die Leere, das Nichts. Aber in und über dem Nichts ist Der, der von Ewigkeit war und in Ewigkeit ist, und Er erschafft, in souveräner Freiheit, eine Welt. (Dazu hier der Artikel »Genesis«, S. 37.) In zwei miteinander ganz offenkundig, ja demonstrativ nicht zur wörtlichen Deckung zu bringenden Ursprungsmythen wird dieses – man möchte sagen: naturgemäß – unbegreifliche, undarstellbare Geschehen dargestellt. (Der Mythos ist also nicht Ziel, sondern Medium der Erzählung von etwas, von einem, das und der jenseits der Mythen ist; aber in welcher anderen Sprache als dieser wäre davon zu erzählen? Und wovon man nicht reden kann, darüber muss man erzählen.) Ein Gegenüber erschafft er sich, der Ewige, und er reflektiert darüber in einem Selbstgespräch. »Lasset uns Menschen machen«, sagt er zu sich. Der unteilbar Eine ist, von allem Urbeginn seiner Selbstkundgabe an, gewissermaßen ein Mehrfacher: Er ist für sich selbst ein Gegenüber, und er ist für sich selbst gewissermaßen das Medium dieses Ur-Gesprächs. Dreifaltig, so wird das sehr viel später heißen oder jedenfalls andeutend umschrieben werden, in sehr viel später entstandenen Schriften, drei-einig.

Was der Eine erschafft, ist der Kosmos, das Universum; in dessen Mitte steht die Erde, auf ihr der Mensch, »Adám«. Schon hier, auf den ersten Seiten, verengt sich die Perspektive des Textes, in atemberaubendem Tempo, von den kosmischen Dimensionen zu dem einen Wesen aus Fleisch und Blut, das aussieht wie wir. In derselben Weise, nur nicht ganz so schnell, verengt sich auch die weltumspannende Perspektive, von den Urgeschichten von der Sintflut und dem Neubeginn, vom Turmbau zu Babylon und dem Auseinanderbrechen der Menschheit in einzelne Völker, auf die Geschichte eines einzigen Volkes, des – wie es immer wieder und im Gegenzug zu diversen

Herrschafts- und Allmachtsphantasien heißt – des kleinsten unter allen Völkern. Warum? Weil es dem Ewigen gefallen hat, ausgerechnet diese zu erwählen, die von sich selbst singen: »Mein Vater war ein wandernder Nomade.« (Ausführlich dazu der Artikel »Exodus bis Deuteronomium«, S. 41) Im Neuen Testament, in der Geschichte des in Jesus Christus fleischgewordenen Wortes, schnurrt die Perspektive des Buches Bibel am engsten zusammen. Und die gewissermaßen engste Stelle der Sanduhr sind die Schilderungen der Kreuzigung selbst: Von dem gewaltigen kosmischen Weitblick des »Es werde Licht« ist nun nichts geblieben als diese – in kosmischer, aber auch schon in menschheitsgeschichtlicher Perspektive – verschwindend kleine, winzige Szene, das erbärmliche Verenden, Verrecken eines Straftäters unter anderen, am Stadtrand in einer Randprovinz des römischen Reiches. »Und es war eine Finsternis über das ganze Land«, schreibt der Evangelist: das Licht wird ausgeschaltet. In den Augen der gläubigen – oder jetzt schon nicht mehr gläubigen – Augenzeugen vollzieht sich hier das Ereignis, das eine viel spätere Religionskritik der Bibel entgegenhalten wollte. Hier ereignet sich buchstäblich der Tod Gottes.

Von hier an, *von hier aus* wird sich dann, im verbleibenden Teil der Bibel, die Perspektive wieder ausweiten, bis hin ins ganz und gar Unermessliche. Von der kleinen, dann wachsenden Gemeinschaft derjenigen, die, Wunder über alle Wunder, dem Gekreuzigten als dem Auferstandenen leibhaftig begegnen, über die Ausbreitung der Kirche bis hinein in die Hauptstadt wenn nicht der Welt, so doch jedenfalls des römischen Weltreiches und endlich, in den sich förmlich überschlagenden Visionen des letzten Buches der Bibel, das in ebenjener kosmischen Perspektive endet, in der alles begann. Die Apokalypse des Sehers Johannes, ihrerseits ein Konglomerat unterschiedlichster apokalyptischer Visionen und geschichtstheoretischer Entwürfe des Juden- und des frühen Christentums, sieht »einen neuen Himmel und eine neue Erde« in Bildern von Gericht und Befreiung, von Kampf und Fest, »und Gott wird abwischen alle Tränen von ihren Augen, und der Tod wird nicht mehr sein, noch Leid noch Geschrei noch Schmerz wird mehr sein; denn das Erste ist vergangen.« (Dazu ausführlich der Artikel »Die Offenbarung des Johannes«, S. 177.) – Dies also könnte, in aller Kürze, gewissermaßen der *plot* dieses Buches sein, der Gang seiner Handlung, von der Schöpfung am Anfang bis zur Neuen Welt des Gottesreiches am Ende.

Das Größte als das Kleinste (und umgekehrt), das Heil im Zerstörten, das Ewige im Augenblick, die Niederlage als die Überwindung: Solche paradoxen Denkfiguren, wie wir sie aus der christlichen Tradition allenthalben kennen und wie sie noch das anti-christliche Denken von Autoren wie Marx oder auf andere Weise Nietzsche imprägniert haben, bestimmen das Geschehen in der Bibel eigentlich überall, makro- und mikrostrukturell gleichermaßen. Es ist die Grundfigur des Gottes in der geschundenen Gestalt des misshandelten und gekreuzigten Menschen, des allmächtigen Schöpfers in der Gestalt des ohnmächtigen Geschöpfes. Es ist auch die Grundstruktur einer Welt-, ja einer kosmischen Geschichte, die zugleich und als solche die Geschichte einiger winziger Nomadengruppen zwischen den Großmächten Persiens und Ägyptens ist und die Geschichte einer subkulturellen Gruppe im kaiserlichen Rom.

Das Wort und das Fleisch

Der jüdische und der christliche Glaube beruhen auf diesem Buch. Und sie sind doch keine Buchreligionen, anders als etwa der Islam. Von diesem hat man im religionsphänomenologischen Vergleich gesagt, in ihm entspreche das heilige Buch des Koran etwa dem, was im Christentum die Person Jesu Christi sei. Dem Glauben der Moslems zufolge *verkörpert* sich demnach das Göttliche unter den Menschen in Gestalt der Schrift, des verschriftlichten und kanonisierten und sangbaren Wortes. Hier, im Juden- und dann im Christentum, ist das verschriftlichte und kanonisierte Wort nur – aber was heißt hier ›nur‹? – *Zeugnis von* einem Geschehen in der Geschichte, ein Zeugnis, das ein Gespräch aus Rede und Antwort in Gang setzt und in Gang *hält*. Im Judentum handelt es von der Geschichte Gottes mit dem von ihm erwählten und durch diese Erwählung geheiligten Volk. Das Christentum geht noch einen, einen entscheidenden und provozierenden, Schritt weiter. Εν ἀρχῄ ῄν ὁ λόγος, schreibt der Evangelist Johannes, *En archē ēn ho lógos:* »Im Anfang war der Logos: das Wort, und das Wort war bei Gott, und Gott war das Wort. ... Und das Wort ward

Fleisch und wohnte unter uns, und wir sahen seine Herrlichkeit, eine Herrlichkeit als des eingeborenen Sohnes vom Vater, voll Gnade und Wahrheit.« Das Wort wurde Fleisch, das heißt zunächst (und dabei ist das Wort Fleisch, σαρξ, *sarx*, im Griechischen nicht weniger krass und eigentlich anstößig, als es im Deutschen klingt): Es nahm die Gestalt eines Menschen an, an einem bestimmten Ort auf der Erde, zu einem bestimmten Zeitpunkt in der Geschichte; und dieser Mensch *verkörpert* jenes Wort, das im Anfang war und bei Gott ist, in seiner Gestalt und in seiner Rede. Das geschriebene und schließlich gedruckte Wort gibt davon Zeugnis; es berichtet und gibt weiter, und insofern ist es ›Heilige Schrift‹. Das Heilige aber, von dem die Schrift berichtet, ist nicht sie selbst; sie ist nur sein Medium. Der eine Mensch ist es, der in seiner Gestalt das ewige Wort *ist* und der in seiner Rede und in seinem Tun die Herrschaft dieses Wortes vergegenwärtigt. Weiter bei Johannes: »Niemand hat Gott je gesehen; der eingeborene Sohn, der in des

Vaters Schoß ist, der hat ihn uns verkündigt.« Wie er das tut, was er da sagt, das sammeln und berichten die Evangelisten, von denen Johannes der vierte, späteste und letzte ist.

Welches aber ist die *Gestalt*, in der dieser eine das Wort repräsentiert? Ihre Beschreibung übertrifft noch die Drastik des Wortes »Fleisch«: »Er hatte keine Gestalt und Hoheit. Wir sahen ihn, aber da war keine Gestalt, die uns gefallen hätte. Er war der Allerverachtetste und Unwerteste, voller Schmerzen und Krankheit. Er war so verachtet, dass man das Angesicht vor ihm verbarg; darum haben wir ihn für nichts geachtet. Fürwahr, er trug unsere Krankheit und unsre Schmerzen. Wir aber hielten ihn für den, der geplagt und von Gott geschlagen und gemartert wäre.« Der zweite Prophet, der im Buch Jesaja des Alten Testaments spricht, hat Jahrhunderte vor dem Leben und Sterben Jesu von Nazareth diese Vision des »Gottesknechtes« aufgeschrieben (mehr dazu hier im »Jesaja«-Artikel, S. 61); und von Anfang an hat die christliche Gemeinde in ihr die genaueste Beschreibung eben des Lebens und Sterbens Jesu von Nazareth gesehen. Im Brief an die Gemeinde in Philippi wird der Apostel Paulus, viele Jahrhunderte nach Jesaja, einen bis dahin mündlich überlieferten Hymnus zitieren, aus den allerfrühesten christlichen Gemeinden, in dem diese Beschreibung des Fleisch gewordenen Wortes wieder aufgenommen und weitergedichtet wird. Denn auch das gehört zu diesem Buch namens Bibel, dass in ihm die Schreibenden und Redenden einander über gewaltige zeitliche und kulturelle Abstände hin antworten, in einem Hallraum, der weit mehr als ein Jahrtausend umfasst und in dem die entferntesten Stimmen plötzlich ganz nah klingen können. Jetzt also, am Anfang, gewissermaßen im Urknall des Neuen Testaments, wird die einstige Vision vom »Gottesknecht« zur Rückschau auf etwas schon Geschehenes: »Christus, obwohl er in göttlicher Gestalt war, nahm es nicht als einen Raub, Gott gleich zu sein, sondern entäußerte sich selbst und nahm Knechtsgestalt an, wurde gleich wie ein andrer Mensch und an Gebärden wie ein Mensch erfunden. Er erniedrigte sich selbst und wurde gehorsam bis zum Tode« – und nun fügt der zitierende Paulus noch hinzu: »ja bis zum Tode am Kreuz«. *Dies* eben, und nur dies, ist das, was Johannes im Prolog zu seinem Evangelium »das Licht« nennt, das vom fleischgewordenen Wort ausgeht: »In ihm war das Leben, und das Leben ist das Licht der Menschen. Und das Licht scheint in der Finsternis, und die Finsternis hat's nicht ergriffen.«

Das heilige Buch, in dem diese Sätze stehen, ist – darauf kommt es hier an – nicht die Lichtquelle selbst, sondern ihre Vermittlung. Es ist der Abglanz dieses Lichts. Seit das Wort Fleisch geworden ist, weisen die vielen Wörter dieses Buches darauf hin, wie ein einziger großer Fingerzeig. Das Wort und das Fleisch sind eins nur in Gott, in Christus selbst. An die Gemeinschaft der Glaubenden vermittelt wird dieses Einssein (so, dass es nun auch sie selber mit einbezieht) in der Einheit und dem wechselseitigen Aufeinander-Angewiesensein von Wort und Sakrament.

Für die Beschaffenheit des heiligen Buches heißt das unergründlich viel – unter anderem aber auch dies: So wie das Wort, das Fleisch geworden ist, sich in die menschliche Geschichte hineinbegibt, und das heißt: sich ausliefert an ihre Niedrigkeit, Schäbigkeit, ihr Elend, bis es zugrunde zu gehen scheint daran – so begibt sich das Ewige als das Wort *in die menschliche Sprache hinein*, mitsamt ihrer Vielfalt, Vieldeutigkeit, Geschichtlichkeit, ihren Begrenzungen, Uneigentlichkeiten, mit alldem, was sie *nicht* sagen kann. Das Ewige wird menschliche, geschichtliche Rede – auslegungsbedürftige, der menschlichen Rezeption freigegebene, *uns* ausgelieferte Rede.

Zwei Lektüren: Textgeschichte und Textgestalt

Man kann den Text – und die vielen einzelnen Texte – der Bibel auf die unterschiedlichsten Weisen lesen. Eine, vielleicht eine der wichtigsten ist die Doppelperspektive des *Daseins* und des *Gewordenseins*. Die Bibel ist, neben vielem anderen, auch eine Schule der Philologie und ihr schönster und überraschungsreichster Lohn.

Was ist nicht alles an Texten und Textsorten eingegangen in dieses Menschheits-Lesebuch! Da sind die orientalischen Mythen aus urältester Vor- und Frühgeschichte: vom Töpfer, der aus Ton den Menschen formt und ihm den Lebensodem einhaucht; vom verlorenen Garten irgendwo dort, wo die ersten Hochkulturen des Zweistromlandes entstehen; oder vom Erbauer der Arche, der den Fortbestand der Menschheit durch die strafende Flut hindurch rettet und im Buch Genesis Noah, im benachbarten Gilgamesch-Epos aber

Utnapischtim heißt. Da sind die im doppelten Sinn des Wortes sagenhaften Geschichten von den Vätern, vom Wanderer Abraham aus der Stadt Ur und vom verhinderten Opfer seines Sohnes; die dunklen und geheimnisvollen (und schon in sich selbst aus mehreren Überlieferungsschichten zusammengesetzten) Sagen von Jakob, der an einer Fluss-Furt bei Nacht mit einem Fremden kämpft, der aussieht wie einer der wachenden Geister aus der Volksmythologie und der sich dann als Gott selbst erweist, weshalb Jakob nach dem Kampf den Ehrennamen Israel erhält, Der-mit-Gott-kämpft.

Und da sind, um denselben Helden herum, die übermütigen und komischen Schelmengeschichten, an deren Frechheit sich die zeitgenössischen Erzähler ebenso ergötzt haben müssen, wie Thomas Mann es dann im *Joseph*-Roman getan hat. Und da ist die wunderbare Novelle von diesem Joseph selbst, der von seinen Brüdern verraten und verkauft wird, auf abenteuerlichen Wegen nach Ägypten gerät, allen erotischen und religiösen Versuchungen widersteht, zum Traumdeuter und endlich zum Retter Israels und Ägyptens wird und, in einer rührenden Szene, zum Erretter selbst seiner treulosen Brüder. Da sind die Berichte von der Erwählung, von der Knechtschaft und Befreiung eines Volkes, das aus diesen Anfängen hervorgeht, von der Gefangenschaft in Ägypten und dem Auszug ins Gelobte Land, von den zehn Gesetzestafeln und dem Tanz ums goldene Kalb. Da sind die staubtrockenen und nüchternen Herrschaftslisten der Chroniken Israels und Judas und gleich daneben die leidenschaftlichen, noch heute aufregenden und manchmal empörenden Geschichten vom Aufstieg des mit allen Wassern gewaschenen Hirtenknaben David zum tollkühnen Herrscher, zum frommen Sänger und Dichter und zum ehebrecherischen und mörderischen Sünder. Da sind die volkstümlichen, manchmal derben Sammlungen von Sprichwörtern und Lebensweisheiten, und da ist die abgeklärte, fast melancholische Weisheit des Predigers im Buch Kohelet. Da ist das fromme Liederbuch der einhundertfünfzig Psalmen, lobend und klagend, traurig und tröstlich, Lieder aus allen Lebenslagen und für alle Lebenslagen – und da ist, wiederum gleich daneben, die sinnliche, erotisch entzückte Poesie des Hohen Liedes, in dem Freund und Freundin wechselseitig ihre Liebe und die Schönheit ihrer Körper preisen. Die gewaltigen Reden der Prophetenbücher sind da, Bilder von der Allgewalt und Herrschaft des einen Gottes und vom Gericht über die Götzendiener, Deutungen der politischen Zeitgeschichte und Visionen des Kommenden, und gleich daneben die nicht weniger gewaltigen Empörungsreden Hiobs, der den richtenden Gott selbst anklagt und vor Gericht fordert – vor ein Gericht, dessen Richter dann doch wieder kein anderer sein kann als abermals ebendieser Gott. Und so fort. Und wie die Sammlung dieser Bücher, so ist jedes einzelne von ihnen seinerseits das Ergebnis eines langen und verzweigten Entstehungsprozesses. Und das heißt für uns jetzt auch: Jedes ist wiederum ein aus vielen Texten gewordenes Lesebuch im Kleinen.

In dieser, *der textgeschichtlichen, der kultur- und religionsgeschichtlichen Perspektive* also zeigen sich im Alten Testament die vielen Kulte, Götterbilder, religiösen und mythologischen Überlieferungen des Nahen und Mittleren Ostens, die hier zusammengekommen sind, sich überlagern, gegeneinander stehen, die Auseinandersetzungen zwischen den Stämmen und Staaten des jüdischen Volkes, innerhalb ihrer politischen und religiösen Gruppen und so fort.

Die zweite Perspektive, diejenige der im doppelten Sinne des Wortes *kanonischen Lektüre* ist mit dieser vereinbar, nur eben genau komplementär. Wer die Schrift glaubend liest, als die Heilige Schrift und in der gewordenen Ganzheit ihrer jetzigen Gestalt, wird sagen: Dies alles, dieses unendlich verzweigte Konglomerat von Texten, die Menschen sich von der Bronzezeit bis in die Spätphase des römischen Reichs erzählt und die sie aufgeschrieben haben, diese vielen Stimmen und Schriften, Sprecher und Schreiber in ihrer Verschiedenheit – sie stehen gleichsam im Kreis um eine einzige Mitte, die selbst unanschaulich und unaussprechlich ist und auf die allein es ankommt, um die allein es geht. Dies alles reflektiert und formuliert Erfahrungen mit einem mit sich selbst identischen, sich aber in den unterschiedlichsten Kulturen und Sprachen offenbarenden, sich in sie hinein gebenden und in jedem neuen Menschenwort anders erscheinenden Gott. Dessen paradoxer Name ist ja denn auch kein Name wie andere, sondern im Gegenteil die Verweigerung eines irgendwie fixierenden Namens. Den neugierig Fragenden (in diesem Fall: des fragenden Mose vor dem brennenden Dornbusch) führt er zurück auf die Versicherung

des Da-Seins selbst, sonst nichts. »Jahwe«: so nennt dieser sich Offenbarende seinen Namen. »Ich-bin-der-ich-bin« kann die kaum eindeutig übersetzbare hebräische Formulierung heißen, oder: Ich bin der Ich-Bin, oder: Ich bin der, der ich für dich / für euch sein werde – der sich entschlossen hat, zu euch zu reden, für euch da zu sein und Wort zu werden.

Kanon und Lehramt

Wenn also am Anfang das Wort war, dann haben sich die Wörter doch erst sehr viel später eingestellt. Seither aber ist die Frage umstritten, welche Schriften denn die »Heilige Schrift« ausmachen sollten. Der theologische Streit etwa darüber, warum eigentlich das gnostisch inspirierte Johannesevangelium dazu gezählt wurde, die unter der irreführenden Bezeichnung *Thomasevangelium* bekannte Sammlung gnostisch überformter Jesusworte aber nicht – dieser Streit dauert bis heute an. (Vgl. hier den einführenden Artikel »Neutestamentliche Apokryphen«, S. 182.) Auch die Apokalypse des Johannes, die den jetzigen Kanon abschließt, ist nur ein Repräsentant einer sehr umfangreichen Gruppe ähnlicher Texte. (Mehr dazu hier in der Übersicht über apokryphe christliche Apokalypsen, S. 200.) Und hätten die Kompilatoren des Neuen Testaments gewusst, was die neutestamentliche Philologie gezeigt hat, dass beispielsweise die Petrusbriefe dem gleichnamigen Apostel zwar zugeschrieben, gewiss aber nicht von ihm verfasst wurden, sie hätten die Texte womöglich gar nicht in den Kanon der heiligen Schriften aufgenommen. Nicht anders die in der Verfasserfrage ebenso umstrittenen »Deuteropaulinen«, etwa die Briefe des Paulus an Titus und Timotheus, vielleicht auch derjenige an die Epheser, oder der lange unbegründet als paulinische Schrift geführte Hebräerbrief. (Zu alldem mehr in den Artikeln »Die Paulusbriefe«, »An die Hebräer« und »Die katholischen Briefe«, S. 144, 164 und 165.)

Andererseits – wie froh und dankbar ist man dafür, dass diese Zeugnisse einer frühen Rezeption des Paulus, der Auseinandersetzung mit seiner Theologie und den praktischen Problemen und Erfahrungen der entstehenden Kirche auf diese Weise in die Bibel gelangt sind! Auch die Frage danach, welches eigentlich die heiligen Schriften seien und wie die Christen mit ihnen umzugehen haben, taucht hier schon *in der Bibel selbst* auf. Paulus befolgt in seinen großen theologischen Reflexionen weithin eine Praxis der Schriftauslegung, wie sie der jüdischen Schriftgelehrsamkeit seiner Zeit entspricht. Das für uns heutige Leser Bemerkenswerte an diesem allgemein bekannten Vorgang ist der überaus erstaunliche Sachverhalt, dass damit also *in* der Bibel selbst schon die Bibel gelesen, dass *in* dieser Heiligen Schrift darüber nachgedacht wird, wie man die Heilige Schrift richtig versteht oder eben nicht. Und das setzt sich fort über Paulus hinaus.

An alle, »die mit uns denselben teuren Glauben empfangen haben«, schreibt der im Namen des Petrus auftretende Schreiber des 2. Petrusbriefs, sie sollten auf die Geduld Gottes *so* vertrauen, »wie auch unser lieber Bruder Paulus nach der Weisheit, die ihm gegeben ist, euch geschrieben hat; wie er euch in allen Briefen davon redet, in welchen sind etliche Dinge schwer zu verstehen, welche die Ungelehrigen und Ungefestigten verdrehen, wie sie es auch bei den anderen Schriften tun«; und dann folgt die Drohung mit der Verdammnis. Aber – dass die Briefe des Paulus eben doch oft nur »schwer zu verstehen« seien, das hat er ja gerade selbst seufzend zugegeben. Wer also legt sie richtig aus, und wer redet sich dabei um Kopf und Kragen? Der Streit zwischen dem kirchlichen Lehramt und dem Priestertum aller Gläubigen: Hier ist er zum ersten Mal mit Händen zu greifen, mitten in der Heiligen Schrift selbst.

Und schon viel früher, schon innerhalb des »Alten Testaments«, ist die Kanonizität vieler Schriften umstritten, die heute im Allgemeinen dazu gezählt werden. Die Erweiterungen der Tora um die Geschichtsbücher und Chroniken, um die Überlieferungen der Propheten, um die Weisheitslehren etwa der »Sprüche«: jede dieser Erweiterungen dürfte ein anstößiges, immer ein umstrittenes Verfahren gewesen sein. Erst recht gilt das für Grenzfälle wie das Buch Esther (in dem von Gott mit keinem Wort die Rede ist, das aber eine wichtige und gewaltige Geschichte aus der Geschichte des Volkes Israel erzählt); es gilt für den erst in späten Redaktionen nachdrücklich auf den Jahwe-Glauben bezogenen Pessimismus des Predigers Kohelet (»Es ist alles eitel«) und für die erotische Poesie des Hohen Liedes. Diese Sammlung von Liebesliedern verdankt ihre kanonische Geltung den tiefsinnigen theologischen Deutungsanstrengungen einer Übertragung der Rollen von Liebendem und Geliebter auf das Verhältnis zwischen Jahwe und seinem Volk, dann zwischen Christus und der gläubigen Seele – oder: zwischen Christus und seiner Kirche.

Und dies alles sind keineswegs nur Streitigkeiten, die längst historisch geworden wären und heute nur noch spezialisierte Kanonisierungshistoriker beschäftigten. Tatsächlich bis heute sind die Grenzen der »Heiligen Schrift« zwischen den Konfessionen prekär geblieben. Was etwa für die katholische Tradition »deuterokanonische« Schriften sind, das ordnet Luther den »Apokryphen« zu, die nach seiner Anweisung zwar »der heiligen Schrifft nicht gleich gehalten / vnd doch nützlich und gut zu lesen sind«. Was wiederum den Katholiken als »apokryph« gilt, heißt bei den Protestanten »pseudepigraphisch«, und so fort. (Eine Übersicht über Begriffe, Gliederungen und Texte geben hier die Artikel »Alttestamentliche Apokryphen« und »Neutestamentliche Apokryphen«, S. 102 und 182.) Und das betrifft nicht bloß Bezeichnungen, sondern zugleich die Frage, welche Texte überhaupt als verbindlich gelten sollen. Immer von neuem hat sich der Damm der Kanonisierung, den die Kirchen gegen die Flut der Texte errichteten, als wenig haltbar erwiesen. Um die Löcher abzudichten, sind immer wieder sorgfältige Verzeichnisse jener Texte erstellt worden, deren Verfasser und Leser »unter der unauflöslichen Fessel des Anathema [also des Bannfluchs] in Ewigkeit verdammt seien« – so das kirchliche *Decretum Gelasianum* aus dem 6. Jahrhundert. Aber die notorische Schärfe solcher kirchlichen Autoritätsbehauptungen ist eben zugleich ein Indiz für die subversive Kraft einer *genuin heterogenen* Tradition. Und erst beides zusammen macht vielleicht die Grundspannung der Religionen aus, die sich auf dieses Buch namens Bibel beziehen: das kirchliche Lehramt, das Ordnung wahrt und Zusammenhang schafft, bis hin in den Zusammenhang des Kanons – und das widerspenstige Eigenleben, das diese kanonischen Schriften in sich selbst und miteinander führen (und das immer wieder eigenwillige, heterodoxe, häretische Lektüren hervorbringt). Das eine widersteht der Gefahr des Auseinanderfallens in Willkür, das andere der Illusion, die Wahrheit des einen Wortes sei in menschlicher Rede ein- für allemal formuliert und fixiert. Was man »das lebendige Wort« nennt, lebt in der zentrifugalen Vielstimmigkeit der Wörter; das ist die konstitutive Vielstimmigkeit dieser sonderbaren »Heiligen Schrift«. Und was sich in der Vielstimmigkeit der Wörter artikuliert, das ist das eine Wort; darauf beharrt die zentripetale Strenge des Lehramts.

Das Nebeneinander gleichermaßen als heilig geltender, einander aber offensichtlich widersprechender Texte: Das ist in der jüdisch-christlichen Tradition eine dauerhaft wirksame Provokation gewesen, bis heute; wirksam *latent* immer, *akut* jedesmal, wenn historische Veränderungen Distanz zur Tradition erzwingen, ihre entschlossene Behauptung, ihre Revision oder ihre Verwerfung – vom babylonischen Exil bis zum Ausbleiben der triumphalen Parusie, vom Auseinanderbrechen der einen Kirche in der Reformation bis zu den Religionskritiken des 18. und 19. Jahrhunderts und so fort. Eingegangen in die Geschichte menschlicher Rede, ist die Bibel geschichtlich *geworden* und geschichtlich *geblieben*, Teil eines unendlichen und unabschließbaren Gesprächs, das bis heute andauert. Es könnte zuweilen erinnern an eine der tiefgründigsten Bemerkungen des Sprachphilosophen (und Antipoden Kants) Johann Georg Hamann, alle menschliche Rede sei nur Übersetzung aus der Engelssprache.

Vielstimmigkeit und Dialogizität

Kann der jahrtausendealte Streit um den »heiligen« Kanon noch vergleichsweise äußerlich anmuten, so ist die *Heterogenität* auch innerhalb des kanonischen *Kernbestandes* doch eine zutiefst bestimmende Grundgegebenheit der jüdisch-christliche Überlieferung. Sie ist *so* eigentümlich und grundsonderbar und uns doch von Kindesbeinen an so vertraut, dass man versuchsweise eine Außenperspektive einnehmen muss, um sie überhaupt wieder zu bemerken. Wie jeder, der sich einmal tapfer und unvorbereitet an die Lektüre der Bibel machen wollte, mit Verblüffung bemerkt hat, stehen dort gleich am Anfang zwei einander ausschließende, ganz unterschiedliche theologische und kosmologische Konzeptionen voraussetzende Schöpfungsmythen. Die für die Geschichte der Volkes Israel konstitutive Errettung vor den verfolgenden Ägyptern wird in einer ganzen Reihe sehr unterschiedlicher Versionen erzählt; die in Hollywood verfilmte ist die entstehungsgeschichtlich letzte Version, die das im uralten Mirjamlied berichtete Geschehen ins Grandiose überhöht. Nur zwei Verse umfasst dieses lakonische Zeugnis von der Befreiung des Volkes Israel, der vermutlich älteste Einzeltext in der gesamten Bibel: »Lobt den Herrn, denn hoch erhaben ist er, / Ross und Reiter warf er ins Meer!« Welch eine Differenz zwischen diesem Jubelruf und der kapitellangen Geschichte vom Meer, das sich teilt, und vom Volk, das trockenen Fußes hindurchzieht! In diversen widerstreitenden Geschichten ist auch von der für eine theokratische Staatsauffassung theologisch höchst problematischen Einsetzung Sauls zum ersten König des Volkes Israel die Rede, dann vom Aufstieg seines Zöglings und Rivalen David und überhaupt von fast jedem einzelnen Abschnitt der großen Geschichte. Bereits dieser grundlegende Sachverhalt bedeutet eine erhebliche Erschwerung für den Versuch, die *eine* ›mythische Geschichte‹ fixieren zu wollen. Angefangen mit der Kosmogonie, sind es eben in allen dazu geeigneten Fällen mindestens *zwei* Geschichten.

Und dieser Plural kennzeichnet nun auch die Antwort auf die verbindliche religiöse Wahrheit, die man in einer »Heiligen Schrift« mit Recht sucht: Es sind immer mindestens zwei Antworten – eben *weil* es die *eine* Wahrheit des Wortes ist, das sich in menschlicher Rede irgendwie Bahn brechen, das zu Wort kommen soll und das doch von keinem menschlichen Wort endgültig fixiert werden kann. Wie also die prophetische Verkündigung des Gotteswillens sich schlechterdings nicht vereinbaren lässt mit dem ›stoischen‹ Agnostizismus des Kohelet, so werden die lebenspraktischen Weisheitslehren des Sprüche-Buchs im Buch Tobit problematisiert; und in den Reden des Buch Hiob sollen sie, nachdrücklich und mit allem Bewusstsein dieser Ungeheuerlichkeit, buchstäblich Lügen gestraft werden.

Man muss sich das ganz deutlich vor Augen halten: Wenn der schuldlos leidende Hiob in der Asche sitzt und Klage führt gegen den unbegreiflichen Gott, dann kommen seine Freunde und trösten ihn mit langen theologischen und philosophischen Erörterungen über den Grund des Übels, seinen tieferen Sinn und so fort. Hiob widerspricht ihnen scharf und beharrt auf seinem Kummer – und auf seiner Klage gegen Gott. Wenn dann am Ende des langen, bis ins Szenische hinein dramatischen Buches endlich der Allmächtige selbst redet und Hiob antwortet, dann wird er sagen, dass allein Hiob recht geredet habe von ihm, nicht aber seine klugen und frommen Freunde. Die eigentliche Pointe dieses ungeheuren Schlusses für unser Thema aber ist diese: Die Freunde *reden* nicht nur mit Hiob – sie *zitieren aus der Bibel*, seitenweise, aus den Weisheitsschriften nämlich, die dem Buch Hiob im jetzigen Kanon folgen. (Eine Darstellung dieser jüngsten Teile des jüdischen Kanons, der »Ketuwim«, gibt hier der Artikel »Die Schriften«, S. 76.)

So geht es dem Leser allenthalben. Der vielleicht schönste aller Psalmen ist der dreiundzwanzigste, das trostreiche »Der Herr ist mein Hirte«, einer der Texte, die man unbedingt auswendig kennen sollte. Aber der Psalm, auf den er unmittelbar *folgt*, der zweiundzwanzigste, hat begonnen mit den Worten: »Mein Gott, mein Gott, warum hast du mich verlassen?« Der Trost antwortet auf den Aufschrei, der Aufschrei widerspricht dem Trost, und beide gehören so unauflöslich zusammen wie die Auferstehung und das Kreuz, an dem der Gekreuzigte in seinem Schrei diesen Psalm zitiert.

Vielfalt und Widersprüchlichkeit, Dialogizität: sie gilt auch noch für die biblische Rede von den Letzten Dingen. Die Schwarmgeister aller Jahrhunderte, die aus den Gleichnissen und Allegorien der Apokalypse den Gang der Geschichte und das Ende der Welt berechnen wollen, als sei es ein Buch von Nostradamus' eigner Hand – diese Schwarmgeister müssten eigentlich gestolpert sein darüber, dass im Neuen Testament die eschatologischen Vorstellungen der sogenannten synoptischen Apokalypse, also der Reden Jesu vom Weltgericht in den drei ersten Evangelien, und der Johannes-Apokalypse einander in vieler Hinsicht unübersehbar ausschließen. So wie auch die Geschichts-Konzeptionen und Gerichts-Auffassungen des Markus- und des Lukasevangeliums und dann wiederum des Johannesevangeliums miteinander nicht zur Deckung kommen.

Diese Pluralität und Dialogizität kennzeichnet endlich auch das, was das Herz des christlichen Glaubens ausmacht: die Auferstehungszeugnisse und die denkbar unterschiedlichen im Neuen Testament erwogenen Deutungen des zentralen Skandalon der Ermordung Jesu. Die Provokationskraft des Gegensatzes zwischen der Darstellung des am Kreuz triumphierenden Christus bei Johannes und des Aufschreis: »Mein Gott, mein Gott, warum hast du mich verlassen?« bei Matthäus kann schwerlich überschätzt werden. Entsprechend die Auferstehungszeugnisse: In aller Offenheit werden in den neutestamentlichen Berichten unterschiedlichste Begegnungen entweder mit dem leeren Grab am Sonntagmorgen oder mit dem Auferstandenen genannt. Als erster Mensch, der dieses Wunders ansichtig wird, erscheint Maria Magdalena, oder Petrus, oder eine Gruppe von Jüngern – einig sind sich diese heterogenen Texte nur in der allerdings entscheidenden Verkündigung des Ungeheuren, das aber eben auch alle Grenzen der Erfahrung sprengt und nicht einfach so zu erzählen ist: der Auferstehung des fleischgewordenen Gotteswortes, die Auferstehung Jesu Christi von den Toten. Dies ist die Mitte, um die sich die Wörter und Geschichten versammeln, auf die sie blicken, von der sie reden.

Auch das Handeln und die Verkündigung *Jesu*, wie sie uns im Neuen Testament dieser Heiligen Schrift geschildert werden, scheinen nun in sich in vieler Hinsicht ähnlich strukturiert wie diese Heilige Schrift selbst. (Mehr dazu hier in den Artikeln »Die synoptischen Evangelien« und »Das Evangelium nach Johannes«, S. 128 und 136.) Undogmatisch ist es im demonstrativen Gegeneinander von jeweils für sich genommen dogmatisch erscheinenden Aussagen und Forderungen, unmetaphysisch in einem philosophischen Sinne des Wortes Metaphysik, dichterisch – »Jesus der Dichter«, lautet eine Kapitelüberschrift in Gerd Theißens lesenswerter Darstellung des historischen Jesus. Die Gleichniserzählung und das gleichnishafte Handeln sind der dichteste Ausdruck jener Erkenntnis, die die Grundlage dieser Heiligen Schrift selbst bietet: dass man über das, wovon man nicht reden kann, erzählen müsse. Die Sätze »dies ist mein Leib« und »dies ist mein Blut«, gesagt über nichts als ein Stück Brot und einen Becher Wein, sind die vielleicht provozierendste dieser Gleichnisreden und ihr heiliger Kern.

Schließlich und von Beginn an ist es die *Zweiteiligkeit* ›der Bibel‹ schlechthin, die ein Problem darstellt. Was dem Begründer des Christentums als »Heilige Schrift«, als »die Schrift« galt, beschränkt sich – man weiß es natürlich, aber man vergisst es zu leicht – auf das »Alte Testament«, auf »Mose und die Propheten«. Dass die sich auf ihn berufende Kirche dieses heilige Buch mit den in den Evangelien verarbeiteten Jesusüberlieferungen, mit Briefen der Apostel und einer prophetisch-apokalyptischen Schrift gewissermaßen um einen zweiten, selbständigen Band erweiterte, war darum ebenso wenig selbstverständlich wie die Auswahl gerade *dieser* heiligen Schriften des »Neuen Testaments«.

Diese anschaulichen Beispiele mögen genügen; die Reihe wäre sehr lange fortzusetzen. Ebenso entscheidend wichtig wie die wohl deutlich gewordene Vielstimmigkeit dieser heterogenen Schriften und Anschauungen ist nun aber die *Offenheit*, mit der ihre Heterogenität *zutage liegt*. Die aufklärerische Religionskritik des 18. Jahrhunderts, die triumphierend auf Widersprüche etwa in der Chronologie der in den unterschiedlichen Evangelien dargestellten Ereignisse hinweisen wollte, scheint demgegenüber beinahe rührend bescheiden und zielt an der Beschaffenheit der Texte eigentlich vorbei. Nicht dieser Beschaffenheit verdankt sie ihre Plausibilität, sondern der Intensität der fast unausgesetzten Gegenbewegung einer dogmatischen Vereinheitlichung, autoritativ erzwungenen Harmonisierung, mit Vernichtungsdrohungen bewehrten Glättung des von vornherein auf Unvereinbarkeit Angelegten. Die Theodizeefrage – also die Frage nach

Gott angesichts der Welt – diese Frage stellt sich nicht *gegen* diesen Kanon heiliger Texte, sondern sie *konstituiert ihn selbst*. Und die Antwort ist nie ein spekulatives metaphysisches System, sondern immer die Begegnung mit einem Lebendigen, der den Namen des Ich-Bin trägt und den Namen des Gekreuzigten und Auferstandenen, der mit ihm eins ist.

Die Bibel als Provokation der Literatur

Diese Bibel ist eine fortdauernde Provokation der Literatur – angefangen mit der Lehre vom literarischen Verstehen ihrer selbst, also der Hermeneutik. Und wenn man sagen könnte, dass unsere Kultur sich überhaupt als eine hermeneutische beschreiben lässt, als eine Kultur des mehrstimmigen und offenen, auf Verstehen ausgerichteten und aus einem fortdauernden Überlieferungsgeschehen heraus sich entwickelnden Kultur: dann verdankt sich diese kulturelle Grundprägung derjenigen eben dieses Buches. Worin liegt die Provokation?

Einerseits ist die Bibel die *eine* Schrift, heiliges Gotteswort, hat nur den *Einen* Verfasser und erhebt absoluten Geltungsanspruch für alle Menschen. Andererseits aber ist sie eine Sammlung vieler verschiedener Schriften, Menschenwort *aus* vielen Sprachen, hier *in* hebräischer und griechischer Sprache, hat viele, zum Teil namentlich bekannte Verfasser und erhebt relativen Geltungsanspruch bei bestimmten, zum Teil namentlich bekannten Lesern oder Lesergruppen: »Paulus an die Gemeinde zu Korinth«, »an die Gemeinde zu Galata«, »an die Gemeinde zu Rom« und so fort – oder die Vorrede zum Lukasevangelium an den »lieben Theophilus«. Und manche biblischen Bücher reflektieren diese Doppelheit ausdrücklich – so zum Beispiel die Apokalypse des Johannes, also das Buch der »Offenbarung« am Ende des Neuen Testaments. Einerseits enthält es in seinem ersten Teil spezielle »Sendschreiben« an sieben namentlich genannte Gemeinden in Kleinasien. Andererseits aber wird jeder dieser Briefe abgeschlossen mit dem an alle gerichteten Zusatz: »Wer Ohren hat, der höre was der [Heilige] Geist den Gemeinden zu sagen hat!«

Gerade die Totalität des kirchlich begründeten, gesellschaftlich sanktionierten Geltungsanspruchs hält in der Geschichte der christlich bestimmten Kulturen das Gespräch, das sie ist und bewirkt, in Gang. Solange die Texte *schon* allen Lesekundigen zugänglich sind (auf breiter Grundlage also seit Luthers Bibelübersetzung und dem sie ermöglichenden reformatorischen »Sola-Scriptura«-Prinzip) und solange sie *noch* als verbindliche Grundlage aller intellektuellen Tätigkeit in Geltung sind, nötigen sie zur Stellungnahme, erzwingen sie Auseinandersetzungen und Entscheidungen, verstricken sie jede und jeden, der oder die sich an die Lektüre macht, in ein Gespräch.

Die altkirchlich-frühchristliche Hermeneutik reagiert auf diese Provokation mit der Lehre vom mehrfachen Schriftsinn, also mit der weit über die Bibelwissenschaft hinausweisenden Einsicht (und ihrer methodischen Entfaltung) in die unhintergehbare *Mehrdeutigkeit* der Schrift und der in ihr gedeuteten Welt – und die daraus folgenden spezifischen Beziehungen zwischen gläubigem Leser und verkündendem Text.

Diese Lehre fragt nach der Bedeutung der in der Heiligen Schrift bezeichneten – gleichsam in Schriftzeichen übersetzten – Realien: der Dinge, Personen, Sachverhalte, Ereignisse. Unter den Kirchenlehrern gibt es innerhalb dieser Grundüberzeugungen doch unterschiedliche Akzentuierungen. Schon hier zeigt sich ein Grundkonflikt, der bis heute das Nachdenken über die Ziele des Textverstehens durchzieht: *Hieronymus* betont eher die buchstäbliche, historische Auslegung, *Ambrosius* eher die spirituelle; *Origenes* und *Augustinus* bemühen sich um eine gleichberechtigte, systematisierende Verbindung beider Bereiche. Dabei schlägt *Origenes* eine Dreiteilung vor: neben den Literalsinn, also der Sache, die das Wort bezeichnet, treten als Bedeutungen der Sache eine heilsgeschichtlich-allegorische und eine moralische Bedeutung. *Augustinus* entwickelt das verbreitetste, bekannteste und uns hier (der Einfachheit halber) allein interessierende Modell: die Lehre vom *vierfachen Schriftsinn*. Danach bezeichnet das einzelne (biblische) Wort (1) einen im weitesten Sinne historischen Sachverhalt – das ist der *sensus historicus* (Jerusalem: eine Stadt im Heiligen Land). (2) Damit ist aber zugleich der heilsgeschichtlich-*allegorische* Sinn aufgerufen, der in der Stadt Jerusalem steckt (dies ist der Ort der *typologischen* Erschließung des Verhältnisses von Altem und Neuem Testament): Jerusalem als Zentrum des Glaubens und Sammelpunkt der Gläubigen im Alten

Testament weist voraus auf die *Kirche* im und seit dem Neuen Testament, so wie die jüdische Synagoge vorausweist auf die christliche Ecclesia. Dieser Sinn betrifft *alle*, die zur Kirche gehören. (3) Jeden *einzelnen* Gläubigen geht darüber hinaus der *moralische* Sinn an, der in derselben ›Sache‹ namens »Jerusalem« steckt: In dieser moralischen Perspektive bedeutet »Jerusalem« die Seele des Christen – etwa wenn Gott in ihr Wohnung nimmt wie damals im Tempel, wenn sie von der Sünde zur Erlösung gelangt, wenn Jesus in sie Einzug hält usf. (4) Endlich weist jede Sache, die in der jetzigen Welt und in der Zeit existiert, für den Gläubigen voraus auf die Ewigkeit, auf das Ende der Welt und den Anbruch des Gottesreiches: darin liegt der *prophetische* Sinn (oder, mit einem heute ungebräuchlich gewordenen Ausdruck: der *anagogische* Sinn). Für »Jerusalem« ist das besonders gut zu zeigen, weil hier schon im letzten Buch des Neuen Testaments selbst eine entsprechende Deutung vorgenommen wird. In der Offenbarung des Johannes wird das Reich Gottes veranschaulicht im Bild eines ewigen »Himmlischen Jerusalem«. – Ein zweites anschauliches und einfaches Beispiel ergibt sich aus der Geschichte vom Durchzug durchs Rote Meer im Buch Exodus. Der *Literalsinn* dieser Erzählung bezeichnet natürlich das historische Ereignis aus der Zeit des Mose: die Juden entkommen den Ägyptern auf dem Weg in das ihnen von Gott verheißene Land. Der heilsgeschichtlich-*allegorische Sinn* erkennt in diesem Vorgang, im Lichte des Glaubens, eine Vorausdeutung auf die Erlösungstat Christi: Er zieht durch die Fluten des Todes ins neue Land des ewigen Lebens und nimmt uns alle mit. Der *moralische Sinn* ergibt sich daraus: Jeder einzelne muss den Weg vom Unglauben durch die Krise des Sündenbewusstseins zum Glauben durchschreiten. Der *prophetische Sinn* endlich verweist auf den Weg von der Schöpfung durch Sündenfall und Geschichte ans rettende Ufer des Reiches Gottes.

Das Bemerkenswerte an dieser heute oft voreilig belächelten Deutungstradition, dieser Ur-Hermeneutik ist der Umstand, dass sie schon *in der Bibel selbst* oft so praktiziert wird. Wenn Paulus von Christus als dem neuen Adam spricht, wenn Jesus selbst auf dem Esel in die Stadt hineinreitet, wenn der Evangelist Lukas die Jungfrau Maria, Elisabeth und Zacharias im Licht alttestamentlicher Vorbilder erscheinen lässt und die Jungfrau Maria mit ihrem *Magnificat* eine auf das anbrechende neue Äon vorausweisende Adaptation alttestamentlicher Rede singen lässt (wie hier im Abschnitt über »Das Evangelium nach Lukas«, S. 134, erläutert wird): dann leben und lesen diese Schreiber, diese Sprecher und diese Sängerin gewissermaßen *im umdeutenden Zitat* des Wortes, der Wörter.

Die Bibel ist das vermutlich einzige heilige Buch der großen Menschheitsreligionen, das *sich selber liest*. Der Prozess aber, den es damit in Gang setzt, ist mit dem Ende der Kanonisierung nicht einfach abzuschließen; diese Dynamik tritt über die Ufer des Kanons und wirkt weiter in dem, was man mit Hans-Georg Gadamers hermeneutischem Grundbegriff das *Überlieferungsgeschehen* nennen könnte. Das produktive und zerstörerische, das wilde und wieder dogmatisch einzuholende Überlieferungsgeschehen – es wirkt weiter in der sich von der religiösen Dominanz befreienden Literatur. Und dasselbe Geschehen wirkt weiter in der genuin religiösen, der volksfrommen wie der theologischen Literatur. Das spezifisch katholische Verständnis von Tradition und Lehramt, mitsamt seiner gewaltigen Dialektik zwischen Häresie und Dogma, lässt sich verstehen als der formale Ausdruck dieser Produktivität und Provokation.

Das Buch der Bücher – der Genitiv der Überbietung besagt, beim Wort genommen, auch, dass dieses Buch eine Menschheitsbibliothek ist, dass das eine Wort sich hier artikuliert in sehr vielen Stimmen, im schönen Skandalon einer heiligen Polyphonie. Es sind Stimmen aus Jahrtausenden, die hier zu Wort kommen; Gottesgeschichte und Menschheitsgedächtnis, Offenbarung und Widerrede. Hiobs Empörung und Kohelets stoische Resignation, die erotische Leidenschaft des Hohenlieds und die fromme der Psalmen, die rätselhafte Einfachheit der Gleichnisse und die Paradoxien des Römerbriefs, die Gerichtsvisionen der Propheten und der Trost Matthäi am letzten: es ist ein Stimmengewirr ohnegleichen, im weitesten denkbaren Klangraum, und irgendwie trotzdem immer nur das eine Wort. Und eine Summe der Literatur sowieso, mitsamt der noch kommenden, vom *Faust* und dem *Joseph*-Roman bis zum hinkenden Teufel John Silver in der *Schatzinsel*, von den mittelalterlichen Osterspielen bis zu den Versen Rilkes und Eliots und zur Songpoesie Bob Dylans. Eigentlich fehlt hier überhaupt nichts, es ist alles da, und da ist keine Stelle, die dich nicht sieht.

Vorbemerkungen

Das griechische Wort ›biblos‹ bezeichnet nach der phönizischen Hafenstadt Byblos das seit dem 6. Jh. v. Chr. von dort exportierte, aus Papyrus hergestellte Schreibmaterial sowie das beschriebene Blatt und die Buchrolle. Seit dem 4. Jh. n. Chr. ist der Plural der Verkleinerungsform, ›ta biblia‹ (die Büchlein), Terminus technicus für die kanonischen Schriften des Christentums. Der deutsche Begriff ›die Bibel‹ beruht auf dem mittellateinischen ›biblia‹, das den griechischen Plural ›biblia‹ als femininen Singular auffasst.

Die Darstellung gliedert sich, nach diesen allgemeinen Vorbemerkungen, in vier Hauptteile: 1. Altes Testament (*Hebräische Bibel*), 2. Alttestamentliche Apokryphen (einschließlich der ›deuterokanonischen‹ Bücher), 3. Neues Testament, 4. Neutestamentliche Apokryphen.

Die der christlichen vorausgehende jüdische *Bibel* enthält die 39 hebräischen (in kleinen Teilen auch aramäischen) Schriften des *Alten Testaments* (AT), das als Grunddokument der jüdischen Religion die Bezeichnungen *Hebräische Bibel* oder *Tenach* (bzw. *Tanach*) trägt. Letztere ist ein Akrostichon aus den Anfangsbuchstaben der drei Teile des jüdischen Kanons: 1. *Tora* (›Weisung‹, ›Lehre‹: die *Fünf Bücher Mose*), 2. *Newi'im* (vordere und hintere ›Propheten‹: die Bücher *Josua* bis *2. Buch der Könige* sowie *Jesaja* bis *Maleachi*) und 3. *Ketuwim* (die übrigen ›Schriften‹: *Psalmen* bis *2. Buch der Chronik*).

Analog zum jüdischen ›Kanon‹ (griechisch: Richtschnur, Regel) bildete sich in der christlichen Kirche des 2./3. Jh.s n. Chr. ein Kanon von 27 Schriften heraus, die als apostolisch, d. h. auf die Apostel Jesu Christi zurückgehend, galten. Das *Neue Testament* (NT) umfasst 1. die vier Evangelien (griechisch: Frohbotschaften) nach *Matthäus*, *Markus*, *Lukas* und *Johannes* sowie die *Apostelgeschichte* des Lukas, 2. die Briefe des Paulus, den sogenannten *Hebräerbrief* sowie die ›katholischen Briefe‹ (wegen fehlender Adressatenangaben gelten Letztere als ›an die ganze Welt‹ gerichtet) und 3. die *Offenbarung des Johannes* (über die zu erwartenden Ereignisse am Ende aller Geschichte).

Die Alte Kirche (1.–5. Jh.) hat durchweg nicht die *Hebräische Bibel* rezipiert, sondern deren seit dem 3. Jh. v. Chr. im Judentum Ägyptens entstandene griechische Version, die *Septuaginta* (griechisch: siebzig [nach der angeblichen Zahl der Übersetzer]; Abkürzung LXX). Die *Septuaginta* unterscheidet sich vom hebräischen Kanon sowohl in der Reihenfolge als auch in der Zahl der darin enthaltenen Bücher. In ihr treten die Schriftpropheten (*Jesaja* bis *Maleachi*) und *Daniel* ans Ende des Kanons, während die poetischen und weisheitlichen Schriften in die Mitte rücken. Die 39 Bücher des hebräischen Kanons werden ergänzt durch jüngere Texte unterschiedlicher Gattungen (u.a. Geschichtsbücher [1. und 2. *Buch der Makkabäer*], das Weisheitsbuch *Jesus Sirach*, das poetische Buch der *Weisheit Salomos* und die Novellen *Judit* und *Tobit*). Diese zusätzlichen Texte wurden christlicherseits zumeist als ›Apokryphen‹ (griechisch: [vor der Gemeinde] verborgene [Schriften]) behandelt; im Zuge der lateinischen Bibelübersetzung des Hieronymus (Ende 4. Jh. n. Chr.) gelangte ein Teil davon in die sogenannte *Vulgata* (›allgemein gebräuchliche [Ausgabe]‹), die zur maßgeblichen katholischen *Bibel* wurde. Seitdem das Konzil von

Trient 1546 die *Vulgata* zum authentischen Bibeltext erklärte, besitzen die darin enthaltenen Apokryphen in der katholischen Kirche endgültig den Rang von ›deuterokanonischen‹ Büchern. Martin Luther legte seiner deutschen Übersetzung (1522–1534) das griechische NT sowie die *Hebräische Bibel* zugrunde und akzeptierte als AT nur deren Schriften (bei deren Anordnung er sich allerdings an der *Vulgata* orientierte).

Der AT und NT verbindende lateinische Begriff ›testamentum‹ ist Äquivalent für das griechische Wort ›diathēkē‹ (eigentlich: Vertrag, Vermächtnis), das wiederum für das hebräische ›Berit‹ steht. Letzteres bezeichnet den Bund, den der Gott Israels nach dem Zeugnis der *Tora* (Ex 24) am Berg Sinai durch Mose mit den Stämmen Israels schloss. Der christliche Begriff *Neues Testament* (1. Kor 11,25) verweist analog auf den ›Neuen Bund‹, den Gott auf Golgatha (Schädel[stätte]) mit allen Menschen eingegangen ist, die an Jesus als den von ihm zur Rettung der Welt gesandten Christus glauben. Von hierher erschließt sich als Mitte beider Testamente das durch die Initiative Gottes begründete personale Verhältnis zwischen Gott und allen Menschen, die sich aufgrund ihrer jüdischen bzw. christlichen Deutung von Schöpfung, Geschichte und deren erwarteter Vollendung als Volk dieses Gottes verstehen.

Die Autoren bzw. Redaktoren der (im AT oft über Jahrhunderte hinweg fortgeschriebenen) biblischen Bücher bleiben überwiegend anonym, d.h. sie rücken die von ihnen gesammelte normative religiöse Tradition Israels bzw. der christlichen Gemeinden bewusst in den Vordergrund. Weil diese Literatur die Existenz des Menschen in den Horizont des Glaubens an den universalen Gott Israels stellt, besitzt sie, bei allen Unterschieden im Einzelnen, einen spezifischen Doppelcharakter: Als historisches Buch beschreibt die *Bibel* einerseits den Ursprung und die Geschichte der Stämme Israels (AT), andererseits das Leben und Wirken Jesu Christi und die Ausbreitung der Botschaft von ihm (NT). Als theologisches Buch beansprucht die *Bibel*, Offenbarung (Selbstmitteilung) des einen Gottes zu sein, der seinen auf Rettung der Menschen zielenden Willen kundtut. Die *Bibel* ist unter diesem Aspekt Dokument des göttlichen Heilshandelns an der Welt und trägt deshalb auch den Titel Heilige Schrift.

Die historisch-menschliche Gestalt der biblischen Schriften und ihr göttlicher Anspruch sind untrennbar, weil die Kundgabe göttlichen Willens (z.B. in der Prophetie) sich stets als konkrete geschichtliche Erfahrung von Menschen vollzieht. Das prägt die einzelnen Texte bzw. Stoffe der *Bibel* auch im Detail: Das AT eröffnet eine Urgeschichte (Gen 1–11), die die Entstehung und Verfasstheit des Menschen behandelt (Schöpfung, Verlust des Paradieses, Brudermord, Sintflut, Sprachverwirrung) und aus deren Perspektive die daran anschließende Ursprungssage Israels als Spezialfall der gesamten Menschheitsgeschichte erscheint. *Genesis* 12–36; 38 führt das Volk Israel genealogisch auf Erzelternpaare zurück (Abraham und Sara, Jakob und Rebekka, Jakob und Lea/Rahel), die zu Trägern der göttlichen Verheißungen von Landbesitz, Nachkommenschaft und Segnung der Völker werden. Die Josefnovelle (Gen 37; 39–50) verbindet die Elterntraditionen mit der vom Sklavendasein des sich mehrenden Volkes in Ägypten. Die wundersame Rettung der unter Führung des Mose fliehenden Israeliten vor dem ägyptischen Heer (Ex 14) wird zur grundlegenden Erfahrung Israels als zur Freiheit berufenes Eigentumsvolk Gottes, der Israel am Sinai an sich bindet und ihm seine ›Tora‹ als Bundessatzung auferlegt (Ex 20 [Dekalog] bis Num 10). Die anschließenden Geschichtsbücher *Josua* bis *2. Könige* entwerfen eine Geschichte

Israels von der Eroberung Kanaans bis zur Katastrophe des Verlustes von Tempel und Eigenstaatlichkeit (587 v.Chr.; Beginn des Babylonischen Exils) aus einer theologischen Perspektive, die sich an der aktualisierenden Wiederholung der göttlichen Tora im Buch *Deuteronomium* orientiert (darum auch als ›deuteronomistisches Geschichtswerk‹ bezeichnet). Das sogenannte ›chronistische Geschichtswerk‹ (*Esra, Nehemia*, 1. und 2. *Buch der Chronik*) greift diesen Geschichtsabriss unter dem Eindruck des Exils (hebräisch: Gola) modifizierend auf und setzt ihn bis in die persische Zeit fort, zu deren Beginn der Zweite Tempel eingeweiht werden konnte.

Im Hintergrund dieser Geschichtsentwürfe steht die vielfältige religiöse Tradition Israels, die sich in den übrigen Teilen des AT niederschlägt: Seit der Bedrohung durch das Assyrische Reich im 8. Jh. v. Chr. werden die geschichtsdeutenden Worte und Zeichenhandlungen der Propheten aufgezeichnet (Beginn der Schriftprophetie mit *Amos, Hosea* und *Jesaja*), die später zur Bewältigung der Exilserfahrung beitragen. Die weisheitliche Tradition Israels (*Sprüche Salomos*: Lehre von einem dem gegenwärtigen Tun des Menschen entsprechenden zukünftigen Ergehen) gerät durch das Exil in eine Krise (Buch *Hiob*: Problem der Theodizee) und kann später sogar einem griechisch beeinflussten Skeptizismus weichen (*Prediger*). Die poetische Tradition Israels ist im *Hohelied* (Liebeslyrik) und vor allem im Buch der *Psalmen* gesammelt, deren wichtigste, einander durchdringende Gattungen die des Klage- und des Lobliedes sind. Das Erbe von Prophetie und Weisheit tritt schließlich die Apokalyptik an, die im pseudonymen Buch *Daniel* (erste Hälfte 2. Jh. v. Chr.) auf das von Gott gesetzte Ende der Weltgeschichte vorausblickt.

Im Zentrum der Geschichtsbücher des NT steht Jesus von Nazareth, der von seinen Anhängern als der im Judentum erwartete Christus (hebräisch: ›Messias‹, d.h. der Gesalbte [in der Tradition der Könige Israels]) geglaubt und verkündigt wird. Die vier Evangelien – *Markus, Matthäus* und *Lukas* lassen sich aufgrund literarischer Abhängigkeit in einer ›Synopse‹ (Zusammenschau) parallel lesen (deshalb ›Synoptiker‹ genannt) – stellen das Wirken Jesu in seinen Worten und Taten mit je eigenen Akzenten dar. Gemeinsam laufen sie auf die Darstellung seines Leidens und Sterbens auf Golgatha zu, das durch die jeweils abschließende Botschaft von Jesu Auferweckung von den Toten seine entscheidende heilsgeschichtliche Wende erfährt. Die *Apostelgeschichte* des Lukas schildert, wie sich die Botschaft von der Auferstehung Christi als einer Rettungstat Gottes zugunsten aller Menschen durch Lenkung des göttlichen Geistes unaufhaltsam ausbreitet. Sie setzt in Jerusalem ein und schließt (vorläufig) in Rom, dem Zentrum der antiken Welt. Die ältesten christlichen Dokumente sind die Briefe des Paulus (gest. ca. 61 n. Chr.), in denen er u. a. seine kirchengeschichtlich einflussreiche Rechtfertigungslehre entwirft (Briefe *An die Galater* und *Römer*). Die nachpaulinischen Briefe (Deuteropaulinen, *Hebräerbrief*, ›katholische Briefe‹) behandeln Probleme der frühchristlichen Gemeinden (Abgrenzung von Irrlehren, Gemeindeordnung, Aktualisierung von Christologie und Eschatologie), die durch die Verzögerung der ›Parusie‹ entstanden – der erneuten irdischen Gegenwart Christi zum Weltgericht, die auch in der *Offenbarung des Johannes* Endpunkt aller christlichen Zukunftserwartung ist.

Der Einfluss der *Bibel* auf Geschichte und Kultur nicht nur des Juden- und Christentums wird von keinem anderen literarischen Werk übertroffen. Ihre inspirierende Wirkung schlug sich in einer jahrhundertelangen, umfangreichen Produktion apokrypher Schriften nieder, die Formen, Motive und Figuren der kanonischen Bücher aufgreifen und in bemerkenswerter Kreativität und Vielfalt weiterentwickeln, und sie erstreckt sich bis in die Gegenwart auf Musik, Kunst, alle Gattungen der Literatur (vgl. auch *Bibelepik*, *Osterspiele*, *Passionsspiele*) sowie auf zahlreiche wissenschaftliche Disziplinen, insbesondere auf Theologie (u. a. Entwicklung einer historisch-kritischen Bibelwissenschaft seit der Aufklärung), Philosophie und Jurisprudenz.

Der für das kirchliche Handeln in der Welt maßgebliche Missionsauftrag (Mt 28,16–20) führte zur Verbreitung der *Bibel* unter fast allen Sprachgemeinschaften (zurzeit existieren [Teil-]Übersetzungen in rund 2850 Sprachen). Die Übertragung der *Bibel* in viele bis dahin nur mündlich tradierte Nationalsprachen führte zu deren erster schriftlicher Fixierung – ein Vorgang von jeweils enormer gesellschaftlicher Bedeutung. Dieser wirkungsgeschichtliche Aspekt charakterisiert das

Christentum vor allem als Übersetzungsreligion und erklärt, warum die *Bibel* in vielen Kulturen als ›das Buch‹ schlechthin verstanden wurde und wird. JÜRGEN WEHNERT

Altes Testament

Die folgende Darstellung orientiert sich am Kanon der *Hebräischen Bibel*, der sich vom Kanon der *Septuaginta* und der darauf fußenden christlichen Bibeln in Umfang und Reihenfolge unterscheidet (s.o.).

1 Die *Tora* (Die fünf Bücher Mose)

Die *Tora* ist das grundlegende Schriftdokument des Judentums, in seiner griechischen bzw. aramäischen Gestalt Teil der *Bibel* des frühen Christentums (trotz gelegentlicher AT-Kritik seit dem 2. Jh. [zuerst bei Markion von Sinope]) und ein wesentliches Fundament für die Ausbildung der christlichen Theologie. Antiken Juden wie Christen galt sie als von Gott offenbarte heilige Schrift. Der hebräische Begriff ›Tora‹ (Weisung, Lehre) verweist auf das Zentrum dieses Schriftcorpus: die Satzungen des Gottes Israels, die sein Volk als Bestandteil des mit ihm am Berg Sinai bzw. Horeb geschlossenen Bundes einzuhalten sich verpflichtet. Eingebettet sind diese gesetzlichen Passagen (Ex 20 bis Num 10, Dtn 5–30) in einen umfassenden Erzählzusammenhang, der von der Erschaffung der Welt und der Menschheit über die Konstituierung des Volkes Israel, dessen Versklavung in und wundersame Befreiung aus Ägypten, die Wüstenwanderung des Volkes unter Anführung des Mose bis zum Erreichen der Grenze des Israel verheißenen Landes reicht.

Die Gliederung des Werkes in fünf Teile hat vor allem formale Gründe, da der umfangreiche Stoff dem Fassungsvermögen antiker Buchrollen angepasst werden musste. Der in der griechischen *Septuaginta* verwendete Titel *Pentateuchos* (Fünfgefäßebuch) deutet an, dass es früh zu einer Aufteilung in fünf Schriftrollen kam, die zum Schutz in Tonkrügen aufbewahrt wurden.

Der Inhalt der fünf Bücher wird in der *Septuaginta* durch Überschriften zusammengefasst, die in latinisierter Form in die modernen Sprachen eingegangen sind: Das erste Buch, *Genesis*, beschreibt die Entstehung der Welt, der Menschheit und des Volkes Israel. Das zweite Buch, *Exodus*, handelt u.a. vom Auszug aus Ägypten. Das dritte, *Levitikus* (Levitische Gesetze), enthält vor allem kultische Weisungen. Das vierte, *Numeri*, hat seinen Namen nach den darin überlieferten

Volkszählungen. Das fünfte, *Deuteronomium* (Wiederholung des Gesetzes), rekapituliert Wüstenwanderung und Bundessatzungen in Form einer Rede des Mose an sein Volk. In der *Hebräischen Bibel* werden die fünf Bücher Mose hingegen mit ihren jeweiligen Anfangswörtern bezeichnet: *Bereschit* (Am Anfang), *Schemot* ([Dies sind die] Namen), *Wajjikra* (Und er rief), *Bemidbar* (In der Wüste) und *Dewarim* ([Dies sind die] Worte).

Als Verfasser der *Tora* galt bis ins 17. Jh. fast unangefochten Mose (13. Jh. v. Chr.?), der die beherrschende Gestalt dieses Werkes ist; seine (in der *Tora* selbst nirgends angedeutete) Autorschaft wurde jedoch schon in der Antike angezweifelt (z. B. in den *Pseudoklementinen*). Nach den Erkenntnissen der modernen Bibelkritik ist die *Tora* das Resultat eines jahrhundertelangen Überlieferungsprozesses, in dem mündlich überliefertes Sagen- und Legendengut, Genealogien, Rechtssammlungen, Lieder (u.a. das Mirjamlied Ex 15,21, der vielleicht älteste biblische Text), Fluch- und Segensformeln usw. zunächst in einzelnen Sammlungen verschriftlicht wurden, ehe man diese in nachexilischer Zeit (5. Jh. v. Chr.?) zu einer Art Grundgesetz für die Bevölkerung der persischen Provinz Jehud (Judäa) zusammenfügte.

Mündliche und schriftliche Vorgeschichte der *Tora* lassen sich angesichts der Quellenlage nur hypothetisch rekonstruieren. Als Erklärungsmodell dominierte im 20. Jh. die sogenannte neuere Urkundenhypothese von J. Wellhausen (1844–1918): Danach entstand die *Tora* durch die sukzessive Kombination von vier Quellenschriften unterschiedlichen Alters: dem *Jahwisten* (10. oder 9. Jh. v. Chr.), dem *Elohisten* (8. Jh.), dem *Deuteronomium* (7. Jh.) und der *Priesterschrift* (6. Jh.). In der jüngsten Forschung ist vor allem die Existenz früher umfassender Geschichtsdarstellungen (*Jahwist*, *Elohist*) zugunsten der Annahme ursprünglich selbständiger Erzählkränze (u.a. Erzelterngeschichten, Mose-Exodus-Geschichte) aufgegeben worden. Letztere wurden kaum vor dem 7. Jh. (Zeit des Königs Joschija? [Regierung 638–608 v. Chr.]) zu einem ersten, vorexilischen Geschichtswerk verbunden (›Jerusalemer Geschichtswerk‹). Mit diesem Geschichtswerk wurde während des Exils das ebenfalls ab dem 7. Jh. v. Chr. sukzessive entstandene *Deuteronomium* zusammengearbeitet (möglicherweise in Gestalt des vom Dtn bis zum Ende des 2. *Königsbuches* reichenden

›deuteronomistischen Geschichtswerks‹). Noch später wurde die vielleicht während der Bauzeit des Zweiten Tempels (ca. 520–515 v. Chr.) verfasste, aus Kreisen der Jerusalemer Priesterschaft stammende *Priesterschrift* – zu ihr gehören u.a. die Rahmenkapitel der *Tora*, Gen 1 und Dtn 34 – mit der älteren Erzähltradition verbunden (im 5. Jh.?), was aus Umfangsgründen zur Abtrennung der *Tora* von den anschließenden Geschichtsbüchern geführt haben dürfte.

Die Entstehung der *Tora* (einschließlich der langen Vorgeschichte der darin verarbeiteten mündlichen Überlieferung) stellt sich daher heute als außerordentlich komplexer Vorgang dar, der sich auf kein simples Quellen- oder Schichtenmodell reduzieren lässt. Endresultate dieses Jahrhunderte währenden Überlieferungs- und Redaktionsprozesses, der sich aufgrund der Quellenlage nur annäherungsweise rekonstruieren lässt, waren einerseits die heute vorliegenden fünf Bücher der *Tora*, andererseits das Geschichtswerk der Bücher *Josua* bis *2. Könige*, die spätestens seit Ende des 5. Jh.s v. Chr. als zwei selbständige literarische Einheiten von unterschiedlichem theologischen Gewicht weitertradiert wurden.

Die nachfolgende Darstellung der *Tora* orientiert sich an ihrer kanonisch gewordenen Endgestalt. JÜRGEN WEHNERT

Genesis (Erstes Buch Mose)

Das Buch *Genesis* (*Bereschit*) beginnt mit der aus priesterlichen und vorpriesterlichen Einzeltexten bestehenden Urgeschichte (Kap. 1–11). Sie enthält durch Genealogien (5 und 10) verknüpfte Erzählstoffe über die Erschaffung der Welt und des Menschen (1 f.), den Verlust des Paradieses (3), den Brudermord Kains (4), die Sintflut (6–9) und die Sprachverwirrung in Babylon (11).

Bei der Schöpfungsgeschichte handelt es sich um die Kombination eines älteren Berichtes in Gen 2,4b bis 25 mit einem jüngeren der Priesterschrift in 1,1 bis 2,4a. Sie knüpft in vielfältiger Weise an die altorientalischen Schöpfungsmythen an (vgl. das babylonische *Weltschöpfungsepos*), hat aber einen grundsätzlich anderen Charakter: Die Erschaffung von Welt und Mensch vollzieht sich nicht durch Zeugung oder Kampf der Götter, sondern nach dem Willen des *einen* Gottes (hebräisch: Elohim), der das Chaos der Urmaterie differenziert und ordnet. So entfaltet sich ein Lebensraum, in dem der Mensch seinen Ort und seine Aufgabe findet. Die zentrale Aussage von Gen 1, dass der Mensch über die Schöpfung ›herrschen‹ soll (1,28) – sichtbarer Ausdruck seiner Würde als ›Ebenbild‹ Gottes (1,26 f.) –, ist vom Schöpfungsvorgang her zu verstehen: Weil Gott Himmel und Erde ›gut‹ geschaffen hat (so die ›Billigungsformel‹ Gen 1,4 usw.), hat sich menschliche Verantwortung für die Welt an der Wahrung dieser Qualität zu orientieren. Der ältere Schöpfungsbericht in Gen 2 mündet in eine Ätiologie (mythische Erklärung) des gegenseitigen Begehrens der Geschlechter (der Voraussetzung für das Entstehen von Familie und Gesellschaft), das auf das Hervorgehen von Frau und Mann aus dem einen (offenbar androgyn vorgestellten) Urmenschen (hebräisch: Adam) zurückgeführt wird.

Die in den Kapiteln Gen 3 bis 11 verarbeiteten mythologischen Stoffe behandeln unter verschiedenen Aspekten die Fehlbarkeit

des Menschen, der in seinem hybriden Sein-Wollen wie Gott (3,5) die eigene Begrenztheit erfahren muss. Zum menschlichen Dasein gehören die Mühsal des Lebensunterhalts, Schmerz und Sterblichkeit, aber auch die fatale Neigung, der ›Sünde‹ nachzugeben, die ›vor der [Herzens-]Tür lauert‹ (4,7). Die sich in Kapitel 3 f. bekundende negative Anthropologie gipfelt in der Erzählung von der Sintflut, durch die Gott der ungezügelten Bosheit des Menschen (6,5) Einheit gebieten will. Auch zu diesem Mythos gibt es altorientalische Parallelen (*Gilgamesch-Epos, Atramhasis-Mythos*), doch unterscheidet sich die quellenkritisch mehrschichtige biblische Erzählung wiederum dadurch, dass sie die Katastrophe auf den souveränen Willen des einen Gottes zurückführt. Die Katastrophe wird am Ende ein für allemal überwunden, indem Gott mit Noah, dem Stammvater der zum Überleben bestimmten Menschheit, und der Tierwelt einen Bund schließt und zusagt, dass nie wieder eine Sintflut die Erde verderben werde (9,11). Zeichen für die bleibende Gültigkeit dieser Zusage ist der von Gott in die Wolken gesetzte (Regen-)Bogen, dessen mythologischer Ursprung in den – religionsgeschichtlich überwundenen – Waffen der Kriegsgötter zu suchen ist.

Die Vorstellung eines zwischen Gott und Mensch bestehenden Vertragsverhältnisses prägt auch die jüngeren Schichten der anschließenden Erzelternerzählungen (Gen 12–36; 38), die mit der Urgeschichte u.a. durch Stammtafeln in Gen 11,10–32 (die Nachkommen Adams bis zu Abr[ah]am und Lot) verklammert sind. Die Geschichte der Stammeltern des Volkes Israel erscheint so als exemplarischer Fall der gesamten Menschheitsgeschichte.

Die traditionelle Bezeichnung von Gen 12–36; 38 als ›Erzvätergeschichten‹ (›Erz-‹ zu griechisch ›archein‹, der Erste sein), ist unzutreffend, weil die Frauen darin den Männern ebenbürtige Handlungsträger sind. Ihnen obliegt die Erhaltung der Generationenfolge (ein Zentralmotiv ist die Sorge um die Geburt von Nachkommen), wodurch sowohl die Geschichte der Familie als auch die Geschichte Gottes mit seinem Volk ihre Fortsetzung findet.

Die Erzählungen über die Stammelternpaare Abraham und Sara, Isaak und Rebekka sowie Jakob und Lea/Rahel in Gen 12–36; 38 sind nicht aus einem Guss (siehe etwa die Dubletten in Kapitel 17 und 18 [Ankündigung der Geburt Isaaks] oder in 12, 20 und 26 [Gefährdung Saras bzw. Rebekkas]). Für sie gilt quellenkritisch dasselbe wie für die Urgeschichte: Die übergreifenden Zusammenhänge sind spät entstanden, während die ursprünglich selbständigen Einzelüberlieferungen sehr alt sein können. Letztere thematisieren soziale, politische und religiöse Fragen, die nicht für Völker charakteristisch sind, sondern für Sippen und Familien. Die jüngste Schicht wird auch in Gen 12–36; 38 durch Stammbäume markiert, die die Einzeltraditionen aus patriarchaler Perspektive genealogisch verklammern.

Die immense Wirkungsgeschichte dieser Erzählungen ist von der Auseinandersetzung mit herausragenden Einzeltexten bestimmt. Dazu zählen der Beschneidungsbund zwischen Gott und Abraham (Gen 17), der Untergang von Sodom und Gomorra (19), die von Gott gebotene und verhinderte Opferung Isaaks durch Abraham (hebräisch: Akeda, Fesselung), die zum Symbol jüdischen Märtyrertums wurde (22), die Werbung um Rebekka (24), Jakobs Erschleichung des Erstgeburtssegens (27), seine Traumvision von der Himmelsleiter (28), sein Kampf mit Gott am Jabbok-Fluss (32).

Der weithin fiktive Charakter der Familiengeschichte um die Stammeltern zeigt, dass sie nicht den Anspruch hat, historischer Bericht zu sein. Vielmehr deutet sie das Lebensgeschick legendarischer Gestalten der Vorzeit theologisch im Licht ihrer Beziehung zu Gott, der sich als Herr über alle Geschichte erweist (der Gott Abrahams, Isaaks und Jakobs kann daher später mit Jhwh, dem Gott Israels, identifiziert werden). Die durch die drei Erzelternpaare individualisierte Vorgeschichte Israels wird überwölbt von einer Segenszusage dieses Gottes (Landverheißung, Nachkommenverheißung, Segensverheißung für die Völker; z. B. Gen 12,1–3; 22,16–18; 26,3–5), die für alle Zeit gültig bleibt und ein grundsätzliches Vertrauen des Menschen in seine stets gefährdete Existenz ermöglicht.

Trotzdem besitzen die Erzelterngeschichten ein historisches Substrat. Das zeigen exemplarisch die Isaak/Rebekka-Traditionen in Gen 26,1–33. Sie fassen, ohne sich chronologisch fixieren zu lassen, die wechselvolle Geschichte nomadischer Gruppen im südpalästinischen Kulturland zusammen. Elemente dieser Geschichte sind: das durch Hungersnöte verursachte Eindringen von Wandernomaden

in den Bereich kanaanäischer Städte und ihr dortiges Prosperieren (26,1–6. 12–14); die Rechtlosigkeit der Nomaden im städtischen Umfeld (26,7–11); Konflikte mit den Städtern um Wasser und Weideland (26,15–22); Besitz eigener Brunnen und Sesshaftwerdung (26,23–25. 32 f.); Vertragsschluss (›Bund‹) zwischen den Neusiedlern und den kanaanäischen Städten, der Rechtsfrieden schafft (26,26–31).

Mündliche Erzähltraditionen dieser und ähnlicher Art, die an bestimmten Orten (meist kanaanäischen Heiligtümern) haften, sind durch ihre Verbindung mit den (historisch nicht verifizierbaren) Erzelternpaaren individualisiert und allmählich zu Erzählkränzen verbunden worden. Durch die genealogische Verknüpfung der ursprünglich selbständigen Patriarchengestalten ließ sich dieser Stoff zu einer drei Generationen umfassenden Vorgeschichte des Volkes Israel ausgestalten, das in den zwölf Söhnen Jakobs (Beiname: Israel; Gen 32,29) und dessen vier Haupt- und Nebenfrauen Lea, Rahel, Bilha und Silpa (35,23–26) präfiguriert erscheint.

Weil die Ursprünge Israels geographisch sowohl mit Kanaan als auch mit Ägypten verknüpft sind (Ex 1–13), schließt das Buch *Genesis* mit der vergleichsweise jungen (nachexilischen?) ›Josefnovelle‹ (Gen 37; 39–50), die eine erzählerische Brücke zwischen den beiden Hauptschauplätzen der Volkssage herstellt: Josef, der Lieblingssohn Jakobs, wird von seinen neidischen Brüdern gefangen genommen und nach Ägypten verkauft, wo er aufgrund von persönlicher Integrität und politischer Weisheit in höchste Staatsämter aufsteigt. Eine Hungersnot zwingt seine Brüder zu einer Reise an den Nil, wo Josefs Großmut Versöhnung und Wiederherstellung des Familienverbandes möglich macht.

Wichtige Themen dieser glänzend erzählten und intensiv rezipierten Novelle sind Josefs Weisheit (d.h. die von Gott vermittelte Einsicht in die Ordnung der Welt, die ein gelingendes Leben möglich macht) und, damit zusammenhängend, der Nutzen einer leistungsfähigen staatlichen Organisation, die dazu verhilft, »ein großes Volk« (Ägypten) am Leben zu erhalten (50,20). Am Ende der Erzählung kommt wieder das Volk Israel in den Blick, das die Erzelterngestalten ablöst: Jakobs Söhne sind die Urväter der zwölf Stämme (49,28), aus denen sich jenes Volk in Ägypten konstituieren soll.

JÜRGEN WEHNERT

Exodus bis Deuteronomium (Zweites bis Fünftes Buch Mose)

Die Flucht Israels aus Ägypten und seine (mehrfach unterbrochene) Wanderung durch die Wüste bis an die Grenze des verheißenen Landes bildet die Rahmenhandlung der Bücher *Exodus* bis *Deuteronomium*. Zu Beginn der Erzählung vom Schicksal Israels im Pharaonenreich tritt die zentrale Gestalt der *Tora* auf: Mose (hebräisch: Mosche; griechisch: Moyses, davon lateinisch Moyses oder Moses), der Mann mit dem ägyptischen Namen, der durch göttliche Weisung (Ex 3) zum Anführer der unterdrückten Israeliten bestimmt wird.

Für den historischen Gehalt der Bücher *Exodus* bis *Deuteronomium* gilt dasselbe wie für *Genesis*. Auch sie sind aus der geschichtstheologischen Perspektive einer viel späteren Zeit entworfen, schließen aber Elemente eines historischen Substrats ein. Das gilt insbesondere für den durch Sklavenschaft bestimmten Ägyptenaufenthalt der ›Israeliten‹. Zwar lässt sich dieser Aufenthalt nicht durch außerbiblische Quellen belegen, doch sind einige Details des biblischen Berichts per Analogie wahrscheinlich zu machen. Die Ägypter des Neuen Reiches (ca. 1550–1080 v. Chr.) haben die Grenzen ihres Landes bewacht und die Ein- und Auswanderung von Menschen kontrolliert. Nicht selten haben sie umherirrenden Fremdvölkern und -sippen Eintritt in ihr Land gewährt und ihnen als Gegenleistung Zwangsarbeit abverlangt, wie sie u.a. in Ex 1,11 reflektiert wird (Bau der Vorratsstädte Pitom und Ramses). Für solche unterprivilegierten Fremdvölker findet sich in altorientalischen und ägyptischen Dokumenten seit dem 14. Jh. v. Chr. der Begriff ›Apiru‹ oder ›Habiru‹. Dieser spiegelt sich im Namen ›Hebräer‹ wider, einer Fremdbezeichnung für Israeliten, die offenbar in Ägypten entstanden ist (vgl. Gen 39,14.17). Die spezifische Verwendungsweise des Begriffs (der nach 1200 v. Chr. nicht mehr belegt ist) lässt darauf schließen, dass ein Teil der Vorfahren der israelitischen Stämme aus nach Ägypten verschlagenen Gruppen stammt, die dort Frondienste leisten mussten.

Eine ansprechende Hypothese ist daher, dass aus Ägypten geflohene Habiru-Sippen sich im kanaanäischen Raum dort ansässigen Habiru (zusammengesetzt aus verdrängter, unterprivilegierter Stadtbevölkerung sowie eingesickerten nomadischen Gruppen) anschlossen und ihre Traditionen, speziell die von einem Befreiungs- und Rettungswunder ihres Gottes Jhwh, in die Überlieferung der sozial verwandten Bevölkerung Kanaans eintrugen. Auszug aus Ägypten und die Einnahme des verheißenen Landes im Namen Jhwhs wurden so zur gemeinsamen Überlieferung des sich in Kanaan allmählich herausbildenden Bundes der zwölf Stämme Israels. (Die erste inschriftliche Erwähnung Israels findet sich auf einer Siegesstele des Pharaos Merne-ptah [Regierung 1212–1202 v. Chr.], dem Sohn Ramses II. [1279–1212 v. Chr.], unter dem sich das Auftreten des Mose und die Flucht der von ihm angeführten Habiru-Gruppe ereignet haben mögen.)

Da sich die weiteren in *Exodus* bis *Deuteronomium* geschilderten Vorgänge einer historischen Betrachtung weitgehend entziehen (speziell der Bundesschluss und die Gesetzgebung am Berg Sinai, die in älteren Texten noch nicht reflektiert werden [z. B. Dtn 6,21 ff.]), sind diese Bücher primär unter literarischen und theologischen Gesichtspunkten darzustellen.

Das Buch *Exodus (Schemot)* setzt ein mit der Kindheitsgeschichte des Mose (1,1–2,10). Er wird in Ägypten zu einer Zeit geboren, in der die Zahl der Israeliten so anwächst, dass die Ägypter »ein Grauen« vor ihnen empfinden, sie zu Fronarbeiten zwingen und auf Befehl des Pharao sogar die erstgeborenen Söhne der lästigen Fremdlinge töten. Mose entgeht diesem Schicksal auf wunderbare Weise: Die Tochter des Pharao findet das Körbchen, in dem er ausgesetzt wurde, und zieht ihn auf. Trotz des Milieus, in dem er aufwächst, scheint er sich seiner israelitischen Herkunft bewusst zu sein, denn als er Zeuge wird, wie ein Ägypter einen Israeliten schlägt, tötet er jenen und muss fliehen. Er lebt einige Zeit bei den Midianitern, heiratet Zippora, eine Tochter des Priesters Jitro bzw. Reguël (welchem Gott dieser dient, wird nicht gesagt; vermutlich ist an Jhwh gedacht), und hütet das Vieh seines Schwiegervaters (2,11–25). Als ihn diese Arbeit an den Horeb, den »Berg Gottes«, führt, erscheint ihm Jhwh in einem brennenden Dornbusch und gibt sich ihm als der Gott Abrahams, Isaaks und Jakobs zu erkennen, als der »Ich bin, der ich bin« (3,14), und befiehlt ihm, die Israeliten aus Ägypten zu führen (Kap. 3 f.). Sein unterdrücktes Volk überzeugt Mose schnell, doch beim Pharao stößt er auf hartnäckigen Widerstand, den erst zehn von Jhwh geschickte, immer schrecklichere Plagen zu brechen vermögen (5–12: Blutwasser, Frösche, Stechmücken, Stechfliegen, Viehpest, Blattern, Hagel, Heuschrecken, Finsternis, Tötung der Erstgeburt Ägyptens). Die Schilderung der zehnten Plage ist verknüpft mit der Tradition von der Einsetzung des Passahmahls, an das sich das (ursprünglich selbständige) siebentägige Fest der ungesäuerten Brote (hebräisch: Mazzot) anschließt (12,1–13,16; vgl. Lev 23,5–8; Num 9,1–14; Dtn 16,1–8).

Jhwh, der Lenker der Geschichte, zieht den Israeliten nun voran, »bei Tage in einer Wolkensäule, um ihnen den Weg zu zeigen, und nachts in einer Feuersäule, um ihnen zu leuchten« (13,17–22). Vor dem mit seinen Truppen ihnen nacheilenden Pharao rettet er sie, indem er vor Moses ausgestreckter Hand das Meer sich teilen lässt, bis alle Israeliten in Sicherheit, die nachdrängenden Ägypter aber in den Fluten umgekommen sind (14). In hymnischen Liedern preisen Mose und Mirjam, die Schwester des später zum Priester (Ex 29; Lev 8 f.) eingesetzten Aaron, Jhwhs Tat (Ex 15). Dann bewegt sich der Zug vom Meer in die Wüste. Wenn das Volk hungert und murrt, schickt Gott Wachteln und Manna als Speise und lässt Mose Wasser aus den Felsen schlagen (16). Wichtigste Station auf der Wüstenwanderung ist der (geographisch nicht identifizierbare) Berg Sinai (19; im Dtn Horeb genannt), wo Jhwh sich Israel zu seinem Eigentumsvolk erwählt, einen Bund mit ihm schließt (24) und ihm seine Weisungen (die ›Tora‹) als Bundessatzung auferlegt.

Die zweite Hälfte des Buches *Exodus* (Kap. 20–40) dominieren Rechtssatzungen unterschiedlicher Art und Herkunft, doch werden sie durch narrative Partien unterbrochen, die die Rahmenhandlung fortsetzen. Wichtigste Erzählungen sind die vom Abfall des Volkes, das sich, während Moses 40-tägiger Unterredung mit Gott auf dem Berg, einen goldenen Stier als Kultbild herstellt (kritische Reminiszenz an israelitische Kultobjekte der Königszeit: 2. Kön 12,20–32), Moses zorniges Zertrümmern der Gesetzestafeln sowie Gottes gnädige Erneuerung von Bund und Tafeln (Ex 32–34). Theologischer Leitgedanke dieser Erzählungen ist, dass Jhwh trotz des sofortigen Bundesbruchs der Israeliten in Treue an seinem Volk festhält.

Die mit dem Bundesschluss einhergehende Offenbarung der Rechtssatzungen werden vom Dekalog (Zehnwort) eröffnet (Ex 20 mit einer zum Teil abweichenden Parallele in Dtn 5). Er stellt die Präambel aller Weisungen in *Exodus* bis *Numeri* bzw. im *Deuteronomium* dar und fasst grundlegende Gebote zusammen, die das Verhältnis zwischen Gott und Mensch sowie der Menschen untereinander regeln. Bedeutsam ist die einleitende Selbstverstellungsformel Jhwhs: »Ich bin Jhwh, dein Gott, der dich aus dem Land Ägypten, dem Sklavenhaus, herausgeführt hat« (Ex 20,2; Dtn 5,6). Sie bringt zum Ausdruck, dass sich diese Weisungen an befreite Menschen richten, die einer Rechtsordnung für ein gelingendes kultisches und soziales Leben bedürfen.

Die an den Dekalog anschließenden Weisungen sind als dessen Ausführungsbestimmungen zu verstehen. Sie umfassen Gesetzessammlungen aus unterschiedlicher Zeit; hierzu gehören die sozialen und kultischen Bestimmungen des ›Bundesbuches‹ (21–23) sowie die Anweisung für den Bau des ›Zeltes der Begegnung‹ (die sogenannte Stiftshütte; 25–32) und seines Inventars – ein Wanderheiligtum, in dem der spätere Tempel vorabgebildet erscheint. Mit dem Bericht über die Ausführung der Bauanweisungen (35–40) endet das Buch *Exodus*.

Levitikus (*Wajjikra*) ist eine Sammlung von Gesetzescorpora unterschiedlicher Herkunft, die vor allem kultische Bestimmungen für die Priesterschaft enthalten. Erzählende Partien fehlen mit Ausnahme der Geschichte von Nadab und Abihu (Kap. 10), den Söhnen Aarons, die sich durch ein illegitimes Feueropfer versündigen und dafür selbst vom Feuer Jhwhs verzehrt werden. Diese Geschichte veranschaulicht die hohe Bedeutung, die in *Levitikus* einer genau geregelten kultischen Begegnung des Menschen mit Gott beigemessen wird.

Die einzelnen Gesetzessammlungen reflektieren die Kultpraxis des 515 v. Chr. eingeweihten zweiten Jerusalemer Tempels: Am Anfang stehen Vorschriften für die verschiedenen Arten von Opfern und die sie begleitenden Rituale (1–7). Kapitel 8 f. begründen die Priesterhierarchie (Salbung Aarons [der in den jüngsten Schichten der *Tora* als Bruder des Mose gilt] und seiner Söhne zu Priestern). Die Reinheitsvorschriften (11–15) legen fest, welche Tiere zum Verzehr zugelassen sind und welche physischen Gründe (Menstruation, Hautkrankheiten) zum (zeitweiligen) Ausschluss aus der Kultgemeinde führen.
Das Ritual des Versöhnungstages (hebräisch: Jom Kippur) dient der Reinigung des Heiligtums von den Sünden des Volkes: Sie werden einem Ziegenbock aufgeladen, dem ›Sündenbock‹, den man danach in die Wüste jagt (16). Das anschließende sogenannte Heiligkeitsgesetz (17–26) enthält Regelungen für ein in jeder Beziehung heiliges Leben der Israeliten, das die Heiligkeit Gottes widerspiegeln soll: »Ihr sollt heilig sein, denn ich bin heilig, Jhwh, euer Gott« (19,2); es umfasst das Gebot der Nächstenliebe (19,18) ebenso wie Regelungen über erlaubte und verbotene Geschlechterbeziehungen (18). Das Schlusskapitel 27 enthält u. a. Bestimmungen über die Abgabe des Zehnten an die Priester.

Das Buch *Numeri* (*Bemidbar*) berichtet über den zweiten Teil der Wüstenwanderung. Kapitel 1 bis 10 bereiten den Aufbruch vom Sinai vor. Mose erhält dazu von Jhwh genaue Weisungen. Am Anfang stehen die befohlenen Zählungen der Stammesmitglieder, nach denen das Buch seinen Namen hat, sowie die Lager- und Zugordnung der zwölf Stämme. Aber auch die Musterung und die Dienstordnung der Leviten, die Verfahrensvorschriften bei Verdacht auf Versündigung oder Ehebruch, die Weisungen für die Nasiräer (Gottgeweihte, die sich zu einer besonders heiligen Lebensweise verpflichten; 6,1–21), die

Formulierung des Segens, den die Priester über Israel sprechen sollen (›aaronitischer Segen‹; 6,24–26), und die Regelungen für das Passahfest werden auf den ausdrücklichen Willen Jhwhs zurückgeführt.

Die Reisevorbereitungen finden ihren Abschluss mit dem am Ende des *Exodus*-Buches eingeführten Zeichen: Die auf dem Begegnungszelt ruhende Wolke (Symbol der verhüllten Gegenwart Gottes) erhebt sich, und das Volk setzt seine Wanderung solange fort, bis sich die Wolke wieder darauf niederlässt. So gelangt Israel in Etappen bis ins Ostjordanland, an die Grenzen des verheißenen Landes (Num 10–32). Unterwegs werden Kundschafter ausgesandt, die dem Volk von der Fruchtbarkeit Kanaans berichten (»es fließt Milch und Honig darin«; 13,27). Trotzdem scheint das Ziel der Wanderung gefährdet: Von innen wird Israel durch Kleinglaube und Machtkämpfe bedroht (die ›Rotte Korah‹ empört sich gegen Mose und wird von Jhwh vernichtet; Kap. 16), von außen durch scheinbar übermächtige Feinde und die Verlockungen fremder Kulte (z. B. 20 f.; 25) – offensichtlich Rückprojektionen einer späteren Zeit (die ›Rotte Korah‹ war eine Sängergilde am Jerusalemer Tempel).

Eine Sonderstellung in *Numeri* nimmt die Erzählung vom Seher Bileam und seiner Eselin ein: Von Balak, dem König der Moabiter, angeworben, um Israel zu verfluchen, muss Bileam auf Initiative Jhwhs Israel am Ende segnen und dessen Anspruch auf Land und Herrschaft bestätigen (22–24). Am Ende des Buches stehen u. a. die Erzählung von der Einsetzung Josuas als Nachfolger des Mose (27) und ein Bericht über die Verteilung des Ostjordanlandes unter den israelitischen Stämmen (32) – beides signalisiert, dass die 40-jährige Wüstenwanderung, deren Stationen noch einmal aufgezählt werden (33), ihren Abschluss gefunden hat.

Das Buch *Deuteronomium (Dewarim)* ist als Abschiedsrede stilisiert, die Mose kurz vor seinem Tod an das Volk Israel richtet. Diese formale Sonderstellung des Buches findet ihre Entsprechung im Inhalt, der keineswegs eine Wiederholung der in *Exodus* bis *Numeri* enthaltenen Weisungen Jhwhs darstellt, sondern eine davon unabhängige Proklamation der Jhwh-*Tora* als zentraler Bestandteil des Bundes zwischen Gott und seinem Volk.

Die Entstehung des *Deutoronomiums* ist offenbar in mehreren Etappen verlaufen: Ältester Teil sind die Kapitel 12 bis 26, die mit dem unter König Joschija (Regierung 638–608 v. Chr.) proklamierten Gesetzbuch (2. Kön 22) in Zusammenhang stehen dürften. Eröffnet wird dieses Gesetzescorpus mit dem Gebot der Konzentration des Jhwh-Kultes auf nur einen (nicht explizit genannten) Ort (Kap. 12; später auf Jerusalem gedeutet), was zu einem Leitgedanken exilischer und nachexilischer Theologie wurde. Es schließen sich Einzelgebote an, die, offenbar einem Verfassungsideal folgend, dem Volk, dem König und den Priestern gelten; sie tragen teilweise sozialutopischen Charakter (vgl. die humanen Kriegsgesetze Kap. 20).

Um diesen ältesten Kern wurden später die Kapitel 4 bis 11 und 27 bis 30 gelegt. Sie begründen die Gesetzgebung am Horeb und schärfen als zweites zentrales Gebot des Buches die Alleinverehrung Jhwhs ein, die im ›Schema Jisra'el‹ (›höre, Israel!‹), dem Grundbekenntnis Israels, auf eine unüberbietbar knappe Formel gebracht ist: »Jhwh ist unser Gott, Jhwh ist (nur) einer« (Dtn 6,4). Diesen Grundgedanken reflek-
tieren auch die Segens- und Fluchworte in Kapitel 27 bis 30: Nur ein Jhwh-orientiertes Leben wahrt die Existenz des Volkes, bei Übertreten der Weisungen seines Gottes gerät es in die Sphäre des Todes.

Jüngste Schicht des *Deutoronomiums* sind die Rahmenkapitel 1 bis 3, die auf die Wanderung des Volkes vom Gottesberg bis ins Ostjordanland zurückblicken, und 31 bis 34, die die Erzählhandlung der *Tora* zu einem (vorläufigen) Abschluss bringen: Nach der Einsetzung Josuas zu seinem Nachfolger (31) segnet Mose das Volk (33) und stirbt jenseits des Jordan (34), da ihm das Betreten des verheißenen Landes verwehrt ist (32,52). Durch diesen äußeren Rahmen wurde das *Deutoronomium* mit dem übrigen *Pentateuch* zu einem monumentalen Gesamtwerk verknüpft und zugleich die Basis für die Fortsetzung der Volkssage in den Büchern des deuteronomistischen Geschichtswerkes gelegt: Mit der *Tora* und den Bundeszusagen (26,16–19) seines Gottes ausgestattet, wartet das Volk unter seinem neuen Anführer Josua darauf, das verheißene Land in Besitz nehmen zu dürfen.

KONRAD KOLLER / JÜRGEN WEHNERT

2 Die ›vorderen Propheten‹ *(Josua bis Zweites Buch der Könige)*

Das an die *Tora* anschließende Erzählwerk der Bücher *Josua*, *Richter*, 1. und 2. *Samuel* sowie 1. und 2. *Könige* setzt die Geschichte Israels fort: Der chronologische Rahmen spannt sich von der Landnahme über die Königszeit bis zur nationalen Katastrophe des Babylonischen Exils (587–538 v. Chr.), mit dem die erzählte Zeit abschließt (letztes berichtetes Faktum ist die Begnadigung des judäischen Königs Jojachin im Jahr 560). In der jüdischen Tradition wird dieses Geschichtswerk ›vordere Propheten‹ genannt, da in ihm bedeutende prophetische Gestalten wie Samuel, Natan, Elija oder Elischa auftreten, die in den Lauf der Geschichte Israels eingreifen. In der neueren kritischen Forschung hat sich für diesen Textkomplex die Bezeichnung ›deuteronomistisches Geschichtswerk‹ durchgesetzt: Die Darstellung der sechs zusammenhängenden Bücher ist von theologischen Grundpositionen bestimmt, die schon das Buch *Deuteronomium* prägen. Hierzu gehören die Forderung der alleinigen Verehrung Jhwhs (Verbot aller Fremdgötterkulte in Israel) und die Konzentration der Jhwh-Verehrung auf Jerusalem als dem einzig legitimen Kultort.

Eine Folge dieser theologischen Grundkonzeption ist das unhistorische Gottesbild des Werkes: Es suggeriert, dass Israel von Beginn an nur Jhwh verehrt habe (vgl. besonders Jos 24), obwohl aus biblischen wie außerbiblischen Zeugnissen hervorgeht, dass dies kaum vor dem 7. Jh. v. Chr. der Fall war. Ebenso problematisch sind Rückschlüsse aus den hier gesammelten Erzählungen auf den tatsächlichen Verlauf der Geschichte Israels. Speziell die Berichte aus vorstaatlicher Zeit (Landnahme, Landverteilung, Zeit der ›Richter‹) sind großenteils Sagen und Legenden und dürfen nicht mit Geschichtsschreibung im modernen Sinn verwechselt werden.

Das literarische Wachstum der ›vorderen Propheten‹ wird ähnlich kompliziert verlaufen sein wie das der *Tora*: Neben alter Überlieferung, u. a. aus den an den Höfen in Israel und Juda geführten Königsannalen, stehen ersichtlich junge Abschnitte aus spätvorexilischer, exilischer und noch späterer Zeit, durch die die älteren Traditionen zu einer theologisch vereinheitlichten Gesamtdarstellung der von Jhwh initiierten und begleiteten Geschichte Israels von seinen Anfängen bis in die Gegenwart der letzten (priesterschriftlichen?) Redaktion (um 500 v. Chr.?) verbunden wurden.

EVA OSSWALD / JÜRGEN WEHNERT

Das Buch *Josua*

Das *Josua*-Buch erzählt die Geschichte der israelitischen Stämme nach der Jordanüberschreitung bis zum Tod Josuas. Es enthält im ersten Teil (Kap. 1–12) Berichte über die Landnahme im Westjordanland, im zweiten Teil (13–22) vorwiegend Listen über die Verteilung des Landes an die zwölf Stämme und im dritten (23 f.) eine Abschiedsrede Josuas, die Israel an den Bund mit seinem Gott erinnert, zu dem Israel beim sogenannten ›Landtag zu Sichem‹ ein öffentliches Bekenntnis ablegt. Das Buch schließt mit Notizen über den Tod Josuas und die Bestattung der aus Ägypten überführten Gebeine Josefs.

Bei den in Kapitel 2 bis 9 enthaltenen Landnahmeerzählungen, deren uneinheitlicher Charakter auf eine komplizierte mündliche Vorgeschichte schließen lässt, handelt es sich um Überlieferungen des Stammes Benjamin, vielleicht auch des Stammes Ephraim. Sie bestehen meist aus lokal gebundenen ätiologischen Sagen, die bestimmte von den Israeliten vorgefundene Phänomene, z. B. zwölf Steine im Jordan (4,9) und in Gilgal (4,20), den ›Vorhauthügel‹ in Gilgal (5,3), das Verbleiben einer kanaanäischen Sippe in Jericho (6,25), einen Steinhaufen (7,26) oder eine Ruinenstätte (8,28), durch Ereignisse der Vergangenheit erklären wollen. Dass solche Überlieferungen historisch zuverlässig sind, ist nicht zu erwarten. So wird nach Jos 8 die Stadt Ai (›Schutthaufen‹) von den Israeliten zerstört, tatsächlich lag sie schon rund 800 Jahre in Trümmern. Ähnlich sind die Verhältnisse in Jericho (Kap. 6). Eine Heldensage liegt in der Überlieferung über die Schlacht bei Gibeon (10,1–11) vor, an die in 10,12 f. ein Lied angefügt ist, das aus einem alten, nicht erhaltenen *Buch des Redlichen* zitiert wird. Nach Galiläa führt die Kriegserzählung über die Schlacht an den Wassern von Merom (11).

Durch geschickte Verknüpfung dieser Einzelsagen, die eine gesamtisraelitische Ausweitung erfahren haben, entsteht der Eindruck eines genetischen Zusammenhangs der verschiedenen Ereignisse. Die Gestalt Josuas, der, wie aus Jos 24,30 erschlossen werden kann, ein ephraimitischer Stammesführer gewesen sein mag, ist ursprünglich vielleicht nur mit einem Teil dieser Überlieferungen verbunden gewesen.

Im zweiten Teil des Buches wird die Aufteilung des Landes dargestellt. Die hierfür benutzten Listen enthalten wertvolles Material, das allerdings nicht zur Rekonstruktion der vorstaatlichen Verhältnisse benutzt werden kann. So dürften die Ortslisten von Juda, Benjamin, Simeon und Dan erst aus der Zeit Joschijas (Regierung 638–608 v. Chr.) stammen.

Das in seiner vorliegenden Form rein theologisch zu verstehende Buch *Josua* will aufzeigen, dass Israel die Inbesitznahme des verheißenen Landes Jhwhs beständiger Hilfe verdankt und dass Israel zur Treue gegenüber den Satzungen seines Gottes verpflichtet ist, um sich sein Erbteil zu erhalten. EVA OSSWALD / JÜRGEN WEHNERT

50 Das Buch der *Richter*

Das *Richter*-Buch behandelt die Epoche zwischen Landnahme und dem Beginn des Königtums in Israel. Drei Teile lassen sich unterscheiden: Kapitel 1,1 bis 3,6 führen in die politische und religiöse Situation der Richterzeit ein. Den Hauptteil bildet 3,7 bis 16,31, in dem in unterschiedlicher Ausführlichkeit von 13 ›großen‹ und ›kleinen‹ Richtern erzählt wird. Die Schlusskapitel 17 bis 21 behandeln die Problematik der königslosen Zeit am Beispiel der Stämme Dan und Benjamin.

Die im *Richter*-Buch geschilderten Vorgänge weisen eine größere Nähe zu den historischen Vorgängen auf als die Erzählungen in *Josua*. Das zeigt sich bereits in der Landnahmeversion von Kapitel 1: Sie enthält eine Liste von Städten, die die israelitischen Stämme zunächst nicht erobern konnten (1,19–36). Die nach wie vor im Land lebende kanaanäische Bevölkerung stellte also eine dauerhafte politische und durch ihre Kulte auch eine permanente religiöse Bedrohung für Israel dar.

Diese historische Situation spiegelt sich in der im *Richter*-Buch beschriebenen ambivalenten Haltung Jhwhs gegenüber seinem Volk: Weil es fremden Göttern nachläuft, gibt Jhwh es zur Strafe in die Hand seiner Feinde, um es aber nicht zu verderben, rettet er es, indem er ›Richter‹ über die Stämme einsetzt (13 werden namentlich genannt), bis der Kreislauf von Abfall, Strafe und Rettung von Neuem beginnt. Bei den ›kleinen‹ Richtern handelt es sich wohl um lokale Herrscher mit richterlicher Funktion (von ihnen werden kaum mehr als die Namen mitgeteilt), die ›großen‹ (unter ihnen eine Frau: Debora) sind charismatische militärische Anführer, die erfolgreich den Widerstand gegen Israels Feinde organisieren. Zu den Letzteren zählen Otniël, Ehud und Schamgar (Kap. 3), Debora und Barak (4 f.), Gideon (6–8), Jiftach (10–12) und Simson (13–16). Die mit ihnen verbundenen Heldensagen enthalten oft drastische Schilderungen. So stößt Ehud dem Moabiterkönig Eglon das Schwert bis zum Heft in den Bauch, schließt den Thronsaal und kann vor Entdeckung seiner Tat fliehen, weil die Lakaien des Königs nicht wagen, in das verschlossene Zimmer einzudringen (3,12–24). Als Sisera, der geschlagene kanaanäische Feldherr, Zuflucht im Zelt Jaëls, der Frau des Keniters Heber, sucht, treibt diese dem schlafenden Offizier mit dem Hammer einen Zeltpflock durch die Schläfen. (Bemerkenswert ist, dass wesentliche Inhalte der Prosafassung dieses Stoffs durch das wohl ältere Debora-Lied in Kapitel 5 bestätigt wird, hier also historische Vorgänge im Hintergrund stehen.)

Die Kriege der Richterzeit wurden als sogenannte Jhwh-Kriege oder ›Heilige Kriege‹ geführt. Zum Ritual dieser Kriege gehörte die Vollstreckung des ›Banns‹, d. h. die Tötung der besiegten Gegner. In der erzählerischen Ausgestaltung dieser (historisch kaum fassbaren) Vorgänge lässt sich eine zunehmende Stilisierung beobachten. Während in den ältesten Berichten noch von tatsächlichen Kämpfen die Rede ist, nehmen bei jüngeren Überlieferungen die von Jhwh bewirkten Wunder überhand, so dass die Israeliten am Schluss nur noch die Aufgabe haben, die durch Gott verstörten Gegner zu liquidieren.

Rein literarische Heldensagen sind die um den listigen, rachsüchtigen und übermenschlich starken Simson (13–16). Der an seiner Geschwätzigkeit scheiternde Held zerbricht noch unmittelbar vor seinem Tod die Mittelsäulen eines mit Philistern gefüllten Hauses und tötet damit mehr Feinde, als er es zu Lebzeiten vermochte. Der Simsonstoff bot durch seine Dialektik vielfach Anreiz zur weiteren Ausgestaltung. Einerseits galt Simson seit Augustinus als Präfiguration Christi, andererseits konnte diese Gestalt ein lebendiges Beispiel für den in Sünde verstrickten, weiblicher Verführung erlegenen Mann abgeben.

Ein weiteres Thema des *Richter*-Buchs ist die Frage, ob Israel einen König braucht. Sie wird im Zusammenhang der Erzählung über Gideons Sohn Abimelech, der die Königswürde gewaltsam an sich reißt, zunächst negativ beantwortet (Kap. 9). Die ohne inhaltlichen Zusammenhang mit den ›Richter‹-Erzählungen stehenden Schlusskapitel 17 bis 21 berichten vom Raub eines Götterbildes durch den Stamm Dan sowie von der Vergewaltigung der Nebenfrau eines Leviten durch die benjaminitischen Bewohner des Ortes Gibea. Beides soll illustrieren, dass am Ende der Richterzeit »jeder tat, was ihm in den Sinn kam« (21,25). Begründet wird dieser Zustand mit dem Fehlen eines Königs – ein Hinweis auf den Fortgang der Ereignisse, die in den weiteren Büchern des deuteronomistischen Geschichtswerks geschildert werden. HELMUT MADL / JÜRGEN WEHNERT

Die *Samuel*-Bücher

Die *Samuel*-Bücher gehörten ursprünglich mit den beiden *Königsbüchern* zusammen (in der *Septuaginta* werden sie als *Basileiōn* [Königsbücher] 1–4 gezählt); ihre Aufteilung in ein erstes und ein zweites Buch ist sekundär. Die *Samuel*-Bücher behandeln die israelitische Geschichte von der Entstehung des Königtums bis zur Festigung des aus Israel und Juda geschaffenen, vereinten Reichs unter David, also die Zeit vom ausgehenden 11. bis zur Mitte des 10. Jh.s v. Chr. Sie lassen sich in vier Teile gliedern: In 1. Sam 1–8 stehen Samuel, der letzte bedeutende Richter Israels, die Kämpfe mit den Philistern und das damit verbundene wechselvolle Geschick der Bundeslade im Mittelpunkt. 1. Sam 9–15 berichtet von der Wahl Sauls zum König über Israel und von seiner späteren Verwerfung. Der zentrale Abschnitt 1. Sam 16 bis 2. Sam 5 schildert Sauls tragisches Ende und den Aufstieg Davids zum König über Juda und Israel. 2. Sam 6–24 (sowie 1. Kön 1 f.) erzählen von Davids Herrschaft und den Auseinandersetzungen um seinen Thronfolger.

Spannungen zwischen den einzelnen Überlieferungen – Sauls Erhebung zum König etwa wird in drei Varianten erzählt (1. Sam 9,1 ff.; 10,17–27; 11,1–15) – weisen auf eine längere Entstehungsgeschichte der *Samuel*-Bücher hin. Vermutlich sind eine ursprünglich selbständige

Saulerzählung, eine alte Tradition über die Bundeslade sowie Erzählsammlungen über Davids Aufstieg und Thronfolge in deuteronomistischer Zeit zu dem heute vorliegenden Werk verbunden und theologisch vereinheitlicht worden. Bestandteil dieser Redaktion ist eine königskritische Tendenz (vgl. 1. Sam 8: Israels Wunsch nach einem König bedeutet Abfall von Jhwh); sie reflektiert die theologische Auseinandersetzung mit dem in Israel wie in Juda scheiternden Königtum unter den babylonischen Exilanten des 6. Jh.s v. Chr.

Das so entstandene Werk wurde in mehreren Rezensionen überliefert. Der *Septuaginta*-Text ist häufig ausführlicher als der hebräische, in Einzelfällen (besonders in 1. Sam 17) aber auch erheblich kürzer. Der Gang der Erzählung wird davon jedoch nicht berührt: Er beginnt mit der Schilderung der Geburt und Kindheit Samuels, der Gottlosigkeit der Söhne des Priesters Eli und dem gottgefälligen Dienst Samuels am Heiligtum in Silo (1. Sam 1–3). Auf die Schilderung des Schicksals der Bundeslade von der Wegführung aus Silo bis zu ihrer Aufstellung in Jerusalem (4,1–7,1) – ein Teil des geschichtlichen Hintergrunds dieser Epoche – folgt der endgültige Abschluss der Richterzeit im Bericht vom großartigen Sieg Samuels über die Philister (7,2–14).

Umfangreiche Redeabschnitte (8 und 12) kennzeichnen den Anbruch einer neuen Epoche. Sie rahmen die Erzählungen von der Begegnung Samuels mit Saul, von dessen Salbung zum König sowie vom Sieg Sauls über das Israel demütigende Volk der Ammoniter (9–11). Berichte über die Philisterkriege (13 f.), die Amalekiterschlacht und Sauls Verwerfung (15) schließen die alte Saultradition ab – ein Kranz von Einzelerzählungen, die an unterschiedlichen Orten haften.

Unmittelbar danach und im Kontrast zum düsteren Schicksal Sauls wird der Blick auf David gelenkt. Der Bericht von seinem Aufstieg (1. Sam 16,14 bis 2. Sam 5) zeichnet sich, bei aller Erzählfreude (vgl. die berühmte Episode von seinem Kampf mit dem Philister Goliat; 1. Sam 17), durch eine meist realistische, den Tatsachen vergleichsweise nahestehende Darstellungsweise aus. David, bislang vor Saul auf der Flucht, siedelte bald nach dessen Tod nach Hebron über und ließ sich zum König über Juda salben (2. Sam 2). Im nördlichen Staat Israel war Eschbaal seinem Vater Saul auf den Thron gefolgt, doch war es eigentlich dessen militärischer Oberbefehlshaber Abner, der die Macht innehatte. Mit der Ermordung Abners und Eschbaals wurde Davids Weg zur Herrschaft über das Gesamtreich frei (2. Sam 5,1–5).

Die Eroberung Jerusalems und dessen Erhebung zur Hauptstadt war ein taktisch kluger Zug Davids, da die Stadt so sein persönlicher Besitz wurde und von den Streitigkeiten der Stämme unabhängig blieb (5,6–10). Durch die Überführung der Lade machte David Jerusalem zu einem Zentrum der altisraelitischen kultisch-nationalen Tradition (6). Der Bericht darüber und die anschließende Verheißung eines ewigen davidischen Königtums durch den Propheten Natan (7) markieren den Höhepunkt der Erfolgsgeschichte Davids. Von Davids Kriegen ist nur vergleichsweise wenig bekannt, sie wurden gegen die Philister, Aramäer, Ammoniter, Moabiter und Edomiter geführt. Israel wurde unter seiner Hand in einer geschichtlich günstigen Stunde zum Großreich.

In den, ursprünglich wohl selbständigen, Bericht über die Ammoniterkriege (10,6–11,1; 12,26–31) ist die Erzählung über David und Batseba eingearbeitet (11,2–27): Um Batseba für sich zu gewinnen, lässt David ihren Mann, den Hetiter Uria, beseitigen, wodurch ein – auch in der theologischen Bewertung – dunkler Schatten auf den König fällt (Natans Strafrede, 12,1–15). Im Kontrast dazu wird die Geburt ihres gemeinsamen Sohns Salomo mit der prägnanten Notiz kommentiert: »und Jhwh liebte ihn« (12,25).

Spannungsgeladen sind die Erzählungen über Davids Sohn Absalom und dessen am Ende vergeblichen Versuch, die Königswürde an sich zu reißen (13–19). Ein Streit zwischen Judäern und Israeliten führt zu einem Aufstand unter Scheba ben Bichri (20). Die damit dringlich gewordene Klärung der Frage, wer Davids Nachfolge antreten soll, bleibt jedoch in den *Samuel*-Büchern offen; das Ende der Thronfolgegeschichte wird erst im 1. *Buch der Könige* 1 f. erzählt. Die Spannung des Erzählberichtes wird benutzt, um zunächst andere Traditionen (zwei Listen der ›Helden‹ Davids und zwei Lieder des Königs; 21–23) einzuschalten. Ans Ende der *Samuel*-Bücher ist eine Erzählung gerückt, die symbolisch auf den weiteren Gang der Geschichte Israels vorausweist: Gott lässt David in Jerusalem den Ort finden, an dem später Salomo den Tempel bauen lassen wird (24).

HELMUT MADL / JÜRGEN WEHNERT

Die Bücher der *Könige*

Von legendarischen Stoffen und einer mehrschichtigen deuteronomistischen Bearbeitung abgesehen, reflektieren die beiden Bücher der *Könige* geschichtliche Vorgänge der Zeit zwischen ca. 970 und 560 v. Chr. Sie lassen sich in drei Hauptteile gliedern: 1. Kön 1–11 berichtet von der glanzvollen Epoche Salomos, dem Erben des davidischen Großreichs. 1. Kön 12 bis 2. Kön 17 handelt vom Zerfall der Personalunion nach dem Tod Salomos (926), von den Konflikten zwischen Israel und Juda sowie mit den Aramäern von Damaskus und schließlich vom Ende des Staates Israel infolge der assyrischen Expansion (722). 2. Kön 18–25 erzählt die Geschichte der Könige Judas von der Zeit Hiskijas (Regierung 725–697) bis zur Eroberung Jerusalems durch die Babylonier (587) bzw. bis zur Begnadigung des Königs Jojachin im Babylonischen Exil (560).

Die Geschichtsüberlieferung dieser Epochen ist in streng strukturierte Rahmenstücke eingearbeitet, die (mit geringen Variationen) stereotype Angaben über alle behandelten Könige enthalten. Teile dieser biogrammartigen Rahmung begegnen bereits bei David, Salomo und Jerobeam I., dem ersten König Israels nach der Reichsteilung, der vollständige Rahmen zuerst bei Rehabeam, dem ersten König von Juda (vgl. 1. Kön 14,21–24. 29–31). Enthalten sind darin Angaben über das Alter des Königs bei seinem Regierungsantritt und die Dauer der Regierung, der Name der Mutter, eine Beurteilung nach dem deuteronomischen Ideal der Kulteinheit und Kultreinheit (»[...] und tat, was dem Herrn übel [bzw. wohl] gefiel«), ein Hinweis auf weitere Quellen sowie Notizen über Tod, Begräbnis und den Nachfolger. Bei den Königen Israels werden das Alter beim Regierungsantritt und der Name der Mutter nicht genannt, dafür finden sich Synchronismen in Gestalt von Datierungen des Regierungsantritts nach dem jeweils regierenden König von Juda. Was die religiöse Beurteilung der Könige betrifft, so erhalten nur Hiskija (2. Kön 18,3–7) und Joschija (2. Kön 22,2) uneingeschränkte, fünf andere judäische Könige bedingte Anerkennung. Alle Könige Israels müssen aus der anachronistischen deuteronomistischen Perspektive zwangsläufig verurteilt werden, weil sie nicht den Jerusalemer Jhwh-Kult pflegten. Symbolisiert wird der negative Status des israelitischen Königshauses durch die goldenen Stierbilder in den Tempeln von Bethel und Dan, die Jerobeam I. (Regierung 926–907) aufstellen ließ (1. Kön 12,20–30) – tatsächlich handelte es sich dabei nicht um Kultbilder, sondern um Postamente für die als anwesend vorgestellte Gottheit.

Das erste *Königsbuch* beginnt mit dem Schluss der Überlieferung von der Thronnachfolge Davids, deren Hauptteil in 2. Sam verarbeitet ist. In 1. Kön 1 f. wird geschildert, dass David über den innenpolitischen Wirren alt geworden, die Frage nach der Thronfolge jedoch immer noch offen ist. Deshalb versucht Davids Sohn Adonija, unterstützt von Davids General Joab und dem Priester Abjatar, die Herrschaft an sich zu reißen, scheitert jedoch an Natan und Batseba. David bestimmt Salomo zu seinem Nachfolger und lässt ihn zum König salben.

In 1. Kön 3–11 ist das nicht erhaltene *Buch der Begebenheiten Salomos* als Quelle benutzt (vgl. 11,41), wohl ein Werk höfischer Geschichtsschreibung. Das Hauptinteresse des Verfassers gilt Salomos glänzender Hofhaltung, seiner Bautätigkeit, seinen Handelsbeziehungen, seinem Reichtum und seiner überragenden Weisheit, die durch die volkstümliche Erzählung vom salomonischen Urteil (3,16–28), zu der es indische und ostasiatische Parallelen gibt, sowie durch den Bericht vom Besuch der Königin von Saba (10,1–13) ins hellste Licht gerückt wird. Für Salomo standen vermutlich noch weitere Quellen zur Verfügung. Die Abschnitte über die Errichtung des salomonischen Tempels (6) und des Königspalastes (7,1–12) gehen möglicherweise auf Planungsentwürfe der königlichen Bauleitung zurück. Der Tempelweihspruch (8,12 f.) wird nach einem alten, nicht erhaltenen *Buch der Lieder* zitiert (1. Kön 8,53 [*Septuaginta*-Text]).

Trotz allen Glanzes erscheint das von Salomo entworfene Gesamtbild ambivalent: Die von den Stämmen zu leistenden Abgaben für die königliche Hofhaltung wurden zu einer unerträglichen wirtschaftlichen Last (5), und durch seine zahlreichen ausländischen Frauen ließ sich Salomo verführen, an fremden Kulten teilzunehmen (11). Ersteres ist die historische, Letzteres die theologische Erklärung für den Zerfall des Großreichs nach Salomos Tod.

Für die Geschichte der Könige von Israel und Juda konnten die deuteronomistischen Redaktoren offizielle Quellen heranziehen. Sie verweisen zur weiteren Information auf die *Tagebücher der Könige von Israel* (2. Kön 15,31) und die *Tagebücher der Könige von Juda* (2. Kön 24,5). In welchem Umfang diese verschollenen Annalen in 1./2. Kön ausgewertet wurden, muss allerdings offenbleiben. Insgesamt läuft der Bericht über die nachsalomonische Königszeit fast schicksalhaft auf den Verlust der Eigenstaatlichkeit Israels und Judas hinaus. Die Deszendenzgeschichte beginnt mit der Reichsteilung infolge der Uneinsichtigkeit des Judäers Rehabeam (1. Kön 12), setzt sich fort in blutigen Intrigen, vor allem um das israelitische Königtum, und mündet in außenpolitische Konflikte mit Aramäern, Assyrern und Babyloniern, denen zuerst Israel im Jahr 722 (2. Kön 17) und dann Juda in den Jahren 597 (erste Deportation der Oberschicht; 2. Kön 24) und 587 (Zerstörung Jerusalems, zweite Deportation; 2. Kön 25) zum Opfer fallen. Die wenigen hoffnungsvollen Ereignisse bleiben trotz ihrer hohen theologischen Bedeutung Episode: so das Auftreten des Propheten Jesaja zur Zeit der assyrischen Bedrohung Judäas während der Herrschaft Hiskijas (die Erzählungen 2. Kön 18,13–20,19 haben eine fast wörtliche Parallele in *Jesaja* 36–39 – Indiz für die überragende Bedeutung dieser Prophetengestalt) oder die Auffindung eines Gesetzbuches im Jerusalemer Tempel (622; vermutlich der älteste Teil des *Deuteronomiums*), dessen Verlesung die Kultreform König Joschijas auslöst (2. Kön 22 f.).

In den Bericht über die zwischen 926 und 722 v. Chr. parallel existierenden Reiche Israel und Juda sind zahlreiche Prophetenerzählungen eingefügt, vor allem Erzählkränze um Elija und Elischa. In den meisterhaft erzählten Elijageschichten (1. Kön 17–19; 21; 2. Kön 1,1–17) begegnen gelegentlich Züge der Heldensage (das Gottesurteil über die Baals-Priester auf dem Karmel, 1. Kön 18; der Konflikt um Nabots Weinberg, 1. Kön 21). In der Überlieferung über den Elija-Schüler Elischa (2. Kön 2–13) finden sich volkstümliche Legenden mit mirakulösen Zügen (2. Kön 4: wunderbare Öl- und Brotvermehrung, Totenauferweckung). Elija und Elischa (9. Jh. v. Chr.) lassen sich historisch als Vorläufer der späteren Schriftpropheten verstehen, die zunächst ebenfalls im Nordreich Israel auftraten (Amos, Hosea). Bemerkenswert ist ihr politischer Einfluss – Elija leitete den Sturz der israelitischen Omriden-Dynastie (845) ein (2. Kön 9) – sowie ihr religionsgeschichtlich folgenreicher Einsatz für die Alleinverehrung Jhwhs in Israel.

Insgesamt ist es den deuteronomistischen Redaktoren der *Könige-Bücher* gelungen, ihre disparaten Quellen zu einem recht geschlossenen Werk zu verschmelzen. Ihr Anliegen war nicht die Darstellung der profanen Geschichte, sondern eine theologische Sichtung der historischen Ereignisse, durch die aufgewiesen werden soll, dass die Könige, trotz einiger positiver Ausnahmen, den Untergang Israels und Judas verschuldet haben, weil sie das Gesetz Jhwhs und die Mahnungen seiner Propheten missachteten. Die Darstellung endet dennoch nicht mit der Zerstörung Jerusalems und dem Exil der judäischen Oberschicht, sondern mit der Begnadigung des Davididen Jojachin (2. Kön 25,27–30), so dass trotz der beispiellosen Katastrophe von 587 ein Hoffnungsschimmer bleibt. EVA OSSWALD / JÜRGEN WEHNERT

3 Die ›hinteren Propheten‹ (*Jesaja* bis *Maleachi*)

Der zweite Hälfte des Propheten-Teils der *Hebräischen Bibel* umfasst die sogenannten ›hinteren Propheten‹ – 15 Bücher, in denen die prophetische Tradition des altorientalischen und frühantiken Judentums gesammelt ist. (In der *Septuaginta* und in den christlichen Bibeln bilden diese Bücher den Abschluss des alttestamentlichen Kanons.) Alle Bücher sind – trotz ihrer oft jahrhundertelangen Überlieferungsgeschichte – individuellen Prophetengestalten zugeschrieben. Dadurch wird zum Ausdruck gebracht, dass Prophetie keine überzeitliche Offenbarung ewig gültiger göttlicher Geheimnisse ist. Prophetie ereignet sich vielmehr am Schnittpunkt der stets neuen, realen Geschichte, deren Potenzial an ›Schalom‹ (hebräisch: Frieden, Wohlfahrt, Sicherheit) die Menschen durch ihre Hybris regelmäßig aufs Spiel setzen, mit dem Geschichtswillen des Gottes Israels, der sein Volk auf dem Weg durch diese Geschichte verlässlich begleiten und ihm – helfend wie strafend – Orientierung geben will.

Soweit die israelitische Schriftprophetie des 8. bis 3. Jh.s v. Chr. die Vorhersage künftiger Ereignisse zum Inhalt hat, ist sie Teil eines religiös-kultischen Phänomens, für das es im Alten Orient zahlreiche Parallelen gibt. In fast allen Religionen dieses Raumes sind Praktiken wie Omina, Leberschau, Inkubationstraum, Totenbefragung, Sterndeutung, Los oder Orakel nachweisbar, mit deren Hilfe man die nähere oder fernere Zukunft zu erforschen suchte. Für die israelitische Prophetie ist jedoch charakteristisch, dass nicht mechanische Prozeduren nach festgelegten Regeln Anwendung fanden, sondern die von Jhwh offenbarte Zukunft durch ein Medium, den Orakelkünder (hebräisch: Nabi) oder den Seher (hebräisch: Ro'e), angesagt wird (intuitive Mantik).

Die Vorgänger der israelitischen ›Schriftpropheten‹ waren die oft in größerer Zahl an den Jhwh-Heiligtümern und am Königshof angestellten Kult- und Hofpropheten, deren Aufgabe es war, vor bevorstehendem Unheil zu warnen, dessen Ursache zu ergründen und dem Herrscher künftige Erfolge zu weissagen (vgl. 1. Kön 22,6–28). Dass auch solche Propheten Kritik an ihrem Auftraggeber übten, zeigt das Beispiel Natans (10. Jh. v. Chr.; 2. Sam 12). Durch die den kanaanäischen Baalskult tolerierende Religionspolitik der Omriden-Dynastie im Nordreich Israel gerieten die Propheten Elija und Elischa im 9. Jh. sogar vollends in Opposition zum Königshaus.

Bis zum Ende des 9. Jh.s v. Chr. war die Existenz der Staaten Israel und Juda trotz militärischer Auseinandersetzungen mit den syrischen und ostjordanischen Nachbarn nie ernsthaft bedroht gewesen. Vom 8. Jh. v. Chr. bis zur Zeitenwende gerieten Israeliten und Judäer jedoch mit nur kurzen Unterbrechungen ins Visier der assyrischen, babylonischen, persischen, makedonischen, seleukidischen, ptolemäischen und römischen Expansionspolitik. Sprüche der in dieser Zeit auftretenden Propheten wurden nicht nur deshalb überliefert und nachträglich zu Büchern vereinigt, weil in Zeiten politischer Umwälzungen Aussagen über bevorstehende Ereignisse besondere Aufmerksamkeit fanden. Ihre Bedeutung für die Zeitgenossen und deren Nachkommen bestand vor allem in der Interpretation des politischen Geschehens. Indem die Propheten die militärischen Niederlagen Israels und Judas und die Deportationen der Oberschicht (vor allem nach der zweiten Eroberung Jerusalems 587 v. Chr.) als Strafgericht Jhwhs deuteten und damit den Nationalgott als Herrn der Völker und der Geschichte, vermittelten sie den Israeliten im Nachhinein die Einsicht, dass Jhwh der Lenker allen Weltgeschehens ist. Die Prophetie gab so dem katastrophischen Geschichtsverlauf einen Sinn und verhalf zur Überwindung der Zweifel an der Macht und Existenz Jhwhs. Damit schuf sie die Basis für eine Erneuerung der israelitischjüdischen Religion und die Durchsetzung des Monotheismus in exilischer und nachexilischer Zeit.

Der hebräische Kanon unterscheidet drei ›große‹ (*Jesaja, Jeremia, Ezechiel*) und zwölf ›kleine Propheten‹ (*Hosea, Joel, Amos, Obadja, Jona, Micha, Nahum, Habakuk, Zefanja, Haggai, Sacharja, Maleachi*). Letztere werden erstmals im nach-alttestamentlichen Buch *Jesus Sirach* (49,10) als literarische Einheit bezeichnet und in der jüdischen Tradition als *ein* Buch gezählt. Das Buch *Daniel* zählt im Kanon der *Hebräischen Bibel* zu den ›Schriften‹ (s. u.), wird aber bereits in der *Septuaginta* den ›großen Propheten‹ zugeordnet (hinter *Ezechiel*; so auch später in der christlichen Tradition).

Zu den Resultaten historisch-kritischer Erforschung dieser 15 Bücher gehört, dass sie nicht selten Produkte eines jahrhundertelangen Bearbeitungsprozesses sind, bisweilen sogar die Weissagungen mehrerer Propheten nachträglich zu einer Einheit verbinden (*Jesaja, Sacharja*). Keines der 15 Bücher dürfte in seiner jetzigen Form von dem im Titel genannten Propheten stammen; bei allen handelt es sich um nachträgliche Kompositionen der prophetischen Überlieferung, die in Schülerkreisen gesammelt und redigiert wurden. Die ältesten Bestandteile dieser Tradition sind einzelne, ursprünglich selbständige Prophetensprüche – z. B. Drohworte mit begründendem Schuldaufweis, die den Ton der Unheilsprophetie bestimmen, oder im Rettungswillen Gottes gründende Heilsworte (hierzu gehören u. a. die Weissagungen über das Kommen eines von Jhwh gesandten königlichen Retters, des ›Messias‹).

Das Verhältnis zwischen spontaner ›Offenbarung‹, die von den Propheten als Audition oder Vision erlebt wurde, und deren literarischer Ausgestaltung lässt sich anhand formgeschichtlicher Kriterien erschließen: Neben der für die vorexilische Prophetie charakteristischen Unheilsansage und der (ihr nicht selten sekundär hinzugefügten) Heilsweissagung sind viele der damals gängigen literarischen Gattungen vertreten – vom Spott- und Leichenlied über den Hymnus und die Parabel bis zu Elementen der Gerichtsrede.

Die Prophetenbücher werden nachfolgend nicht in ihrer mutmaßlichen historischen Reihenfolge, sondern in der des hebräischen Kanons behandelt. ERICH RÖSSLER / JÜRGEN WEHNERT

Jesaja

Zu den gesicherten Ergebnissen alttestamentlicher Forschung gehört, dass von den 66 Kapiteln des *Jesaja*-Buches nur der Grundbestand der Kapitel 1 bis 35 dem im 8. Jh. v. Chr. lebenden Jerusalemer Propheten Jesaja ben Amoz zugeschrieben werden kann. Der daran angeschlossene Geschichtsbericht (Kap. 36–39) stammt aus 2. Kön 18,13–20,19. Die in den Kapiteln 40 bis 55 gesammelten Sprüche gehen auf einen anonymen Propheten aus dem 6. Jh. v. Chr. zurück, für den sich die Bezeichnung *Deuterojesaja* eingebürgert hat. Verfasserschaft und Entstehungszeit der Kapitel 56 bis 66, oft *Tritojesaja* genannt, sind umstritten. Seine endgültige Gestalt hat das Buch wahrscheinlich erst Mitte oder Ende des 5. Jh.s v. Chr. erhalten.

Die Berufung Jesajas zum Propheten und der Beginn seiner Wirksamkeit sind auf das Todesjahr des judäischen Königs Usia (ca. 735 v. Chr.) zu datieren (Jes 6,1). Die letzte Stellungnahme zu politischen Ereignissen stammt aus dem Jahr 701. Im dazwischen liegenden Zeitraum wurde das syrisch-kanaanäische Gebiet weitgehend von den Truppen des expandierenden assyrischen Reiches unterworfen; Israel und Juda mussten sich ihm als Vasallen unterwerfen. 724 stellte König Hosea von Israel die Tributzahlungen ein und nahm Verbindung zu Ägypten auf. Die Hauptstadt Samaria wurde daraufhin von den Assyrern belagert und fiel 722/21; die Oberschicht wurde deportiert. Nach dem Tod Sargons II. von Assur (705) verweigerte Hiskija von Juda den Tribut. Am Abfall von den Assyrern beteiligte sich diesmal neben den Philisterstädten Aschkalon und Ekron auch Babylonien. Sanherib unterwarf zunächst die Babylonier und belagerte 701 Jerusalem. Ein ägyptisches Entsatzheer wurde geschlagen, Hiskija musste sich unterwerfen und hohen Tribut entrichten.

Das (*Proto-*)*Jesaja*-Buch ist Produkt einer komplizierten Entstehungsgeschichte, die sich in seinem Aufbau widerspiegelt. An ältere, auf Jesaja selbst zurückgehende Textabschnitte schließen sich regelmäßig jüngere Zusätze an: Kapitel 1 bis 11 (Worte an Israel) werden um einen Dankpsalm erweitert (12), Kapitel 13 bis 23 (Worte über andere Völker) münden in einen eschatologischen Ausblick (24–27, die sogenannte ›Jesaja-Apokalypse‹ aus spät nachexilischer Zeit), Kapitel 28 bis 31 (›assyrischer Zyklus‹ aus der Zeit Hiskijas) finden ihre Fortsetzung im Ausblick auf ein Friedensreich und eine künftige Heilsepoche, die mit Hilfe paradiesischer Urzeitvorstellungen ausgemalt wird (32–35).

Die authentischen Worte Jesajas zielen (teils ähnlich wie bei *Amos*) vor allem auf die gesellschaftlichen und außenpolitischen Probleme seiner Zeit. Neben sozialem Unrecht prangert er den Luxus der judäischen Oberschicht an, die sich den Lebensgewohnheiten der altorientalischen Umwelt angepasst hatte: »An jenem Tage wird Jhwh die ganze Pracht wegnehmen: die Fußspangen, die Stirnbänder und die Möndchen, die Ohrgehänge, die Armketten und die Schleier, die Hauben und die Fußkettchen, die Gürtel, die Riechfläschchen und die Amulette, die Fingerringe und die Nasenringe, die Festkleider und die Mäntel, die Umschlagtücher und die Täschchen, die Tücher und die Hemden, die Turbane und die Überwürfe. Und statt des Balsamdufts wird Moder sein und statt des Gürtels ein Strick, statt der kunstvollen Frisur eine Glatze, statt des Prunkgewandes der umgebundene Sack,

das Brandmal statt der Schönheit.« (3,18–24)

Charakteristisch für Jesaja ist die theologische Deutung der außenpolitischen Ereignisse. Kern seiner Botschaft ist, dass die Bedrohung der Existenz Judas durch die Assyrer als Strafe Jhwhs zu begreifen sei. Schon in seiner Berufungsvision kündigt ihm Gott die Verödung der Städte und die Deportation ihrer Bewohner an (6,11–13). Um das zu bewirken, wird Jhwh »dem Volk aus der Ferne ein Feldzeichen aufrichten und es herbeilocken vom Ende der Erde und siehe: eilends, schnell kommt es« (5,26). Aber die Assyrer sind nur ein Werkzeug in seiner Hand, eine Axt, die sich nicht gegenüber dem rühmen darf, der mit ihr schlägt (10,15): »Ehe der Morgen kommt, sind sie nicht mehr« (17,4). Da Jesaja das Gericht Jhwhs für unausweichlich hält, rät er von militärischen Aufstandsversuchen ab. Er warnt – realpolitisch durchaus berechtigt – vor dem Vertrauen auf die Hilfe der Ägypter (30,1–7; 31,1), deren militärische Schwäche er auf eine von Jhwh bewirkte Verwirrung zurückführt.

Nach dem Gericht Jhwhs werde in Juda immerhin ein ›Rest‹ des Volkes übrig bleiben (10,20–23). Ob sich aus dieser begrenzten Heilsperspektive des Propheten Schlüsse auf die jesajanische Herkunft der ›messianischen‹ Weissagungen in 9,1–6 und 11,1–9 ziehen lassen (Ankündigung eines machtvollen davidischen Königs und seines

Friedensreiches), ist in der Forschung umstritten. Sie gehören jedoch, ungeachtet ihrer Datierung, zu den wirkungsgeschichtlich bedeutendsten Orakeln des (*Proto-*)*Jesaja*-Buches.

Die als *Deuterojesaja* bezeichneten Kapitel 40 bis 55 gehen auf einen namentlich unbekannten Heilspropheten zurück, der zur 587 v. Chr. von den Babyloniern in das Zweistromland deportierten judäischen Oberschicht gehörte. Da Babel und der persische König Kyros nur in den Kapiteln 40 bis 48 erwähnt werden, ist anzunehmen, dass diese kurz vor oder unmittelbar nach der persischen Eroberung Babylons (539) im Zweistromland verfasst wurden, während die Kapitel 49 bis 55 nach der Heimkehr in Judäa entstanden sein könnten. Letztere wurde durch ein Edikt des Kyros von 538 ermöglicht, das den Deportierten die Rückwanderung und den Wiederaufbau des Jerusalemer Tempels erlaubte (vgl. Esr 6,3–5).

Eine Gliederung dieses durch einen Prolog (40,1–11) und einen Epilog (55,10–13) gerahmten Werkes ist schwierig. Thematisch lassen sich zwei Hauptteile unterscheiden: Die Kapitel 40 bis 48 behandeln die Einzigartigkeit Jhwhs – er ist Schöpfer der Welt und Herr der Geschichte und erweist sich so vor allen Völkern als der einzige Gott (u. a. 45,18–24). In den Kapiteln 49 bis 55 steht die Rückkehr der Exilanten aus Mesopotamien im Mittelpunkt, gedeutet als ein von Gott gebotener ›neuer Auszug‹, der mit dem Exodus der Israeliten aus Ägypten parallelisiert wird (52,1–12).

Eine besondere Stellung im *Deuterojesaja*-Buch nehmen vier vom Leiden des ›Gottesknechts‹ (hebräisch: Ebed Jhwh) handelnde Lieder ein (42,1–4; 49,1–6; 50,4–9; 52,13–53,12). Wer sich hinter dieser Märtyrergestalt verbirgt, lässt sich kaum beantworten – vertreten werden individuelle wie kollektive Deutungen. Möglich ist, dass Deuterojesaja in der Figur des leidenden Gerechten sein eigenes Schicksal schildert oder sein Martyrium von einem Schüler beschrieben wird. Jedenfalls ist die individuelle Deutung Teil der Wirkungsgeschichte der Lieder, wie die spätere Identifizierung des Gottesknechts mit dem leidenden Christus zeigt (vgl. 1. Petr 2,21–25). Sachlich angemessener ist vielleicht die kollektive Interpretation, da im Kontext Israel als ›Knecht Jhwhs‹ angeredet wird (41,8 f. usw.). Demnach wäre das personifizierte Gottesvolk der »Mann der Schmerzen«, von dem es in 53,4 heißt: »Unsere

Krankheiten hat er getragen und unsere Schmerzen auf sich geladen, wir aber meinten, er sei gestraft, von Gott geschlagen und geplagt.«

Die Annahme, die Schlusskapitel Jesaja 56 bis 66 seien das Werk eines einzigen nachexilischen Autors (*Tritojesaja*) aus dem 5. Jh. v. Chr., ist von der neueren Forschung aufgegeben worden. Die schwer zu gliedernden Kapitel scheinen (*Proto-*)*Jesaja* vorauszusetzen und fortzuschreiben; sie kreisen um das Thema ›Recht und Gerechtigkeit‹ (56,1–63,6) und das problematische Verhältnis zwischen dem ungehorsamen Volk und seinem Gott, der ihm Vater und Mutter ist (63,7–66,24). Möglicherweise hat ein Grundbestand (60–62: Heilsweissagungen für Jerusalem) mehrfache Ergänzungen erfahren, die die soziale und religiöse Situation im nachexilischen Judäa reflektieren.

Die Euphorie der Weissagungen *Deuterojesajas* ist verflogen. Schelt- und Drohreden (56,9–57,13; 59; 65 f.) prangern den fortgesetzten Rechtsbruch in Israel an. Fehlende Gerechtigkeit ist der Grund, warum die verheißene Heilszeit (die nach wie vor erwartet wird: 60,1–3; 65,17) bisher ausgeblieben ist (63,15–19). Ambivalent ist das Verhältnis der Texte zu den Fremdvölkern. Konsequenz des monotheistischen Denkens ist einerseits die Wertschätzung der Völkerwelt: Aus ihrer Mitte werden Boten die Herrlichkeit Jhwhs in allen Ländern verkünden (66,18 f.), Proselyten und Eunuchen werden Mitglieder der Kultgemeinde sein (56,3–8). Andererseits ist die Vorstellung vom Gottesgericht über die Völker nicht aufgegeben: Jhwh wird sie wie Trauben in einer Kelter zertreten (63,1–6). In der strittigen Frage, ob der Jerusalemer Tempel wiederaufgebaut werden soll, nimmt das Buch – anders als die zeitgenössischen Propheten *Haggai* und *Sacharja* – eine ablehnende Haltung ein (66,1–4): Angesichts der Rechtlosigkeit kann es keine Opferstätte mehr geben (»wer einen Stier schlachtet, gleicht dem, der einen Menschen tötet«; 66,3), allenfalls noch ein »Bethaus für alle Völker« (56,7). ERICH RÖSSLER / JÜRGEN WEHNERT

Jeremia

Der ab 627 v. Chr. auftretende Prophet Jeremia aus Anatot (bei Jerusalem), dessen letzte überlieferte Sprüche aus dem Jahr 587 v. Chr. stammen, erlebte die völlige Neuordnung der politischen Machtverhältnisse im Vorderen Orient. 612 brach das assyrische Weltreich unter den Angriffen der Babylonier und Meder zusammen. Für knapp 100 Jahre ging die Vorherrschaft im Gebiet des ›fruchtbaren Halbmonds‹ an die Babylonier über. In der Schlacht von Karkemisch (605) schlug Nebukadnezar den ägyptischen Pharao Necho und vereitelte dadurch dessen Plan, Syrien und Kanaan seiner Oberhoheit zu unterstellen. Das Königreich Juda wurde ein babylonischer Vasallenstaat. Der judäische König Jojakim (Regierung 609–597) fiel jedoch schon nach drei Jahren von Babylonien ab. Daraufhin wurde Jerusalem belagert und erobert (597). Jojakims Nachfolger Jojachin wurde samt Familie und den obersten Beamten nach Babylonien deportiert. An seiner Stelle setzte Nebukadnezar Zedekia als Vasallen ein. Dieser gab 589, gegen die Warnung Jeremias, dem Drängen seiner Ratgeber nach und erhob sich gegen Nebukadnezar. Nach anderthalbjähriger Belagerung fiel Jerusalem (587). Zedekia wurde geblendet und mit dem Rest der Oberschicht ins Zweistromland gebracht (39,9). Nebukadnezar erlaubte Jeremia, im Lande zu bleiben. Nach der Ermordung des Statthalters Gedalja wurde er gegen seinen Willen von den Judäern, die die Rache der Babylonier fürchteten, nach Ägypten verschleppt (42,1–43,7); sein weiteres Schicksal ist unbekannt.

Das Buch *Jeremia*, Produkt eines langen, komplizierten Entstehungsprozesses, liegt in zwei verschiedenen Rezensionen vor: Neben der Textform der *Hebräischen Bibel* existiert eine rund ein Siebtel kürzere Version in der *Septuaginta*, die auf einer zweiten hebräischen Textfassung basiert (Fragmente davon wurden unter den Qumranhandschriften gefunden). Das kanonisch gewordene *Jeremia*-Buch, das zum größeren Teil den Phasen der Wirksamkeit des Propheten folgt – frühe Verkündigung (Kap. 1–6), Zeit Jojakims (7–20), bis zum Ende Jerusalems (21–29) – lässt sich thematisch in vier Abschnitte gliedern: Kapitel 1 bis 25 enthalten Worte Jeremias gegen Israel und Juda, 26 bis 45 Berichte über das Schicksal des Propheten sowie eine Sammlung von Heilsworten, 46 bis 51 Worte gegen die Fremdvölker; 52 ist ein historischer Anhang, der Teile aus 2. Kön 24 f. zitiert. Da das deuteronomistische Geschichtswerk vorausgesetzt wird, ist die vorliegende Gestalt des Buches kaum vor 500 v. Chr. entstanden.

Wie Jesaja deutete auch Jeremia die politischen Ereignisse seiner Zeit als Strafgericht Jhwhs. Seine Begründungen des göttlichen Zorns berühren sich mit dem *Hosea*-Buch; in analogen Formulierungen kritisiert er die Verehrung fremder Gottheiten: »Auf jedem hohen Hügel und unter jedem grünen Baum« betreiben die Judäer »Ehebruch« mit den kanaanäischen Göttern (2,20). »Wie eine Frau treulos wird wegen ihres Liebhabers«, sind sie Jahwe untreu geworden (3,20). Jeremias Gesellschaftskritik gilt weniger konkreten sozialen Missständen als Verstößen gegen ethische Grundnormen (5,1–6,8: Ehebruch, Lüge, Meineid, Diebstahl, Mord). Vor dem Zusammenbruch des judäischen Staates beschwört er seine Landsleute, Gerechtigkeit und Solidarität zu üben (7,5; 18,11; 22,3). Wenn das Volk Buße tue, könne es unter einem davidischen König wohnen bleiben, andernfalls solle das Land zur Einöde werden und Juda in die Verbannung gehen (7,6 f.; 22,4–6; 25,3–11). Während der Belagerung Jerusalems durch die babylonischen Truppen wurde Jeremia mehrfach inhaftiert und mit dem Tod bedroht, weil er den Fall der Stadt ankündigte und ihre freiwillige

Übergabe an Nebukadnezar forderte (26; 36–38).

Jeremia hat unter seiner Berufung zum Propheten (1,4–19) und der Wirkungslosigkeit seiner Verkündigung schwer gelitten. Fünf Monologe, die sogenannten ›Konfessionen Jeremias‹ (11,18–12,6; 15,10–21; 17,14–18; 18,18–23; 20,7–18), zeigen ihn als verzweifelten Menschen, der mit seinem Gott hadert und den Tag der eigenen Geburt verflucht (12,1; 20,14; vgl. die Klagelieder des *Psalters* und *Hiob*). Für seine Landsleute war er ein Defätist, der den Mut der Verteidiger Jerusalems lähmte (38,4), und noch im ägyptischen Exil (nach 586 v. Chr.) widersprach man seiner Deutung der geschichtlichen Ereignisse (44,15–19). ERICH RÖSSLER / JÜRGEN WEHNERT

Ezechiel

Der Jerusalemer Priester Ezechiel (*Hesekiel*) gehörte zu den 597 v. Chr. ins Zweistromland deportierten Judäern. Dort lebte er während seiner prophetisch-ekstatischen Wirksamkeit am Kebarkanal bei Nippur. Seine Orakel, in denen sich prophetische mit apokalyptischen und märchenhaft-utopischen Traditionen verbinden, sind nach den Jahren seiner Verbannung datiert. Sie stammen folglich aus der Zeit von 593 bis 571 v. Chr.

Durch lange, sorgfältige Redaktionsarbeit (bis ins 5. Jh. v. Chr.)

wurden die Weissagungen Ezechiels in die idealtypische Form eines Prophetenbuches gebracht. Es ist nach dem Schema ›Unheil‹ – ›Heil‹ aufgebaut und gliedert sich in vier Abschnitte: Kapitel 1 bis 24 enthalten, nach der Berufung des Propheten (1–3: ›Thronwagenvision‹), Gerichtsworte über Jerusalem und Juda, 25 bis 32 Gerichtsworte über Fremdvölker, 33 bis 39 Heilsworte für Israel (aus der Zeit nach 597), 40 bis 48 einen visionären Heilsausblick (der neue Tempel in Jerusalem, Kult- und Landreform [sogenannter ›Verfassungsentwurf‹]).

Hauptthema des Buches ist die Überwindung des zerrütteten Gottesverhältnisses, das sich in den zerrütteten sozialen und religiösen Verhältnissen Judas dokumentiert. Die Schuld des Volkes (Mord, Unzucht, Bestechung, Zinswucher, Raub, Unterdrückung von Schwachen, Kultvergehen, Verehrung fremder Götter; 22) wird in drastischer, oft sexueller Bildersprache beschrieben, ihre Schwere durch die Strafen veranschaulicht, die der Prophet ankündigt. Das Unheil, das Israel sich bereitet hat, ist total; an ihm bleibt kein gutes Haar – bis auf ein Büschel werden alle ausgerissen. Jhwhs unerbittliches Schlachtschwert wird die Judäer dahinmetzeln (21). Spiegelbild des Schicksals seines Volkes ist der Prophet, dem schreckliche Qualen zugemutet werden: Er muss (zeitweise) verstummen (3), sich länger als ein Jahr fesseln lassen (4), den Tod seiner Frau hinnehmen, ohne darüber klagen zu dürfen (24).

Die Sequenz der Unheilsansagen mündet in den Wendepunkt des Buches: Israel ist dem Spott seiner Feinde ausgeliefert – aber wehe dem, der Schadenfreude zeigt! Kein Volk ist besser (25–32), keins herrlicher als das von seinen Sünden freie Israel. Deshalb werden ihm – proportional zur einstigen Schuld – herrliche Gottesgaben verheißen: der Geist, der ein schuldloses Leben nach dem Willen Jhwhs möglich macht (36,26 f.), ein davidischer Herrscher (37,24), ein neuer Tempel, geschildert mit allen baulichen Details (40–42), inmitten des zur Besiedlung neu verteilten Landes, nicht zuletzt ein paradiesischer Strom reinsten Wassers, der vom Tempel her durchs Land strömt, den Menschen Speise (Fische, Bäume mit immer reifen Früchten) und Gesundheit schenkt (47,1–12).

Das *Ezechiel*-Buch, in dem das Geschichtshandeln Jhwhs die entscheidende Quelle der (monotheistischen) Gotteserkenntnis ist – die

Formel: »Ihr werdet erkennen, dass ich Jhwh bin« wird leitmotivisch wiederholt (z. B. 12,19 f.) –, hat nachhaltig auf die jüdische bzw. christliche Apokalyptik und Mystik eingewirkt. JÜRGEN WEHNERT

Das Zwölfprophetenbuch

Die zwölf ursprünglich selbständigen Bücher der ›Kleinen Propheten‹ (so die zusammenfassende Überschrift in der *Vulgata*; ›klein‹ wegen des geringeren Umfangs gegenüber *Jesaja*, *Jeremia* und *Ezechiel*) wurden spätestens im 3. Jh. v. Chr. zu einem Werk verbunden, dem *Dōdekaprophētōn* (Zwölfprophetenbuch; so Sir 49,10 [um 180 v. Chr.]). Die Gestalt dieses Werkes weist Spuren redaktioneller Bearbeitung auf; hierzu gehören u. a. die Auswahl der zwölf Schriften (wohl nach der Zahl der Stämme Israels), die Vereinheitlichung ihrer Überschriften und die Anordnung der Bücher nach ihrer vermuteten Entstehungszeit (*Hosea* bis *Micha* wurden offenbar ins 8. Jh., *Nahum* bis *Zefanja* ins 7. Jh., *Haggai* bis *Maleachi* ins 6. Jh. v. Chr. datiert). Obwohl dies ihrer tatsächlichen Chronologie oft nicht entspricht (s. u.), orientiert sich die folgende Darstellung an der (von den christlichen Bibeln unverändert übernommenen) Reihenfolge der Schriften in der *Hebräischen Bibel*: *Hosea*, *Joel*, *Amos*, *Obadja*, *Jona*, *Micha*, *Nahum*, *Habakuk*, *Zefanja*, *Haggai*, *Sacharja*, *Maleachi*.

Hosea, der einzige aus dem Nordreich Israel stammende ›Schriftprophet‹, wirkte etwa in den Jahren 750 bis 725 v. Chr., vom Ende der Regierungszeit König Jerobeams II. (ca. 787–747) bis kurz vor der Eroberung der Hauptstadt Samaria durch die Assyrer 722. Über seine Person ist wenig bekannt; aus der authentischen Spruchüberlieferung mag sich erschließen lassen, dass er Mitglied einer kultkritischen Opposition war, die sich, gegen die populäre Hinwendung zur kanaanäischen Vegetationsreligion (samt ihrer sakralen Prostitution), für die ausschließliche Verehrung Jhwhs in Israel einsetzte.

Das *Hosea*-Buch ist durch einen Mischstil geprägt (Wechsel zwischen Poesie und Prosa, unterschiedliche Anrede der Adressaten usw.), der auf einen langen Redaktionsprozess bis in nachexilische Zeit schließen lässt. Eine Gliederung des Buchs ist nur schwer möglich: Kapitel 1 bis 3 beinhalten die bekannte Ehegeschichte des Propheten. Seine von Jhwh gebotene Hochzeit mit einer Prostituierten symbolisiert die gestörte Beziehung zwischen Israel und seinem Gott, die Namen seiner drei Kinder – Jesreel, Lo-Ruhama (Ohne Erbarmen) und Lo-Ammi (Nicht-mein-Volk; 1,4–9) – sollen Israel auf das bevorstehende Gericht Jhwhs hinweisen. Trotz des Aufweises der Schuld Israels (verstärkt durch kontrastierende Rückblicke auf die gesegnete Zeit der Erwählung des Volkes; z. B. 9,10) und der Ankündigung seines Untergangs schließt dieser Teil ebenso wie die beiden folgenden Spruchsammlungen (4,1–11,11; 12,1–14,9) mit einer Heilsperspektive: Der anklagende und richtende Gott ist zugleich der barmherzige, der Israel letztlich nicht verwerfen wird (3; 11; 14,2–9). Möglicherweise sind diese Heilsorakel ebenso spätere Zusätze wie der Schlussvers (14,10), der die Moral des Buches in einer weisheitlichen Sentenz zusammenfasst.

Das Buch *Joel* enthält keine Angaben zur Datierung und zur Person des Propheten. Sprachliche und inhaltliche Gründe (z. B. die in 4,6 erwähnten Griechen) lassen auf das 4. Jh. v. Chr. als Entstehungszeit schließen. Das möglicherweise auf eine Bußliturgie zurückgehende Buch ist klar gegliedert: Joel sieht in einer verheerenden Heuschreckenplage die Vorzeichen für den finsteren ›Tag Jhwhs‹ und fordert zu einem ›heiligen Fasten‹ auf. Daraufhin erbarmt sich Jhwh seines Volkes und vertilgt die von ihm gesandten Heuschrecken (Kap. 1 f.). Kapitel 3 f. beschreiben den bevorstehenden ›Tag Jhwhs‹ als Völkergericht: An ihm wird die Ausgießung des göttlichen Geistes über alle Menschen stattfinden, »die den Namen Jhwhs anrufen« (3,5). Die heidnischen Völker, die Israel gedemütigt haben, sollen in die Hand Judas fallen (4,8), Juda und Jerusalem hingegen für immer bewohnt bleiben (4,20).

Amos, ein Vieh- und Maulbeerfeigenzüchter aus der wohl südlich von Jerusalem gelegenen judäischen Ortschaft Tekoa, wirkte einige Jahre vor Hosea im Nordreich Israel zur Zeit Jerobeams II. (Regierung ca. 787–747). Die damalige außenpolitische Situation war durch die assyrische Expansion bestimmt: Um 800 v. Chr. hatte Adad-nerari III. den Aramäerstaat von Damaskus unterworfen. Damit war der gefährlichste politische Rivale der beiden israelitischen Staaten ausgeschaltet, zugleich aber auch die letzte Barriere gegen die Assyrer gefallen. Da vor dem Regierungsantritt Tiglat-Pilesers III. (744) keine nennenswerten weiteren assyrischen Eroberungen erfolgten, nutzte Jerobeam II. diese Atempause, um die Grenzen seines Reiches auszudehnen. Unter ihm erlebte Israel eine letzte Blütezeit, allerdings auf Kosten des sozialen Friedens. Zu Vermögen gelangte Stadtbewohner und angeworbene Söldner eigneten sich den Besitz der verarmten Landbevölkerung an, die offenbar in beträchtlichem Umfang in Schuldknechtschaft geraten war.

Amos, der aus unbekannten Gründen ins Nordreich ging und später wegen seiner schockierenden Orakel nach Juda ausgewiesen wurde (7,10–17), reflektiert in seiner Prophetie sowohl die (von seinen Zeitgenossen kaum wahrgenommene) assyrische Bedrohung als auch die soziale Problematik: Die gesellschaftlichen Missstände (vgl. etwa 2,6–8) liefern die Begründung für das Gericht Jhwhs in Gestalt der Verwüstung des Landes und der Deportation seiner Mächtigen. Die Unheilsansagen des Amos machen den sozialen als theologischen

Konflikt transparent: Wo Menschen der ihnen von Jhwh geschenkte Boden entzogen wird, wo Rechtsordnung und Solidarität sich auflösen (5,7), entsteht eine Schuldsphäre, die Jhwh zum Strafhandeln an den Unrechttätern zwingt.

Das *Amos*-Buch hat seine endgültige Gestalt erst in nachexilischer Zeit gefunden. Es ist klar strukturiert: Kapitel 1 bis 2 enthalten Gerichtsworte gegen Israel und seine Nachbarn (›Völkersprüche‹), 3 bis 6 Sprüche gegen die Oberschicht Israels, 7,1 bis 9,4 fünf Visionen über Israels Zukunft, 9,5 bis 15 einen nachträglich hinzugefügten Heilsausblick.

Das nur 21 Verse umfassende Buch *Obadja* (ein im Übrigen unbekannter Prophet) ist mit Kapitel 49 des *Jeremia*-Buches zum Teil identisch, so dass sich die (bisher ungelöste) Frage nach der Art der gegenseitigen Abhängigkeit stellt. Möglichweise handelt es sich bei *Obadja* um eine aktualisierende Fassung der Gerichtsworte Jeremias über die Edomiter, die südlichen Nachbarn Judas, unter dem Eindruck der teilweisen Erfüllung jener Prophezeiungen.

Inhalt dieses kürzesten Prophetenbuchs ist die Ankündigung des ›Tages Jhwhs‹: An ihm sollen die Edomiter, die als Verwandte der Judäer galten, ausgerottet werden, weil sie ungerührt zusahen, als Ausländer in Jerusalem eindrangen (Vers 11; Hinweis auf die Eroberung Jerusalems 587 v.Chr.); die deportierten Judäer hingegen werden zurückkehren und ganz Kanaan besiedeln.

Das Buch *Jona* gehört nicht zur Gattung der prophetischen Schriften. Obwohl es an eine historische Person anknüpft – den Heilspropheten Jona ben Amitthai, der im 8. Jh. v. Chr. im Nordreich wirkte (2. Kön 14,25) –, ist es eine märchenhafte Prophetenerzählung aus viel jüngerer Zeit (4. oder 3. Jh. v. Chr.). Der glänzend formulierte Text berichtet, dass Jona von Jhwh die Weisung erhält, sich in die assyrische Stadt Ninive zu begeben, um deren Bewohnern wegen ihrer Bosheit das Gericht anzukündigen. Jona will sich diesem Auftrag entziehen und besteigt ein Schiff, um über das Mittelmeer zu fliehen. Als unterwegs ein gewaltiges Unwetter aufkommt, ermitteln die Matrosen durch das Los den dafür Verantwortlichen, nämlich Jona, und werfen ihn ins Meer, woraufhin sich der Sturm legt (Kap. 1). Jona wird von einem großen Fisch verschlungen. In dessen Bauch spricht er ein Psalmgebet, durch das er sich Jhwh unterwirft; anschließend speit ihn der Fisch ans Land (Kap. 2). Nun geht er nach Ninive und kündigt die Zerstörung der Stadt an. Da sich die Bewohner bekehren, verzichtet Jhwh auf das Strafgericht (Kap. 3). Jona, der dies erwartet hatte, ist darüber empört. Um ihn zu versöhnen, lässt Jhwh eine Rizinusstaude wachsen, die ihm Schatten spendet. Als der Baum bald wieder verdorrt, wünscht sich Jona den Tod, wird aber von Jhwh belehrt, wie ungerecht er sei: Er trauere wegen einer Pflanze, entrüste sich aber darüber, dass Jhwh die Menschen und Tiere einer riesigen Stadt verschone (Kap. 4).

Die (abgesehen von dem in 2,3 bis 10 wohl aus anderer Quelle zitierten Psalm) einheitliche Erzählung eines unbekannten Autors ist ebenso unterhaltsam wie theologisch bedeutsam: Als Konsequenz monotheistischen Denkens wird gezeigt, dass der Gott Israels ein universaler Gott ist (auch der Gott der Assyrer, der schlimmsten Feinde Israels). Als Schöpfer alles Lebendigen ist er zudem ein souveräner Gott der Gnade, Zuwendung und Vergebung (4,2) – kein Gott der Rache, wie Jona (der vielleicht als Repräsentant konkurrierender theologischer Traditionen gezeichnet ist) zum Schluss am eigenen Leib erfahren muss.

Der aus der judäischen Kleinstadt Moreschet stammende Prophet

Micha wirkte im 8. Jh. v. Chr. unter den Königen Jotam, Ahas und Hiskija, war also ein Zeitgenosse Jesajas. Das nach ihm benannte *Micha*-Buch hat in einem langen Prozess umfangreiche Erweiterungen erfahren. Seine nachexilische Endgestalt ist durch den dreifachen Wechsel von Unheils- und Heilsweissagungen strukturiert: Es enthält Gerichtsworte gegen Israel und Juda (1,2–2,11), ein Heilswort (2,12 f.), Gerichtsworte gegen die Machthaber Judas (3), Heilsworte (4 f.; u. a. die bekannte Weissagung von Kommen eines davidischen Herrschers aus Bethlehem, 5,1–4), Gerichtsworte gegen Juda (6,1–7,7) und ein abschließendes Vertrauenslied, dessen Sprecherin die Stadt Jerusalem ist (7,8–20).

Authentische Micha-Worte finden sich vor allem in Kapitel 1 bis 3. Wie Amos in Israel, so kritisiert Micha in Juda den Verlust von Rechtsordnung und gesellschaftlicher Solidarität sowie den Kult, der diese Ordnung nicht mehr vermitteln kann. Angeprangert werden die Reichen, »die nach Äckern gieren und sie rauben, nach Häusern und sie wegnehmen« (2,2), Richter, die sich bestechen lassen, Priester, die gegen Bezahlung Belehrung erteilen, und Propheten, die für Geld wahrsagen (3,11). Solches Unrecht kann Jhwh nicht hinnehmen; es hat notwendigerweise zur Folge, dass »[der Tempelberg] Zion zum Feld umgepflügt und Jerusalem zum Trümmerhaufen« wird (3,12). Mit diesem Drohwort hat Micha seine Landsleute nachhaltig beeindruckt (es wird in Jer 26,18 f. zitiert). Nach 587 v. Chr. ist es unter dem Eindruck seiner Erfüllung durch Weissagungen ergänzt worden, die den Zion als Hort umfassender Gerechtigkeit beschreiben: Die Völker werden nach Jerusalem wallfahren, sich durch Jhwhs Wort belehren lassen und für immer aufhören, Krieg zu führen (»sie werden ihre Schwerter zu Pflugscharen machen«; 4,1–5, vgl. Jes 2,2–4).

Das (mehrfach erweiterte) Buch der Sprüche des Propheten *Nahum* (›Tröster‹) aus dem unbekannten Ort Elkosch wird von einem bis zum Buchstaben K reichenden alphabetischen Akrostichon eingeleitet (1,2–8); der hymnische Psalm preist die Macht Jhwhs über seine Schöpfung. Ein Zwischenstück (1,9–2,1) enthält Heilsorakel für Juda, dessen Erneuerung bevorsteht. In den übrigen Sprüchen (2,2–3,19) wird das eigentliche Thema des Buches entfaltet: die Ankündigung des Untergangs der assyrischen Metropole Ninive. Da die

Stadt 612 v. Chr. von Babyloniern und Medern erobert wurde, sind die Weissagungen Nahums vor diesem Zeitpunkt entstanden. Der Prophet parallelisiert den Untergang der als ›Hure‹ desavouierten assyrischen Hauptstadt (3,4), deren militärische und religiöse Expansion den Israeliten fast die Existenz gekostet hatte, mit dem Schicksal der ägyptischen Hauptstadt No-Amon (= Theben; 3,8), die 664 v. Chr. einem Kriegszug der Assyrer zum Opfer gefallen war.

Das nach dem sonst unbekannten Propheten *Habakuk* benannte Buch stammt in seiner vorliegenden Form wohl erst aus dem 4. Jh. v. Chr., die älteste Schicht vermutlich aus der Frühzeit der babylonischen Expansion vor 600 v. Chr. Am Anfang steht eine Klage des Propheten über Unrecht und Gewalt (der Assyrer?, der judäischen Oberschicht?) und über das ausbleibende Eingreifen Jhwhs (1,2–4). Als Antwort folgt die Ankündigung Jhwhs, »die Chaldäer [Babylonier], das grausame, ungestüme Volk« seien als sein Strafwerkzeug bestimmt (1,5–11). 1,12–17 klagt der Prophet, dass dieses Strafwerkzeug noch unerträglicher sei als die vorherige Last. Die Antwort Jhwhs (2,1–5) läuft auf die (wirkungsgeschichtlich bedeutsame) Zusage hinaus, dass »der Gerechte durch seine Treue [gegenüber Gott] am Leben bleiben« wird. Die jüngeren Kapitel 2 f. enthalten eine Leichenklage (Weherufe) gegen die babylonischen Gewaltherrscher (2,6–20) und eine (an 2,1–5 anschließende) psalmartige Bitte des Propheten um das Eingreifen Jhwhs, die in einer Vision des zum Weltgericht kommenden Gottes Erfüllung findet (3,1–19).

Der Prophet *Zefanja* wirkte zur Zeit des Königs Joschija von Juda (Regierung 638–608 v. Chr.), und zwar, wie seine Sprüche andeuten, vor der Kultreform dieses Königs (622), die auch unter dem Eindruck der Kritik Zefanjas eingeleitet worden sein mag. Das Buch enthält Gerichtsworte gegen Jerusalem und Juda (1,2–2,3; 3,1–8) sowie gegen nahe und ferne Fremdvölker (2,4–15). Die universale Unheilsweissagung steht im Zeichen der Erwartung des ›Tages Jhwhs‹, an dem, wie bei einer zweiten Sintflut, Mensch und Tier vernichtet werden: »Hinraffen will ich Mensch und Vieh, hinraffen die Vögel des Himmels und die Fische im Meer. Zu Fall will ich bringen die Gottlosen, ausrotten die Menschen vom Erdboden.« (1,3) Das mit den heillosen staatlichen und religiösen Verhältnissen begründete Gericht lässt eine schmale

Heilsperspektive nur »den Demütigen des Landes«, die an Jhwhs Gerechtigkeit festhalten (2,3). In nachexilischer Zeit ist diese Perspektive dann zu einer umfassenden Heilszusage ausgeweitet worden: Jhwh wird sich über die Völker, den Rest Israels und Jerusalem erbarmen (3,9–20).

Das Auftreten des Propheten *Haggai* fällt in die Zeit der Thronwirren nach dem Tod des Perserkönigs Kambyses (530–522 v. Chr.), in denen sich dessen Nachfolger Darius I. (522–486 v. Chr.) gegen den Usurpator Gautama behaupten musste. In seinen auf das Jahr 520 datierten Weissagungen führt Haggai die gegenwärtige wirtschaftliche Misere Judäas auf den daniederliegenden Jerusalemer Tempel zurück und ermutigt seine Landsleute zum Neubau, damit künftig wieder ›reine‹ Opfer dargebracht werden könnten (1,2–15; 2,10–19). Nach Errichtung des Tempels erwartet Haggai ein Eingreifen Jhwhs zugunsten Judas, eine Erschütterung von Himmel und Erde (2,6.21),

die eine Völkerwallfahrt zum Zionsberg auslösen werde (2,7–9; vgl. Jes 2; Mi 4). Adressaten der Orakel Haggais sind insbesondere Joschua, der Hohepriester, und Serubbabel, der als persischer Statthalter fungierende Enkel des vorletzten judäischen Königs Jojachin. Mit Serubbabel verbindet Haggai, wie etliche seiner Zeitgenossen (vgl. Sach 4,6–10), die Erwartung eines Wiederauflebens der davidischen Dynastie (2,20–23).

Das Buch *Sacharja* vereinigt die Weissagungen mehrerer Propheten (vgl. *Jesaja*). Die Überlieferungen in Kapitel 1 bis 8 gehen auf den zwischen 520 und 518 v. Chr. wirkenden Propheten Sacharja zurück, Kapitel 9 bis 11 (*Deuterosacharja*) und 12 bis 14 (*Tritosacharja*) enthalten die Orakel anonymer Propheten aus hellenistischer Zeit (um 300 bzw. 200 v. Chr.).

Wie sein Zeitgenosse Haggai fordert auch Sacharja den Aufbau des Jerusalemer Tempels (vgl. Esr 5,1; 6,14); die Verwirklichung dieses Vorhabens versteht er als ersten Schritt hin zu einem ›neuen Jerusalem‹, das ein auch sittlich erneuertes Zentrum der weltweiten Verehrung Jhwhs sein soll (2,14 f.). Die von einer Umkehrforderung (1,2–6) eingeleiteten Kapitel 1 bis 8 sind geprägt durch einen Zyklus von acht Visionen (›Nachtgesichte‹), die in apokalyptischen Bildern die Verfassung der erhofften zukünftigen Gemeinde entwerfen (1,7–6,8); bedeutsam ist, dass Sacharja eine Gewaltenteilung zwischen dem Hohenpriester und dem König fordert (Vision vom Leuchter [= Jhwh] zwischen zwei Ölbäumen; 4,1–14). Es folgen eine Anweisung Jhwhs, den Hohenpriester Joschua zu krönen (6,9–15; diese Zeichenhandlung zielt möglicherweise ursprünglich auf die Krönung des Davididen Serubbabel) sowie Worte über die Fastenzeiten (angesichts des nahen Heils sollen sie zu Freudenzeiten werden; 8,18 f.) und das rechte Verhalten des Volkes (7,1–14). *(Proto-)Sacharja* schließt mit einer Sammlung von Sprüchen über das endzeitliche Jerusalem, die in der Verheißung einer Wallfahrt der Völker zum Zion gipfelt (8,1–17. 20–23).

Die kaum systematisch gegliederten jüngeren Teile des *Sacharja*-Buches (Kap. 9–11; 12–14) knüpfen an *(Proto-)Sacharja* an – vor allem in der Erwartung eines von Jhwh beschützten und erneuerten Jerusalem, über das ein messianischer Friedenskönig herrschen soll (9,9 f.; vgl. die frühchristliche Jesusdeutung in Mt 21,5; Joh 12,15). Neu ist die Vorstellung, dass Jhwh vor dem Beginn der Heilszeit die bösen »Hirten und Leithammel« der fremden Völker entmachten muss (10,1–11,17), zu denen jetzt auch die Griechen gerechnet werden (9,13; wohl ein Hinweis auf die nach Alexander dem Großen über Juda herrschenden Diadochenkönige). In den Kapiteln 12 bis 14 wird dieser Gedanke dahingehend modifiziert, dass vor dem Beginn der Heilszeit ein letzter Krieg gegen Juda stattfinden muss: »Alle Völker der Erde werden sich gegen Jerusalem versammeln« (12,3). Doch Jhwh wird die Bewohner der Stadt beschirmen und die feindlichen Völker für immer vernichten (12,8 f.). Das Buch, das mit einem erneuten Ausblick auf die Völkerwallfahrt zum Zion schließt (14,16–19), hat intensiv auf die Apokalyptik des frühen Christentums eingewirkt (die Vision der endzeitlichen Schlacht in Apk 16 beruht u.a. auf Sach 12).

Das den Prophetenkanon abschließende Buch *Maleachi* (›mein Bote‹) geht auf einen anonymen Propheten zurück, dessen ›Name‹ offenbar aus einem Jhwh-Wort (»Ich sende meinen Boten, damit er vor mir den Weg bereite«; 3,1) gewonnen ist. Aufgrund der zeitgeschichtlichen Bezüge seiner Verkündigung (prekäre wirtschaftliche und religiöse Situation in Juda) dürfte der Prophet um 450 v. Chr. aufgetreten sein. Die Struktur des später erweiterten Buches ist geprägt durch sechs Disputationsworte, in denen zentrale Probleme der Zeit zwischen dem Volk und seinem Gott erörtert werden (1,2–3,21). Darin geht es u.a. um die (angezweifelte) Liebe Jhwhs (1,2–5), das Fehlverhalten von Priestern (1,6–2,9), die Verheiratung mit ausländischen Frauen (2,10–16) und die Ausbeutung von Armen und Abhängigen, die das Gericht Jhwhs provozieren wird (2,17–3,5). Das letzte Disputationswort stellt der religiösen Skepsis der Zeitgenossen (»Es ist umsonst, dass man Gott dient. Was nützt es uns, dass wir seine Ordnung eingehalten haben [...]?«; 3,14) die Gewissheit des drohenden ›Tages Jhwhs‹ entgegen, an dem Gerechte und Ungerechte nach ihren Taten belohnt bzw. bestraft werden (3,13–21).

Der Epilog des Buches (3,22–24) enthält die wirkungsgeschichtlich bedeutsame Ankündigung, dass vor dem »schrecklichen Tag Jhwhs« der als zu Gott entrückt geltende Prophet Elija (vgl. 2. Kön 2,11) wiederkehren werde. Als dieser ›Elia redivivus‹ hat sich Anfang des

1. Jh.s n. Chr. wohl Johannes der Täufer verstanden, in dem man christlicherseits (in Anknüpfung an die jüdische Elija-Erwartung) einen Vorboten des Messias erkannte. In der christlichen *Bibel*, in der es den Kanon des AT abschließt, schlägt daher das Buch *Maleachi* eine Brücke zum NT, das mit dem Auftreten Johannes des Täufers einsetzt.

ERICH RÖSSLER / JÜRGEN WEHNERT

4 Die Schriften

Unter dem Sammeltitel *Ketuwim* (Schriften) sind in der *Hebräischen Bibel* 13 Bücher zusammengefasst, die weder zur *Tora* noch zu den ›Propheten‹ zählen. Für das antike Judentum sind die *Ketuwim* zwar kultisch gleichwertig mit der *Tora* und den Propheten (ihre Heiligkeit »verunreinigt die Hände«), sie treten aber, als jüngster Teil des Kanons, in ihrer Bedeutung für die religiöse Praxis hinter der *Tora* und den Propheten, die als Mahner zum *Tora*-Gehorsam verstanden werden, zurück. Diese ›übrigen Texte‹ oder ›Hagiographen‹ (heilige Schriften) gehören verschiedenen literarischen Gattungen (bzw. Mischformen davon) an. Sie repräsentieren die (überwiegend nachexilische) jüdische Poesie (*Hiob*, *Psalmen*, *Hohelied*, *Klagelieder*), die Weisheit (*Sprüche*, *Prediger*), Novellistik (*Rut*, *Ester*), Apokalyptik (*Daniel*) und Historiographie (*Esra*, *Nehemia*, 1. und 2. *Chronik*).

Vermutlich sind zunächst die *Psalmen* an *Tora* und ›Propheten‹ angefügt worden, nach diesem Vorbild dann sukzessive die übrigen Texte. Eine besondere Gruppe innerhalb der ›Schriften‹ bilden die fünf Megillot (hebräisch: [Fest-]Rollen), die an bestimmten jüdischen Festtagen vorgelesen werden, nämlich *Rut* (Wochenfest), *Hohelied* (Passah), *Prediger* (Laubhüttenfest), *Klagelieder* (9. Aw, Gedenktag der Tempelzerstörung) und *Ester* (Purim).

Die Behandlung der ›Schriften‹ entspricht ihrer Reihenfolge im Kanon der *Hebräischen Bibel*: *Psalmen*, *Hiob*, *Sprüche*, Megillot, *Daniel*, ›chronistisches Geschichtswerk‹ (Esr, Neh, 1./2. Chr). Die christlichen Bibeln weichen von dieser Anordnung erheblich ab, da sie unter dem Einfluss der *Septuaginta* einen Teil der ›Schriften‹ als ›Lehrbücher‹, ›Weisheitsbücher‹ oder ›poetische Bücher‹ in die Mitte des AT-Kanons rücken (*Hiob*, *Psalmen*, *Sprüche*, *Prediger*, *Hohelied*) und die übrigen mit den vorangehenden ›Geschichtsbüchern‹ (*Rut*, ›chronistisches Geschichtswerk‹, *Ester*) bzw. den abschließenden ›Prophetenbüchern‹ (*Klagelieder*, *Daniel*) verbinden. JÜRGEN WEHNERT

Die *Psalmen*

Das Buch der *Psalmen* (auch: *Psalter*) ist eine Sammlung von 150 poetischen Texten unterschiedlicher Gattungen. (Die geläufige Zählung gilt nur für die *Hebräische Bibel* und die davon abhängigen Übersetzungen, nicht für die *Septuaginta*, die die Pss 10–147 anders nummeriert und zusätzlich einen Ps 151 enthält.) ›Psalm‹ ist abgeleitet von dem in der *Septuaginta* verwendeten griechischen Wort ›psalmos‹ (zu ›psaltērion‹, einem Saiteninstrument), meint also ein instrumental begleitetes Lied. In der *Hebräischen Bibel* heißt die Sammlung *Tehillim* (Lobpreisungen). Diese Überschrift charakterisiert den Inhalt der Dichtungen sowie die Grundhaltung, aus der heraus sie gesprochen oder gesungen werden sollen: Aus jeder Existenzerfahrung – sei sie freudig oder leidvoll, individuell oder kollektiv – erschließt sich Gottes Nähe, für die der Mensch nur danken kann.

Grundelemente der hebräischen Poesie sind die Rhythmisierung und Parallelisierung von Verszeilen, die meist aus zwei Gliedern bestehen. Der ›Parallelismus membrorum‹ (Entsprechung der Satzglieder zweier Verszeilen) ist die charakteristische Form der poetischen

Sprachgestaltung. Grundstruktur des Parallelismus ist die variierende Aufnahme der zweigliedrigen Zeile 1 (a, b) in Zeile 2 (a', b'); beide Zeilen zusammen bilden eine syntaktische und gedankliche Einheit. Zu unterscheiden sind drei Grundformen des Parallelismus membrorum: Im synonymen Parallelismus wird die Aussage von Zeile 1 in Zeile 2 durch einen äquivalenten Gedanken variiert und dadurch intensiviert (z. B. Ps 1,5: »Darum bestehen Gottlose nicht im Gericht / noch Sünder in der Gemeinde der Gerechten.«). Im antithetischen Parallelismus wird die erste Aussage durch Formulierung eines Gegensatzes in Zeile 2 einprägsam zugespitzt (z. B. Ps 1,6: »Denn Jhwh kennt den Weg der Gerechten, / aber ins Verderben führt der Weg der Sünder.«). Der synthetische Parallelismus ergänzt die erste Aussage um einen weiterführenden Gedanken (z. B. Ps 120,1: »Zu Jhwh rief ich in meiner Not, / da erhörte er mich.«).

Das kanonische *Psalmen*-Buch – die umfangreichste Zusammenstellung hebräischer poetischer Texte – ist Resultat eines jahrhundertelangen Entstehungs-, Überlieferungs- und Redaktionsprozesses. Erste Teilsammlungen könnten aus exilischer Zeit stammen (6. Jh. v. Chr.), die planvolle Endgestalt, durch die das Werk den Charakter eines Andachts- und Erbauungsbuches für fromme Laien erhielt, dürfte in der ersten Hälfte des 2. Jh.s v. Chr. geschaffen worden sein. Bei dieser Schlussredaktion wurden die programmatischen Psalmen 1 (Lob des *Tora*-Gehorsams) und 2 (Erwartung des messianischen Königs) an den Anfang gestellt und die jeweils mit »halleluja« (Lobt Jhwh!) beginnenden Psalmen 146 bis 150 ans Ende. Die Bearbeiter gliederten die Sammlung – wohl in Analogie zur *Tora* – abschließend in fünf Teile, indem sie an das Ende jedes Abschnitts eine Doxologie (Lobpreis Gottes) einfügten: Ps 41,14; 72,18 f.; 89,53; 106,48 und 150 (ganz). Die Endform des hebräischen *Psalters* besitzt daher folgende Gliederung: 1. Buch: Pss 1–41, 2. Buch: Pss 42–72, 3. Buch: Pss 73–89, 4. Buch: Pss 90–106, 5. Buch: Pss 107–150.

Diese Aufteilung überdeckt, dass sich der *Psalter* aus älteren Teilsammlungen entwickelt hat. Dazu gehören zwei sogenannte »David-Psalter« (Pss 3–41 und 51–72; ca. 6./5. Jh. v. Chr.) sowie die älteren Korach- (42–49) und die Asaf-Psalmen (50; 73–83), die auf zwei Sängergilden am Jerusalemer Tempel zurückgehen (5. Jh.; vgl. 1. Chr 25 f.). Die drei letztgenannten Sammlungen wurden zu einem »Elohistischen Psalter« verbunden (Pss 42–83), in dem der Gottesname Jhwh gegenüber dem Appellativum ›Gott‹ (hebräisch: Elohim) auffällig zurücktritt. Nach der Verbindung von Pss 2–41 und 42–83 zum sogenannten »Messianischen Psalter« (4. Jh.) wuchs das Psalmenbuch durch weitere Anfügungen des 4. und 3. Jh.s v. Chr. (u. a. »Jhwh ist König«-Psalmen [93–99], »Großes Hallel« [beim Passahmahl gesungene Lobpsalmen; 113–118], Wallfahrtspsalmen [120–134]) zu seinem kanonischen Umfang an.

Das Alter der einzelnen Psalmen, die vor der Aufnahme in die Sammlung mehrheitlich selbständige Dichtungen waren, ist aufgrund ihres zeitlosen Charakters nur schwer zu bestimmen: Einzelne sind vorexilisch (vielleicht 24 und 29), manche exilisch (74; 137), viele nachexilisch (besonders im letzten Drittel des *Psalters*). Die in den nachträglich hinzugefügten Liedüberschriften (u. a. mit Anweisungen zum musikalischen Vortrag) häufige Angabe »von David« ist nicht historisch, sondern reflektiert das hohe Ansehen, das die Psalmen genossen. (Dass 73 von ihnen David zugeschrieben wurden, beruht auf der Nachricht, dass er durch sein begnadetes Saitenspiel sogar die Depressionen König Sauls zu lindern vermochte; 1. Sam 16,14–23.) Tatsächlich stammen die Psalmen nicht aus dem höfischen Bereich, sondern aus dem der Familie und dem des Kults. Das ergibt sich aus den von der sogenannten Formkritik (begründet von H. Gunkel, 1862–1932) rekonstruierten Psalmengattungen, deren primärer gesellschaftlicher Ort (›Sitz im Leben‹) in der offiziellen Kultfeier oder im familiären Gottesdienst zu suchen ist. Nach Form, Inhalt und ›Sitz im Leben‹ der Psalmen lassen sich mehrere Hauptgattungen unterscheiden.

In den Bereich des familiären Kults gehören vor allem die Klage- bzw. Bittlieder des Einzelnen (z. B. Pss 5–7; 13; 22; 26; 38) sowie die Danklieder des Einzelnen (z. B. Pss 9; 18; 30; 32). Die Klage- bzw. Bittlieder sind in ihrem Anfangsteil geprägt von der Distanz zwischen betendem Ich und angerufenem Gott, dem es sein schweres physisches, psychisches und soziales Leid klagt. Nach der verzweifelten Bitte um Wendung der Not kommt es zu einem Stimmungsumschwung: In der Gewissheit seiner (schon erfahrenen oder zuversichtlich erwarteten) Errettung stimmt das Ich einen Lobpreis auf Jhwhs Macht und rettende Nähe an. Die Danklieder des Einzelnen enthalten nach einem Aufgesang die Schilderung einer Not, aus der der Beter von Jhwh errettet wurde; sie münden in einen Lobgesang, der Gott für seine Wundertat preist.

Wichtige Liedgattungen des offiziellen Tempelkultes sind die Zionspsalmen (Kultlieder, die den in Jerusalem gegenwärtigen Gott Israels feiern; z. B. Pss 46–48), die Klagelieder des Volkes (mit ähnlichem Aufbau wie die Klagelieder des Einzelnen; z. B. Pss 44; 74; 79 f.; 83; 85) und vor allem die Hymnen oder Loblieder (z. B. Pss 8; 19A; 33; 100; 103; 104–106; 113; 148–150). Die Hymnen besitzen trotz großer inhaltlicher Variationsbreite eine klare Grundstruktur. Auf eine Einleitung – meist in einer für die israelitischen Hymnen charakteristischen imperativischen Form (»halleluja«) – folgt der oft im Partizipialstil formulierte Hauptteil, der das Gotteslob begründet: Der von Gott ergriffene Mensch preist darin, was er von Jhwhs Majestät und seinen großen Taten in Schöpfung und Geschichte zu sagen weiß. Der (fakultative) Schluss besteht oft in einer Wiederholung der Einleitung. Psalm 117, der kürzeste des *Psalters*, verdeutlicht die idealtypische Form des Hymnus: »Lobt Jhwh, alle Völker! / Preist ihn, alle Nationen! / Denn mächtig über uns ist seine Gnade / und die Treue Jhwhs in Ewigkeit. / Lobt Jhwh!«

Zahlreiche religiöse Lieder Israels finden sich, über den *Psalter* und die *Klagelieder* hinaus, auch in anderen Büchern des AT; Beispiele sind das Mose- und das Mirjamlied in Ex 15, das Deboralied in Ri 5 und das Danklied der Erretteten in Jes 12. Mit dem Abschluss des *Psalters* ist die antike jüdische Lieddichtung keineswegs zum Abschluss gekommen. Zwei jüngere Sammlungen sind das in der *Septuaginta* überlieferte Buch der *Psalmen Salomos* (vgl. alttestamentliche Apokryphen) und die *Hodajot* (Loblieder) aus Qumran. Im NT finden sich bekannte Psalmlieder vor allem zu Beginn des *Lukasevangeliums*: das Magnificat Marias (Lk 1,46–55: »Meine Seele erhebt den Herrn« [nach dem Vorbild des Liedes der Hanna in 1. Sam 2,1–10]) und das Benedictus des Zacharias (Lk 1,67–79: »Gelobt sei der Herr«). JÜRGEN WEHNERT

Hiob

Das Buch *Hiob* oder *Ijob* kreist um das Problem, wie angesichts menschlichen Leids von göttlicher Gerechtigkeit gesprochen werden kann (Theodizeefrage); es zählt zu den wirkungsgeschichtlich bedeutendsten Dichtungen des AT. Die Grundthematik des Buches begegnet schon in frühen altorientalischen Texten (z. B. im sogenannten *Sumerischen Hiob*, um 2000 v. Chr.) und dürfte den Verfassern durch kanaanäische Vorlagen vermittelt worden sein. Indizien dafür sind, dass die Figur des frommen Hiob (vgl. Ez 14,14. 20) ein Nichtisraelit aus dem edomitischen (?) Land Uz ist (1,1) und dass die in den Gottesreden beschriebenen Tiere Behemot und Leviatan (Nilpferd und Krokodil; 40,15–41,26) aus ägyptischem Milieu stammen.

Die 42 Kapitel der *Hiob*-Dichtung sind Produkt eines jahrhundertelangen Wachstumsprozesses. Ältester Teil ist die Prosaerzählung in Kapitel 1 f.; 42,7–17, die heute den Rahmen des Buches bildet. Sie erzählt von der Prüfung des frommen Hiob, der – mit Billigung Jhwhs – vom Satan um seinen Reichtum, seine Kinder und seine Gesundheit gebracht wird. Trotz seines tiefen Schmerzes begehrt Hiob nicht gegen Gott auf (»Jhwh hat's gegeben, Jhwh hat's genommen, der Name Jhwhs sei gelobt!«; 1,21) und wird deshalb am Ende mit noch größerem Besitz, schöneren Kindern und einem langen Leben gesegnet. Diese volkstümliche Erzählung vom leidenden Gerechten dürfte aufgrund von Berührungen mit anderen AT- Schriften (die Figur des Satans als menschenfeindliches Himmelswesen z. B. begegnet in Sach 3,1 f.) um 500 v. Chr. entstanden sein. Sie basiert auf dem weisheitlichen Grundsatz, dass das gute oder böse Tun des Menschen eine Entsprechung in seinem guten oder bösen Schicksal finden wird (sogenannter ›Tun-Ergehen-Zusammenhang‹): Das dem Gottesfürchtigen widerfahrende Böse ist also nur eine zeitweilige Prüfung, die danach mit Gutem reichlich vergolten wird.

Dieser Zusammenhang ist (ähnlich wie in den Klageliedern des *Psalters*) angesichts der Erfahrung endlosen Leidens von Frommen und Gerechten in den später eingefügten poetischen Teilen des *Hiob*-Buches (3,1–42,6) nachdrücklich problematisiert worden: Wie kann Gott gerecht sein, wenn er das Leiden des Gerechten zulässt? Diese Frage wird in monologischen und dialogischen Abschnitten zu bewältigen versucht. Die darin sichtbar werdende kritische Haltung zur traditionellen Weisheit findet Parallelen im Buch *Prediger (Kohelet)*. Die *Hiob*-Dichtung, die an die Stelle des duldenden den aufbegehrenden Hiob setzt, dürfte daher ins 4. oder 3. Jh. v. Chr. gehören.

Am Anfang der Dichtung steht Hiobs monologische Klage über sein Leid (Kap. 3): »Ausgelöscht sei der Tag, an dem ich geboren wurde« (3,3). Es schließen sich drei Redegänge an, in denen Elifas, Bildad und Zofar, die in der Rahmenerzählung eingeführten Freunde Hiobs, jeweils nacheinander die Ursache für dessen Leid zu ergründen suchen (Kap. 4–27; der letzte Redegang ist verkürzt, da eine dritte Rede Zofars fehlt). Zu jedem Redebeitrag nimmt Hiob Stellung und weist die traditionell weisheitlichen Argumente der Freunde als unzureichend oder falsch zurück. Dadurch im Bewusstsein der eigenen Unschuld gestärkt (9,21), klagt er Gott der Willkür an (9,22–24) und möchte ihn zum Rechtsstreit herausfordern. Nach einem wohl

später eingetragenen Lied über die unergründliche Weisheit (Kap. 28) steuert das Buch auf seinen Höhepunkt zu: Hiob kontrastiert in einem zweiten Monolog (29–31) sein einstiges Glück mit seiner gegenwärtigen Not und möchte Gott als den dafür Verantwortlichen durch eine Klageschrift, die seine Unschuld erweist, siegesgewiss vor Gericht ziehen.

Ehe Gott das Wort ergreift, tritt mit Elihu überraschend ein vierter Gesprächspartner Hiobs auf, der in vier Reden (Kap. 32–37; vermutlich ebenfalls ein jüngerer Nachtrag) Hiobs Position entkräften will. Im Gegensatz zu den drei Freunden fragt er weniger nach dem Grund als vielmehr nach dem Zweck des Leids: Es habe die Funktion, zu einem guten Lebenswandel zu erziehen (33,29 f.), sei also Teil des rettenden Handelns Gottes (36,15). Der Vorwurf der Ungerechtigkeit treffe Gott nicht, denn der gerechte Gott lasse sich vom Menschen, der ihm nicht ebenbürtig, sondern Teil seiner staunenswerten Schöpfung ist, in der Souveränität seines Handelns nicht beschränken. Angesichts der Unerforschlichkeit Gottes bleibe daher dem in seinen Möglichkeiten begrenzten Menschen nur die Ehrfurcht vor ihm (37,24).

Damit ist der Schluss der Hiobdichtung teilweise vorweggenommen. Auf Hiobs (An-)Klage antwortet Gott mit einer Theophanie

(38,1–42,6). Zwei Reden »aus dem Sturm« beschreiben Gottes überwältigende Schöpfermacht, der der Mensch nichts Gleichrangiges entgegensetzen kann. Der Vorwurf der Ungerechtigkeit Gottes zerschellt an dem Einwand, dass zur Gerechtigkeit, die Hiob für sich beansprucht, auch die Macht gehört, solche Gerechtigkeit durchzusetzen (40,7–14). Wie Hiob in der zweiten seiner kurzen Antworten einräumen muss (42,2–6), liegt diese Macht allein bei Gott. Damit ist die Relativität aller menschlichen Gerechtigkeit erwiesen und die Möglichkeit einer nicht auf Ansprüchen, sondern auf Vertrauen gründenden neuen Gottesbeziehung eröffnet: »Nur durch Hörensagen hatte ich von dir vernommen. Nun aber hat mein Auge dich gesehen.« (42,6) JÜRGEN WEHNERT

Sprüche

Das Buch der *Sprüche* (hebräisch *Mischle*; lateinisch *Proverbia*) trägt seinen Namen nach der Überschrift in Kapitel 1,1: »Sprüche Salomos, des Sohnes Davids, des Königs von Israel«. Sechs weitere Zwischenüberschriften lassen erkennen, dass das Buch aus sieben ursprünglich selbständigen Kompositionen von Weisheitsworten zusammengestellt wurde. Die ältesten Sammlungen reichen bis ins 8. Jh. v. Chr. zurück (Zeit des judäischen Königs Hiskija; vgl. 25,1), die jüngsten, die das Buch rahmen (Kap. 1–9 und 31, mit Personifizierung der Weisheit [»Frau Weisheit«]), stammen vermutlich aus persischer Zeit (4./3. Jh. v. Chr.).

Die Schlussredaktion hat das Gesamtwerk (historisch zu Unrecht) auf Salomo zurückgeführt, der als bedeutendster Weisheitsdichter Israels galt (nach 1. Kön 5,12 dichtete er »3000 Sprüche und 1005 Lieder«). Immerhin verweist diese Zuschreibung auf das Milieu, in dem Weisheit bevorzugt tradiert wurde: An den altorientalischen Königshöfen diente sie zur Erziehung der Jugend. Hier wurde sie von Hofbeamten gesammelt, systematisiert und um kunstvolle Lehrgedichte erweitert. Der Ursprung der Weisheitsdichtung ist jedoch in der mündlichen Volksweisheit des Vorderen Orients zu suchen. Aus ihr stammen die meisten ein- und zweizeiligen Sprichwörter (durch Rhythmisierung und Parallelismus [vgl. *Psalmen*] poetisiert), die sich mit zentralen Lebensbereichen auseinandersetzen: Mensch und Gemeinschaft, Arbeit und Besitz usw. (vgl. besonders Kap. 10–22; 25–29).

Erbe der Volksweisheit ist auch der Grundgedanke dieser Dichtung, dass ein gelingendes Leben nur durch das Befolgen bestimmter Regeln möglich ist: Sie führen in die Ordnung der Welt ein und erschließen dem Einsichtigen (›Weisen‹), welches Tun sich in seinem Dasein als gut, richtig und förderlich erweisen werde – oft im Kontrast zum erwarteten negativen Geschick des ›Dummkopfs‹. Die Weisheit ist demnach »eine Form der Lebensbemächtigung« (G. v. Rad). (Eine Krise dieses Denkansatzes markieren die Bücher *Hiob* und *Prediger*.)

Die im Buch der *Sprüche* gesammelte Überlieferung repräsentiert die israelitische Version der altorientalischen Weisheitslehren. Hier wie dort steht die zum Sprichwort verdichtete Erfahrungsweisheit im Mittelpunkt. Am deutlichsten zeigt sich dieser kulturelle Zusammenhang im Abschnitt 22,17–23,11, der weithin eine Übersetzung der Weisheitslehre des Amenemope (12./11. Jh. v. Chr.) darstellt. Seinen spezifisch israelitischen Charakter erhält das *Sprüche*-Buch durch die Verbindung der Weisheit mit Jhwh, als dessen erstes Schöpfungswerk sie gilt (8,22–31). Weisheit als göttliche Offenbarung und Ehrfurcht vor Gott gehören deshalb aufs Engste zusammen: »Die Furcht vor Jhwh vermehrt die Tage, aber die Jahre der Frevler werden verkürzt.« (10,27)

Das *Sprüche*-Buch der *Hebräischen Bibel* besitzt folgenden Aufbau (Gliederung und Wortlaut der *Septuaginta*-Fassung weichen teils erheblich davon ab): Die erste Sammlung (Kap. 1–9) enthält vor allem Lehrgedichte, in denen ein Vater seinen Sohn zur rechten Lebensführung ermahnt und ihn vor der verführerischen »fremden Frau« (5,3), vor Faulheit, Falschheit und Ehebruch warnt. Eine ideale Lehrerin findet er in »Frau Weisheit« (1,20–33; 8,1–36), die ihren männlichen Adressaten in öffentlicher Rede sichere Lebensorientierung verheißt. Die zweite und größte Sammlung (ebenfalls »Sprüche Salomos« betitelt; 10,1–22,16) besteht aus disparaten Sprichwörtern der vorexilischen Zeit, die Verhalten und Schicksal des Weisen und des Dummen, des Gerechten und des Ungerechten kontrastiv beleuchten. Zahlreiche Mahnungen beziehen sich auf das Verhalten gegenüber dem König, auf die Rechtspflege und auf das Verhältnis zwischen Eltern und

Kindern. Im Hintergrund stehen eine durch den Gegensatz von Reich und Arm geprägte agrarische Lebenswelt sowie ein von Handel und Handwerk bestimmtes städtisches Milieu.

Die dritte Sammlung (»Worte von Weisen«; 22,17–24,22) greift, zumindest mittelbar, auf Texte der ägyptischen Weisheit zurück (s. o.); sie behandelt u. a. das gerechte Verhalten gegenüber den Mitmenschen und Fragen der Kindererziehung. Die kurze vierte Sammlung (»Auch diese [Worte sind] von Weisen«; 24,23–34) ist ein jüngerer Anhang dazu. – Die vorexilische fünfte Sammlung (»Auch dies sind Sprüche Salomos«; 25–29) enthält in ihrem ersten Teil (25–27) viele Vergleichssprüche, in denen es um Selbstbeherrschung sowie um den Umgang mit negativen Lebenshaltungen (Selbstzufriedenheit, Faulheit, Leichtsinn usw.) geht. Der zweite Teil (28 f.) behandelt richtige Erziehung und Herrschaft (z. B. von Reichen über Arme), deren Maßstäbe sich aus der Ehrfurcht vor Jhwh und dem weisheitlichen Unterricht (hebräisch: Tora) ergeben. – Die sechste Sammlung (»Worte Agurs«, 30), ein jüngerer Anhang mit Anspielungen auf die Mose-*Tora*, bietet »ein Summarium späten weisheitlich-theologischen Denkens« (A. Meinhold). – Die siebte Sammlung (»Worte Lemuels«, 31) greift Motive der ersten Sammlung auf und gipfelt im sogenannten »Lob der tüchtigen Hausfrau« (31,10–31). Tatsächlich entwirft dieses Akrostichon, als Summe des *Sprüche*-Buches, ein Pendant zur »Frau Weisheit«, nämlich das Bild der tüchtigen, weisen und Jhwh-fürchtigen Frau, die das weisheitliche Ideal einer gelingenden menschlichen Existenz repräsentiert. HANS-JOACHIM KLIMKEIT / JÜRGEN WEHNERT

Rut

Das Buch *Rut* eröffnet die fünf Megillot (hebräisch: [Fest-]Rollen] des hebräischen Kanons. Sprachliche und inhaltliche Indizien – etwa das Spiel mit sprechenden Namen: Rut (›Freundin‹), Noomi (›Liebliche‹), Boas (›in ihm ist Kraft‹) usw. – deuten auf nachexilische Entstehung des Werkes, wohl im 5. Jh. v. Chr., hin. Der unbekannte Autor entstammt einem ländlichen Milieu, für das die rechtliche Sicherung des Landes, das den Familien von Jhwh als Erbbesitz (hebräisch: Nachala; Rut 4,5) zugeteilt wurde, von zentraler Bedeutung ist. Aus einer überraschend weiblichen Perspektive, die im AT ohne Parallele ist, wird die problematische Lebenswirklichkeit von Frauen innerhalb der patriarchal strukturierten judäischen Gesellschaft thematisiert. Die glänzend erzählte Novelle ist in der vorköniglichen ›Richterzeit‹ (Ende 2. Jahrtausend v. Chr.) situiert; durch Anfügung der genealogischen Notizen in 4,17b.18–22 (vielleicht 1. Chr 2,3–15 nachgebildet), die auf die Geburt Davids zielen, wurde sie nachträglich zu einer Vorgeschichte des bedeutendsten israelitischen Königs umakzentuiert. Im christlichen AT-Kanon gehört das Buch *Rut* deshalb zu den ›Geschichtsbüchern‹ und steht dort an seinem historisch ›richtigen‹ Ort zwischen den Büchern Ri und 1. Sam.

In vier Abschnitten, die den vier Kapiteln des Buches entsprechen, wird erzählt, dass eine judäische Familie wegen einer Hungersnot von Bethlehem ins benachbarte Land Moab auswandert. Nach dem Tod des Vaters Elimelech heiraten die beiden Söhne Machlon und Kiljon (›Kränkling‹ und ›Schwächling‹) die Moabiterinnen

Orpa und Rut, sterben aber bald. Die Mutter Noomi will daraufhin nach Bethlehem zurückkehren. Den Schwiegertöchtern, die sie begleiten, rät Noomi, in Moab zu bleiben. Während Orpa (›die Sich-Abwendende‹) umkehrt, beharrt Rut darauf, mit Noomi zu ziehen, um für sie zu sorgen. Boas, ein reicher Verwandter des Mannes von Rut, beobachtet diese bei der Nachlese auf seinen Feldern und findet Gefallen an ihr. Auf den Rat ihrer Schwiegermutter legt sich Rut nachts dem Boas zu Füßen, um seine Entscheidung in der Frage der in Israel üblichen Leviratsehe abzuwarten. Nach dieser Sitte hatte der Nächstverwandte die Pflicht, in die Erblinie des kinderlos Verstorbenen einzutreten. Als ein anderer, dem dieses Recht vor Boas zusteht, darauf verzichtet, nimmt Boas Rut zur Frau. Sie gebiert einen Sohn, Obed (›Knecht‹; der Name ist wahrscheinlich sekundär eingetragen), durch den Noomi wider Erwarten doch noch Stammmutter einer blühenden Familie wird. Die angeschlossene genealogische Notiz macht Obed zum Großvater Davids, dessen Vorfahrerin folglich eine Moabiterin ist.

Das Buch *Rut* erzählt in Form einer anrührenden Familiengeschichte eine Segensgeschichte mit der Pointe, dass im geschichtlichen Handeln Jhwhs Frauen dieselbe Zuwendung und denselben rechtlichen Schutz genießen wie die Männer. Zugleich handelt es sich um eine Hoffnungsgeschichte für Israel, die exemplarisch zeigt, dass Jhwh treu an seinem Volk festhält. HANS-JOACHIM KLIMKEIT / JÜRGEN WEHNERT

Das *Hohelied*

Das *Hohelied* (hebräisch: *Schir ha-Schirim*, Lied der Lieder) ist eine Sammlung von etwa 30 nicht genau abgrenzbaren Liebesliedern. Das traditionell König Salomo (erwähnt in 1,1. 5; 3,7–11; 8,11 f.) zugeschriebene Werk zählt in den christlichen Bibeln zu den ›Lehrbüchern‹, in der *Hebräischen Bibel* zu den fünf Megillot. Es wird in der jüdischen Gemeinde beim Passahfest verlesen, an dem man der Herausführung Israels aus Ägypten als einer Liebestat Jhwhs zugunsten seines Volkes gedenkt. Das setzt eine allegorische Deutung der im *Hohelied* thematisierten Liebe zwischen Mann und Frau voraus, die – analog zur Liebes- und Ehemetaphorik in anderen Büchern des AT (vgl. Ez 16; 23; Hos 2) – als Sinnbild für die Beziehung zwischen Jhwh und seinem Volk aufgefasst wurde. Diesem traditionellen jüdischen Verständnis des *Hohelieds* hat sich die christliche Kirche früh angeschlossen und es auf die Verbindung zwischen Christus und seiner Kirche bzw. des göttlichen Logos und der Seele des Gläubigen hin neu ausgelegt.

Der in der *Tosefta* (Sanhedrin 12,10) enthaltene Hinweis, dass das *Hohelied* auch im Wirtshaus gesungen wurde, weist auf den ursprünglichen ›Sitz im Leben‹ dieses Liederzyklus hin. Es handelt sich um lyrische Dichtungen unbekannter Verfasser, die – analog zur zeitgenössischen Liebeslyrik Mesopotamiens und Ägyptens (vgl. 1,9: »Mit den Stuten an den Wagen des Pharao vergleiche ich dich, meine Freundin«) – mehrheitlich ca. im 8. bis 6. Jh. v. Chr. in Israel und Juda entstanden sind. Seine heutige Gestalt erhielt der Zyklus durch eine Endredaktion wohl im 3. Jh. v. Chr., auf die zahlreiche Aramaismen, einzelne persische Lehnwörter und ein griechisches (für ›Sänfte‹; 3,9) hinweisen.

Protagonisten der volkstümlichen Lieder sind zwei Liebende, die einander sehnsüchtig preisen und beschwören, fliehen, sich suchen, finden und vereinigen. Die Lieder verschränken sich zu einer Wechselrede, in der die beiden Partner nie direkt auf die Anrufe und Fragen des andern antworten und in die sich gelegentlich die Stimmen der angesprochenen »Töchter Jerusalems« (u.a. 2,7; 3,5), vielleicht auch die der Brüder des Mädchens und der Freunde des Geliebten mischen. Die Szenerie ist meist von paradiesischer Schönheit: Obstgärten und Weinberge am Rande der Stadt, das offene Hügelland, wo die beiden ihre Schafe und Ziegen weiden, wo Zedern und Zypressen ihr »grünes Lager« (1,16) beschatten. Die ungemein metaphernreiche Sprache der Lieder, die man möglicherweise bei Hochzeiten sang, ist direkt und unbefangen in der Darstellung des Erotischen, ohne in Obszönität zu verfallen; Auge und Ohr, Geschmacks-, Tast- und Geruchssinn werden unaufhörlich angesprochen.

Angesichts des patriarchalen Kontextes dieser Dichtung ist die Souveränität der Frauenfigur bemerkenswert: Sie eröffnet den lyrischen Dialog der Liebenden und beschließt ihn (1,2–4; 8,14); sie agiert mindestens ebenso selbständig und mit denselben subtilen Mitteln wie der Mann, um die ersehnte Begegnung herbeizuführen. Dass die hier gefeierte Gleichrangigkeit von Frau und Mann einen schöpfungstheologischen Hintergrund besitzt, deutet der zentrale Vers des Buches an: »Denn stark wie der Tod ist die Liebe, unerbittlich wie die Unterwelt die Leidenschaft. Ihre Gluten sind Feuersgluten, eine Flamme Jh[wh]s« (8,6). Die Sexualität erscheint hier als mächtige Gabe Gottes, die – wie im Schöpfungsmythos Gen 2,24 – die Geschlechter aneinanderbindet und sie zum Hort des Lebens macht, der über den Tod triumphiert. Hieraus zieht die nur scheinbar profane Dichtung des *Hoheliedes* ihre Legitimation, die Geschlechtlichkeit des Menschen zu feiern, die, jenseits aller gesellschaftlichen Moral, Voraussetzung allen gesellschaftlichen Lebens ist. GISELA HESSE / JÜRGEN WEHNERT

Prediger (Kohelet)

Das Buch trägt die Überschrift »Worte Kohelets, des Sohnes Davids, des Königs in Jerusalem«. Sein Verfasser wird daher in jüdisch-christlicher Tradition mit Salomo identifiziert, dem für seine Weisheit berühmten König Israels (vgl. 1,12 f.16). Tatsächlich gehört das Werk, in dem Bezüge zu Salomo ab Kapitel 3 fehlen, aufgrund seiner Sprache (persische Lehnwörter, zahlreiche Aramaismen) und philosophischen Tendenz ins 3. Jh. v. Chr. *Kohelet* (in der *Septuaginta* übersetzt mit ›Ekklēsiastēs‹, danach in der *Vulgata* ›Ecclesiastes‹) ist ursprünglich eine Funktionsbezeichnung (Versammler einer Gemeinde oder Sammler von Weisheitsworten; vgl. 12,9), die sekundär zum Eigennamen geworden ist. Das Werk des im übrigen unbekannten Weisheitslehrers gehört in der *Hebräischen Bibel* als Lesung für das Laubhüttenfest zu den fünf Megillot, in den christlichen Bibeln zählt es zu den Lehrbüchern.

Das Buch beginnt mit einer Nichtigkeitsaussage (»völlig absurd – es ist alles absurd«; 1,2), die auch den Abschluss bildet (12,8); dieser Rahmen ist prägnanter Ausdruck des skeptisch-pessimistischen Grundcharakters der hier zusammengestellten Weisheitsworte. Deren oft beobachtete irritierende Widersprüchlichkeit (vgl. etwa 2,13–14a mit 2,14b–15) ist offenbar so zu erklären, dass der *Prediger* wiederholt konkurrierende Positionen zitiert, mit denen er sich dann kritisch auseinandersetzt. Das Werk besitzt einen kunstvollen Aufbau; nach N. Lohfink sind seine sieben Teile spiegelbildlich um das religionskritische Zentrum 4,17–5,6 (über Opfer, Gebet und Gelübde) angeordnet: In 1,4–11 werden kosmologische, in 1,12 bis 3,15 anthropologische Fragen behandelt. Um Gesellschaftskritik geht es in 3,16 bis 4,16 und 5,7 bis 6,10. Der Abschnitt 6,11 bis 9,6 setzt sich kritisch mit der weisheitlichen Ideologie auseinander, die ethischen Konsequenzen daraus werden in 9,7 bis 12,7 gezogen. 12,9–14 enthalten Nachworte von Herausgebern: Ein erster Epilog (12,9–11) preist den Autor und seine Weisheit, ein zweiter (12,12–14) versucht, das Buch mit der traditionellen Weisheit auszugleichen, indem er die Lehren Kohelets als Mahnung zu Gottesfurcht und Gesetzeserfüllung deutet.

Der *Prediger* geht mit der älteren Weisheit Israels, die auf Beobachtung der Weltordnung zielt und Regeln für ein gelingendes Leben daraus ableiten will (vgl. das Buch der *Sprüche*), radikal ins Gericht, weil sie von der Erfahrung nicht gedeckt wird: Das Regelwerk der Welt bleibt dem Menschen verborgen – dem Weisen nicht anders als dem Dummen; der geschichtliche Wandel (alles hat seine Zeit, aber nichts bleibt, wie es ist) übersteigt sein Verstehen; die Zukunft lässt sich aus der Gegenwart nicht ableiten. Auch Gott, dessen Existenz nicht bezweifelt wird, ist durch Beobachtung der Welt nicht zu erkennen – er tritt unergründlich und furchterregend dahinter zurück (3,14). Das Autor-Ich distanziert sich daher in einer für das antike Judentum beispiellosen Weise von allem natürlichen und gesellschaftlichen Geschehen, mit dem es schicksalhaft verbunden ist. In seinem vergeblichen Bemühen, den Lauf der Welt zu ergründen, erlebt es sich in ihr als Fremdkörper, der Lebenssinn allein im Genuss des Augenblicks finden kann (›carpe diem‹): Der gegenwärtige Tag ist Gottes Gabe, die es auszukosten gilt, ehe Alter und Tod das Leben erlöschen lassen.

Diese Position wurde sicher auch in Auseinandersetzung mit der hellenistischen Philosophie, in der die Frage nach Inhalt und Möglichkeit menschlichen Glücks (Eudaimonie) eine zentrale Rolle spielt (Epikur), gewonnen. Sie macht den Autor jedoch nur sehr eingeschränkt zu einem Prediger der Lebensfreude: Der Mensch soll zwar sein (kleines) Glück genießen, aber im Bewusstsein, dass es unverfügbar bleibt und stets von der unbekannten Todesstunde überschattet wird. »Wenn ein Mensch viele Jahre lebt, sei er fröhlich in ihnen allen und denke an die finstren Tage, denn sie werden zahlreich sein. Alles, was kommt, ist absurd.« (11,8) JÜRGEN WEHNERT

Klagelieder

Die fünf Klagelieder, die den fünf Kapiteln des Buches entsprechen, setzen die Zerstörung Jerusalems 587 v. Chr. voraus; die Einzeltexte sind während des Babylonischen Exils (Kap. 1 f.; 5) bzw. bald danach (Kap. 3 f.; 5. Jh.?) entstanden. Die Bezeichnung *Klagelieder* (griechisch: *Thrēnoi*, danach lateinisch: *Threni* bzw. *Lamentationes*) stammt aus der *Septuaginta*, die die Lieder durch eine im hebräischen Text fehlende Einleitung historisch unzutreffend auf den Propheten Jeremia zurückführt (wohl aufgrund der Notiz 2. Chr 35,25). In den christlichen Bibeln hat das Buch deshalb seinen Ort hinter dem Prophetenbuch *Jeremia* gefunden, während es im hebräischen Kanon unter dem Titel *Echa* (»Ach, wie …!« [Anfangswort der Kap. 1 f.; 4 als Einleitung zur Totenklage]) zu den Megillot zählt, und zwar als Lesung für den 9. Aw, den Tag der Erinnerung an die zweimalige Zerstörung des Tempels.

Stilistisch handelt es sich bei den fünf Liedern, vielleicht aus mnemotechnischen Gründen, um Akrosticha, deren Strophenanfänge bzw. Verszahl auf die 22 Buchstaben des hebräischen Alphabets verweisen. Am kunstvollsten ist Thr 3, wo die drei Zeilen der 22 Strophen jeweils mit demselben Buchstaben beginnen. Formal integrieren die

Lieder mehrere Gattungen (u.a. Totenklage, Bußbekenntnis), orientieren sich aber vor allem am Klagelied des Volkes (bzw. des Einzelnen; Thr 3). Zu dessen typischen Elementen (vgl. die *Psalmen*) gehören: Anrufung Jhwhs, Schilderung der Not (hier insbesondere die Klage über das verwüstete Jerusalem), Bitte um Rettung, Vertrauensbekenntnis sowie ein Lobpreis Jhwhs, der in Thr bezeichnenderweise jedoch fehlt. Ihren ursprünglichen ›Sitz im Leben‹ hatten die Lieder vermutlich in exilischen Klagefeiern, bei denen der Tempelzerstörung gedacht wurde (vgl. Sach 7,3).

Inhaltlich beschreiben die Lieder mit krassem Realismus die Folgen der Katastrophe von 587: Verschleppung bzw. Vernichtung eines Teils der Bevölkerung, Entrechtung des anderen, Brandschatzung und Plünderung durch die Soldateska, Hungersnot und Kannibalismus. Die gegenwärtige Lage des Volkes wird mit seiner glanzvollen Vergangenheit kontrastiert und so das Ausmaß des Zusammenbruchs intensiv vor Augen geführt. Der Verlust des judäischen Staates und des Jerusalemer Jhwh-Kultes erzwingt, auch unter dem Eindruck des prophetischen Erbes, eine Neubestimmung des religiösen Standorts: Israels Schuld wird als Anlass für Jhwhs Zorn begriffen, das nationale Unglück als sein gerechtes Gericht anerkannt. Israels Erwählung ist keine Garantie für weltliche Sicherheit mehr; sie gibt vielmehr Anlass zur Selbst- und Gotteserkenntnis, zur Leidensbereitschaft und zur Hoffnung auf Jhwhs frei gewährte Gnade. Die Lieder sind darum von der Zuversicht bestimmt, dass Jhwh – trotz der scheinbar ausweglosen Situation – an seinem Volk festhalten und seine Existenz sichern werde: »Denn nicht auf ewig verstößt der Herr; er betrübt wohl, doch er erbarmt sich wieder nach seiner großen Gnade.« (3,31 f.)

GISELA HESSE / JÜRGEN WEHNERT

Ester

Den Abschluss der fünf Megillot bildet das Buch *Ester* mit der Entstehungslegende des Purimfestes, an dem es zum Gedenken an die Bewahrung des jüdischen Volkes vor Verfolgung und Ausrottung vorgelesen wird. Aufgrund sprachlicher Indizien und seines völlig freien Umgangs mit der persischen Geschichte des 5. Jh.s v. Chr. dürfte das anonyme Werk erst in hellenistischer Zeit (ca. 3. Jh. v. Chr.) in der jüdischen Diaspora des Ostens entstanden sein. Die durch theologisierende Zusätze (vgl. alttestamentliche Apokryphen) erweiterte griechische *Septuaginta*-Fassung gehört etwa ins 1. Jh. v. Chr., eine noch jüngere griechische Version (sogenannter Alpha-Text) ins 1. Jh. n. Chr.

Die romanhafte Erzählung handelt in Persien während der Herrschaft des Königs Ahasveros (griechisch: Xerxes I.; 485–465 v. Chr.). Ahasveros, der seine erste Frau Vasthi verstoßen hat, wählt unter den Jungfrauen, die ihm in seinem Palast zu Susa vorgestellt werden, die jüdische Waise Hadassa, persisch Ester, zu seiner Gemahlin. Ihr Vormund Mardochai, der sich, um das Wohlergehen Esters besorgt, in der Nähe des Schlosses aufhält, erfährt von einer geplanten Verschwörung gegen den König und teilt dies seiner Pflegetochter mit. Die Schuldigen werden bestraft, und Mardochais Name geht in die Reichschronik ein (Kap. 1 f.). Kurz darauf macht er sich jedoch Haman, den Wesir des Königs, zum Feind, weil er sich weigert, vor ihm niederzufallen. Durch Mardochais Stolz in seiner Eitelkeit verletzt, will Haman sich an der jüdischen Bevölkerung Persiens rächen, und es gelingt ihm, den leichtgläubigen Ahasveros zu überzeugen, dass die Juden eine Gefahr für das Land seien und ausgerottet werden müssten. Dies soll an einem durch das Los (akkadisch: puru) bestimmten Tag geschehen (Kap. 3). Der darüber verzweifelte Mardochai fordert seine Pflegetochter auf, dem König ihre bis dahin geheim gehaltene Zugehörigkeit zum jüdischen Volk zu offenbaren und den Widerruf des Ausrottungsbefehls zu erbitten (Kap. 4). Bei einem Gastmahl, zu dem Ester ihren Gemahl und Haman geladen hat, enthüllt sie dem König die grausamen Machenschaften seines Wesirs. Als Ahasveros voll Zorn den Saal verlässt, wirft sich Haman, um Gnade flehend, der Königin zu Füßen. Dabei wird er vom König überrascht, der im Glauben, Haman habe auch Ester Gewalt antun wollen, den Intriganten an dem Galgen zu erhängen befiehlt, den dieser für Mardochai errichten ließ (Kap. 5–7). Den einmal verkündeten Beschluss der Judenvernichtung kann der König nicht rückgängig machen, doch erlaubt er den Bedrängten, sich zur Wehr zu setzen. An dem für ihre Ausrottung vorgesehenen Tag üben die Juden furchtbare Rache: Sie töten 75 000 ihrer Feinde im ganzen Land. Mardochai, der als Nachfolger Hamans zum Wesir ernannt wird, schreibt die wunderbare Geschichte von der Errettung der Juden selbst auf und verbreitet sie, zusammen mit Anweisungen der Königin Ester für das alljährlich am 14. Adar (Februar/März) zu feiernde Fest, in Briefen unter allen Juden des Königreichs (Kap. 8–10).

Trotz allen Lokalkolorits ist die Erzählung, abgesehen von der Gestalt des Ahasveros und der Existenz einer jüdischen Diaspora im persischen Reich, kein historisches, sondern ein rein fiktives Werk, das einen zentralen theologischen Gedanken veranschaulichen möchte. Für die Interpretation ist entscheidend, dass das oft beobachtete ›Gottesschweigen‹ des Buches (Jhwh wird nirgends explizit erwähnt) an zentraler Stelle durchbrochen wird: Als Mardochai Ester bittet, sich für die Rettung der Juden einzusetzen, fügt er hinzu: »Wenn du zu dieser Zeit schweigen solltest, werden den Juden Hilfe und Rettung von einem anderen Ort [Umschreibung für Gott] her erstehen« (4,14). Es handelt sich also um eine narrative Entfaltung des jüdischen Glaubenssatzes, dass Israel bleibend unter dem Schutz seines Gottes steht, der es vor Verfolgung und Vernichtung bewahrt. Verstärkt wird dieser Grundgedanke durch die intertextuellen Verweise des Buches auf die Amalekiter-Überlieferung in Ex 17, Dtn 25; 1. Sam 15 sowie die Josefnovelle in Gen 37; 39–50: Sowenig es den Amalekitern, Israels Erbfeinden, gelang, das Volk Jhwhs zu vernichten, sowenig wird dies Haman, dem Agagiter (3,1; d. h. einem Nachkommen des Amalekiter-Königs Agag), gelingen. Und so wie Josef am fremden Königshof in höchste Positionen aufstieg und das fremde Land in Weisheit regierte, so tun dies nun auch Mardochai und Ester. Letztere tritt als weisheitliche Idealfigur hervor, mit deren unerschrockenem Einsatz für das eigene Volk sich alle Diasporajuden identifizieren können – vor allem in Zeiten akuter Unterdrückung (die Situation des Verfassers?), die sich in der Fiktion eines militärischen Triumphes über die Feinde Israels (Est 9,1–16) schmerzlich spiegeln.

Ester gehört neben Judit und Susanna (s. u. alttestamentliche Apokryphen, *Judit* und *Zusätze zu Daniel*) zu den herausragenden biblischen Frauengestalten, die vielfach in Werken der Weltliteratur rezipiert worden sind. GERT WOERNER

Daniel

Das teils hebräisch (1,1–2,4a; 8,1–12,13), teils aramäisch (2,4b–7,28) geschriebene Buch *Daniel*, wohl das jüngste des AT, gehört im hebräischen Kanon zu den ›Schriften‹, in den christlichen Bibeln ist es (hinter Ez) den großen Schriftpropheten zugeordnet. Die erste Hälfte des Buches enthält legendarische Geschichten vom babylonisch-medischen Königshof (Kap. 1–6), die zweite eine Sammlung visionärer apokalyptischer Texte (7–12). Zusammengehalten werden beide Teile durch die mythische Figur des weisen Daniel (vgl. Ez 14,14. 20; 28,3), der ca. 597 v. Chr. mit drei Freunden nach Babylonien deportiert worden sei (Dan 1,1–7). Die konkreten zeitgeschichtlichen Bezüge in 7–12 (Verfolgung der Jhwh-Religion in Judäa durch den Seleukidenkönig Antiochos IV. Epiphanes) lassen jedoch erkennen, dass diese Kapitel erst zwischen 167 (Entweihung des Jerusalemer Tempels durch Antiochos) und 165 v. Chr. (Jahr der Neueinweihung) geschrieben wurden. Die Hoferzählungen in 1 bis 6 dürften etwas älter sein, stehen aber der Geschichte des 6. Jh.s bereits so fern, dass sie eher in hellenistischer (3./4. Jh. v. Chr.?) als in persischer Zeit entstanden sind. Die in zwei Fassungen (*Septuaginta* und Übersetzung des Theodotion [Ende 2. Jh. n. Chr.]) vorliegende griechische Version des Buchs enthält in Kapitel 3 und als Anhang fünf umfangreiche Zusätze aus vorchristlicher Zeit (vgl. alttestamentliche Apokryphen), die das lang anhaltende Interesse am *Daniel*-Buch und seinem Protagonisten dokumentieren.

Die Legenden in *Daniel* 1 bis 6 berichten, dass der fromme Daniel am Hof Nebukadnezars durch die von Gott geschenkte Fähigkeit, einen Traum des Königs von einer aus vier Metallen zusammengesetzten Statue zu deuten, hohes Ansehen gewinnt (Kap. 1 f.). Auch seine drei Freunde erhalten hohe Staatsämter, verweigern aber die Verehrung eines goldenen Standbildes. Darum werden sie in einen brennenden Ofen geworfen, aus dem sie jedoch mit Gottes Hilfe unversehrt hervorgehen (3,1–30). In 3,31 bis 4,34 wird erzählt, dass Daniel Nebukadnezar einen weiteren, später eingetroffenen Traum deutet, der dem König zeitweiligen Wahnsinn ankündigt. Kapitel 5 handelt von einem Gastmahl, bei dem der als Sohn Nebukadnezars auftretende Belschazzar die Geräte des Jerusalemer Tempels entweiht. Daraufhin schreibt eine Hand die geheimnisvollen Wörter

»mene, mene, tekel, u-farsin« (das ›Menetekel‹; 5,25) an die Wand. Sie werden von Daniel so gedeutet, dass Gott Belschazzars Königtum »gezählt und beendet« habe; sein Reich werde den Medern und Persern übergeben. Noch in derselben Nacht wird der König von dem (fiktiven) medischen Herrscher Darius ermordet. Dieser lässt Daniel später in eine Löwengrube werfen, weil er trotz eines königlichen Verbots zum Gott Israels betet. Als Daniel am nächsten Morgen noch am Leben ist, erlässt Darius ein Dekret an alle Völker, in dem er befiehlt, den Gott Daniels zu fürchten (Kap. 6).

Der apokalyptische Teil beginnt mit einer Vision Daniels von vier aus dem Chaosmeer steigenden furchterregenden Tieren. Sie repräsentieren, so erklärt ihm ein Deuteengel, vier Königreiche (nämlich das babylonische, medische, persische und das griechische Reich samt den Diadochenstaaten). Nach ihrer Vernichtung durch Gott wird dem »Menschensohn«, der das »Volk der Heiligen des Höchsten« repräsentiert, die Macht über alle Reiche gegeben (Kap. 7). In einem zweiten Gesicht erscheint Daniel ein zweihörniger Widder (Medien und Persien), der von einem einhörnigen Ziegenbock (Griechenland) besiegt wird; eines seiner später hervorbrechenden vier Hörner ist das syrische Seleukidenreich, dessen König (Antiochos IV.) »das Heiligtum« entweihen wird (Kap. 8). Kapitel 9 enthält eine kunstvolle Exegese der Weissagung in Jer 25,11; 29,10, wonach die Babylonier 70 Jahre über Juda herrschen werden. Der Deuteengel Gabriel verhilft Daniel zu der Einsicht, dass damit 70 Jahrwochen (also 490 Jahre) gemeint seien (9,24), das Ende der Drangsal für Israel daher bald bevorstehe. Vor diesem Hintergrund entfaltet die Geschichtsvision in Kapitel 10 bis 12 ein Gesamtbild der historischen Entwicklung von der Perserzeit bis in die Verfassergegenwart der seleukidischen Unterdrückung (11,21–39 wird die Schreckensherrschaft von Antiochos IV. beschrieben), um dann in einer echten Weissagung den weiteren Verlauf der von Krieg geprägten Weltgeschichte zu schildern, die mit dem Sieg Israels, herbeigeführt durch seinen Völkerengel Michael, und einer allgemeinen Totenauferweckung zum Gericht ihren Abschluss finden werde. Zwei spätere Nachträge korrigieren die Chronologie der Endzeitereignisse angesichts der sich dehnenden Zeit (12,11 f.) – Indizien für den theologischen Vorbehalt, dass auch der weisheitlich geschulte und prophetisch begabte Apokalyptiker keinen Einblick in den göttlichen Geschichtsplan besitzt.

Das Endzeitbewusstsein des Buchs *Daniel* hat das antike Judentum und frühe Christentum nachhaltig geprägt. Die Veränderungen des jüdischen Weltbilds in hellenistischer Zeit werden durch die beiden Teile des Buches veranschaulicht. Die Hofgeschichten illustrieren – in einer Art Gegenentwurf zum Buch *Hiob* – die helfende und ordnende Macht der Weisheit, die Gott dem ihm nahen Menschen schenken kann und die selbst heidnischen Großkönigen Furcht vor diesem universalen Gott (der deshalb nicht Jhwh, sondern »Gott des Himmels« heißt) abnötigt. Der Apokalyptiker Daniel ist dagegen einer aus den Fugen geratenen, chaotischen Lebenssituation ausgesetzt, in der keine Hilfe zu erwarten steht und die nur durch ein (sehnlich erwartetes) Eingreifen Gottes zugunsten seines Volkes gewendet werden kann. Durch Engelwesen entschlüsselte Offenbarungen verschaffen die Gewissheit, dass Gott der negativen gegenwärtigen Weltzeit ein Ende setzen, die bösen Mächte richten und einen neuen Äon heraufführen wird, in dem die Frommen herrschen werden.

Wie bei *Hiob* geht es auch im spekulativen Denken des *Daniel*-Buchs um die angefochtene Gerechtigkeit Gottes, die Verheißung für Israel bleibt, aber eine neue zeitliche Dimension gewinnt: Die Frommen werden sie im kommenden Äon erfahren, denn für ihre Treue wird ihnen Gott ewiges Leben schenken (12,2). Besondere religionsgeschichtliche Bedeutung hat in diesem Zusammenhang die Figur des ›Menschensohnes‹ (7,13) gewonnen, die in Dan 7 das Volk der Gottestreuen verkörpert, sich aber bald zu einer individuellen eschatologischen Richtergestalt entwickelte (*Äthiopisches Henochbuch, Viertes Buch Esra*; vgl. alttestamentliche Apokryphen). Der ›Menschensohn‹-Titel ist in vielschichtiger Weise auch mit Jesus von Nazareth verbunden, dessen Wiederkehr zum Gericht über die Welt zu den Glaubensüberzeugungen des frühesten Christentums gehört.

ERICH RÖSSLER / JÜRGEN WEHNERT

Das ›chronistische Geschichtswerk‹

Neben dem deuteronomistischen Geschichtswerk (s. o.) enthält das AT eine zweite, jüngere Geschichtsdarstellung, die die Bücher *Esra*,

Nehemia und die beiden Bücher der *Chronik* umfasst. Aufgrund der Übereinstimmungen in Sprache (spätes Hebräisch) und Theologie (zentrales Interesse am Jerusalemer Tempel) ging die ältere Forschung davon aus, dass diese Bücher ursprünglich eine Einheit bildeten (›chronistisches Geschichtswerk‹) und das Werk desselben Verfassers seien. Aufgrund der selbständigen Überlieferungsgeschichte der Bücher *Esra* und *Nehemia*, die zudem stilistische und theologische Besonderheiten aufweisen, ist dieser Konsens inzwischen weithin aufgegeben worden. Allerdings ist bisher kein überzeugendes neues Modell für die Genese dieses Schriftencorpus gefunden worden. Es erscheint daher vertretbar, Esr/Neh und 1./2. Chr, die in zeitlicher Nähe zueinander (4. oder 3. Jh. v. Chr.) und in demselben theologischen Milieu (nicht-priesterliche Tempelbedienstete [Leviten]) in einem längeren Prozess der Sammlung und Bearbeitung älterer Traditionen getrennt, aber nicht unabhängig voneinander entstanden sind, als sachliche Einheit zu behandeln: Die vier Bücher erzählen die Geschichte des universalen Gottes (»über die ganze Welt ergehen seine Entscheidungen«, 1. Chr 16,14) mit seinem Volk von den Anfängen (Adam) über die glanzvolle, den Tempel begründende frühe Königszeit bis zur zukunftsweisenden kultischen Neuordnung Judas nach der von Israel selbst verschuldeten Katastrophe des Babylonischen Exils.

Die Anordnung der vier Bücher wirft Fragen auf. *Esra* und *Nehemia* knüpfen inhaltlich an die *Chronik* an (Esr 1,1–3 wiederholt die Schlussverse 2. Chr 36,22 f.), stehen im hebräischen Kanon aber davor (in der *Septuaginta* und den christlichen Bibeln wurde dies korrigiert). Handelt es sich bei dieser Anordnung um ein Hysteron-Proteron, so dass das – aktuell bedeutsame – Spätere (nämlich die Wiederherstellung des Tempels und seines Kultes sowie die Etablierung einer *Tora*-gemäßen Lebensordnung durch Esra und Nehemia) vor dem Früheren (der Errichtung des ersten Tempels durch David und Salomo und sein Verlust durch Israels Schuld) zur Sprache kommen soll? Jedenfalls betont der hebräische Kanon die selbständige Bedeutung von *Esra* und *Nehemia*, die ursprünglich als ein Buch namens *Esra* überliefert wurden (so auch in der *Septuaginta*). Seit Origenes ist die Zweiteilung des griechischen *Esra*-Buches belegt, die später von der *Vulgata* und der hebräischen Textüberlieferung (ältester Beleg ist eine Handschrift von 1448) übernommen wurde.

Verwirrend ist, dass die *Septuaginta* das (später geteilte) *Esra*-Buch als 2. *Esra*-Buch bezeichnet, weil sie zusätzlich ein 1. *Esra*-Buch enthält. Diese apokryphe griechische Schrift (Mitte 2. Jh. v. Chr.) ist eine jüngere Zusammenstellung von Teilen aus 2. Chr 35 f. und Esr/Neh, die um eine persische Hofgeschichte gruppiert sind. In der christlichen Überlieferung wird sie als *Drittes Buch Esra* bezeichnet. (Zum noch jüngeren *Vierten Esra*-Buch vgl. alttestamentliche Apokryphen.)

In der *Hebräischen Bibel* bilden Esr/Neh und 1./2. Chr, spiegelbildlich zu den einleitenden Geschichtswerken, den Abschluss des Kanons; in den christlichen Bibeln zählen sie, nach dem Vorbild der *Septuaginta*, zu den Geschichtsbüchern und sind hinter 2. Kön eingeordnet.

Die Bücher *Esra* und *Nehemia* bilden entstehungsgeschichtlich eine Einheit und sind daher gemeinsam zu behandeln. Durch ihre

Hauptakteure, die als hohe Beamte des persischen Königs nach Jerusalem entsandten vornehmen Juden Esra und Nehemia, sind sie auch inhaltlich eng verzahnt. Die beiden scheinen in Neh 8–12 gleichzeitig aufzutreten, während sie in Esr 7–10 (Esra) und Neh 1–7; 13 (Nehemia) einzeln agieren. Dieser Befund hat zu (umstrittenen) Textumstellungen Anlass gegeben, um eine historisch plausiblere Darstellung zu gewinnen. Trotz der Verwendung von Urkunden, Listen (z. B. der zurückgegebenen Tempelgeräte in Esr 1,9–11 oder der Heimkehrer aus Babylon in Esr 2; Neh 7) und anderem authentischen Material scheinen aber Esr und Neh der frühen nachexilischen Zeit Judäas, für die sie die Hauptquelle bilden, bereits so fern zu stehen, dass sie die Abfolge der Ereignisse nur noch annäherungsweise erkennen lassen.

Kapitel 1 bis 6 des *Esra*-Buches (davon 4,8 bis 6,18 in aramäischer Sprache) behandeln die Zeit von der Beendigung des Babylonischen Exils durch ein Edikt des Perserkönigs Kyros von 538 v. Chr. (der in 1,2–4; 6,3–5 mitgeteilte Wortlaut ist in seinem Quellenwert umstritten) bis zur Neueinweihung des von den Babyloniern zerstörten Jerusalemer Tempels 515 unter Dareios I. Die Unterbrechungen des von Serubbabel, dem als persischer Statthalter fungierenden Enkel des früheren judäischen Königs Jojachin, und vom Hohenpriester Jeschua (Joschua) betriebenen Bauvorhabens werden in Kapitel 4 wohl zu

Unrecht den Samaritanern angelastet. Tatsächliche Gründe dürften die wirtschaftliche Notlage des Landes sowie eine Debatte um die theologische Legitimität des Bauprojekts (für das u.a. die Propheten *Haggai* und *Sacharja* eintraten; vgl. 5,1) gewesen sein.

Kapitel 7 bis 10 berichten von der Tätigkeit des aus priesterlichem Geschlecht stammenden Esra, der als »Schriftgelehrter im Gesetz des Himmelsgottes« (7,12), d.h. wohl als Sachverständiger für die jüdische Religion, vom persischen Großkönig Artaxerxes beauftragt wird, dem »Gesetz Gottes« (gemeint ist die Mose-*Tora*) in der Provinz Judäa als einer Art Grundgesetz Geltung zu verschaffen; die Verpflichtung des Volkes auf dieses Gesetz schildert Neh 8–10. Sollte mit diesem Großkönig Artaxerxes I. gemeint sein (Regierung 465/64–425), fand die Mission Esras 458 v. Chr. kurz vor der des Nehemia statt; alternativ ist eine Spätdatierung zur Zeit Artaxerxes II. (Regierung 404–359/58) möglich. Zu den Maßnahmen Esras gehörte ferner die Auflösung von Ehen zwischen judäischen Männern und nicht-judäischen Frauen (Esr 9 f.; vgl. Neh 13) – ein Teil der Rechtsreform, der eher das Nationalbewusstsein der judäischen Rückwanderer aus Mesopotamien reflektiert als die Bedürfnisse kultischer Reinheit. Religionsgeschichtlich blieb dieser Vorgang eine Episode.

Das *Nehemia*-Buch enthält, unterbrochen durch den Esra-Abschnitt, die in Ich-Form verfassten »Nehemia-Memoiren« (verarbeitet in Kap. 1–7; 11–13), wegen der häufigen Anrufung Gottes (»Gedenke, mein Gott [...]«, 5,19 usw.) auch »Nehemia-Denkschrift« genannt. Sie schildern die Entsendung des königlichen Mundschenks (1,11) Nehemia im 20. Jahr des Artaxerxes (des I.[?] = 445 v. Chr.) nach Jerusalem, wo er Maßnahmen zur Befestigung der Stadt (Wiederherstellung von Mauern und Toren) und zur Stärkung des Gemeinwesens (Löschung des Schuldregisters, Erhöhung der Einwohnerzahl) durchführt. Es handelt sich bei diesem Ich-Bericht kaum um eine authentische Schrift Nehemias; das Ich dürfte vielmehr Stilmittel sein (vgl. den Wechsel zwischen auktorialer und autoptischer Erzählweise in *Esra* und *Daniel*), um den zugrunde liegenden Berichten über die Aufgaben und Erfolge Nehemias einen einheitlichen Charakter zu geben und die Verlässlichkeit der Darstellung zu verbürgen. Pointe des Buches ist, dass Nehemia anlässlich einer (historisch umstrittenen) zweiten Jerusalemmission

(13,6) eine Reinigung des Tempels, die Ablieferung des Zehnten für Priester und Leviten, die Respektierung des Sabbats und das Verbot der Ehen mit nicht-jüdischen Frauen (Neh 13) durchsetzen kann – also eine sich vom Kultzentrum her entfaltende Lebensordnung, die dem Ideal der Autoren des ›chronistischen Geschichtswerkes‹ entspricht.

Die beiden Bücher der *Chronik* tragen in der *Hebräischen Bibel*, deren Kanon sie abschließen, den Titel *Diwre ha-Jamim* (Tagesbegebenheiten [= Denkwürdiges]). In der *Septuaginta* sind sie unter den Geschichtsbüchern eingeordnet (hinter 2. Kön; so auch in den christlichen Bibeln) und werden als *Paraleipomena* (Übergangenes, Nachträge) bezeichnet. Damit wird auf den Umgang der levitischen Verfasser des 3./4. Jh.s v. Chr. mit den älteren Geschichtsdarstellungen des AT, vor allem den *Samuel-* und *Königsbüchern*, angespielt, deren Stoff einerseits stark abgekürzt, andererseits um dort fehlende Passagen erweitert wird. Ob es sich bei den Ergänzungen um Traditionsgut oder um redaktionelle

Zusätze handelt, ist umstritten; die neuere Forschung tendiert dahin, sie weithin als Interpretation der biblischen Vorlagen ohne Benutzung zusätzlicher Quellen zu betrachten.

Das Werk lässt sich in vier Abschnitte gliedern: 1. Chr 1–9 fasst die Vorkönigszeit Israels in einem monumentalen Stammbaum zusammen, der von Adam bis zu den Nachkommen König Sauls führt (sogenannte ›genealogische Vorhalle‹). 1. Chr 10–29, der erste Teil des Geschichtsberichts, schildert das Königtum Davids (mit Parallelen in 1. Sam 9 bis 1. Kön 2), das vor der Negativfolie des Jhwh untreuen Saul (Kap. 10; vgl. 1. Sam 31) als ein »Königtum Jhwhs« (1. Chr 28,5) theologisch überhöht wird. Das Hauptinteresse gilt Davids Vorbereitungen für den Tempelbau und die Organisation des Tempeldienstes (mit umfangreichen Namenslisten der Funktionsträger: Leviten, Priester, Sänger, Torhüter usw.). Ähnlich große Aufmerksamkeit findet im dritten Abschnitt 2. Chr 1–9 die glanzvolle Herrschaft Salomos (vgl. 1. Kön 3–11), die von der Errichtung, Einweihung und universalen Ausstrahlung des Jerusalemer Tempels bestimmt ist (»alle Könige der Welt begehrten, Salomo zu sehen«; 9,23). Der Schlussteil 2. Chr 10–36 (vgl. 1. Kön 12 bis 2. Kön 25) schildert die Ereignisse von der Reichsteilung bis zum Kyrosedikt als Geschichte der religiösen Verfehlungen der judäischen Herrscher (Ausnahmen sind die frommen Könige Hiskija und Joschija), die zwangsläufig in die Katastrophe von 587 v. Chr. einmündet (36,11–20) und erst im Gebot Jhwhs an Kyros, ihm in Jerusalem einen neuen Tempel zu errichten (36,23), eine hoffnungsvolle Wende erfährt.

Die chronistische Geschichtsschreibung setzt den historisch-theologischen Entwurf der Bücher *Genesis* bis 2. *Könige* voraus und interpretiert ihn durch Auslassungen und Zusätze neu. Im Zentrum stehen mit David und Salomo einerseits und Esra und Nehemia andererseits je zwei herausragende Gestalten der älteren und neueren Geschichte, die den Tempel und seine Ordnung begründet bzw. wiederhergestellt haben. Dass möglicherweise erst das *Esra/Nehemia-Buch* und später als dessen historisches Fundament die *Chronik* entstanden ist, könnte sich in ihrer kanonischen Reihenfolge niedergeschlagen haben, muss aber offen bleiben.

Das zentrale Interesse an der von David begründeten sakralen Ordnung, mit deren geordnetem Vollzug Israel steht oder fällt – so die von den Autoren gezogene Lehre aus der Geschichte –, erklärt, warum viele Themen der älteren Historiographie, die als bekannt vorausgesetzt werden, ganz in den Hintergrund treten (Erzeltern, Exodus, vorstaatliche Zeit, Schicksal des Nordreichs Israel). Die idealisierende, alles Negative ausblendende Schilderung Davids und Salomos betont überdies, dass ein Jhwh-Kult und *Tora*-Gehorsam, der Israel Segen und Wohlergehen verheißt, nur in der Kontinuität dieser Gründerkönige möglich sei und nicht etwa durch die religiöse Überlieferung der samaritanischen Gemeinschaft in der nördlichen Nachbarprovinz, die von den chronistischen Verfassern als illegitime Konkurrenz zu der durchs Exil gegangenen judäischen Jhwh-Tradition vehement abgelehnt wird. JÜRGEN WEHNERT

Alttestamentliche Apokryphen

Als ›apokryph‹ (verborgen) bezeichnet die Alte Kirche nachbiblische Schriften, die zur christlichen Verkündigung und Lehre nicht zugelassen waren, weil ihre Herkunft unklar und ihr Inhalt dogmatisch verdächtig erschienen. Der literaturwissenschaftlich problematische Begriff ›Apokryphen‹ dient heute als Sammelbezeichnung für antike jüdische und christliche Texte, die mit dem AT bzw. dem NT in engem Zusammenhang stehen. Das gilt sowohl inhaltlich, indem sie sich mit biblischen Personen befassen oder deren Autorschaft fingieren, als auch formal, indem sie die in der *Bibel* vertretenen Literaturgattungen – Historiographie, Erzählung, Poesie, Weisheit, Prophetie, Apokalypse und Lehrbrief – aufnehmen und, stilistisch wie theologisch, in unterschiedlichster Weise fortschreiben. Trotz aller inhaltlichen Berührungen und dem impliziten Anspruch, den biblischen Büchern

gleichwertig zu sein, sind diese Schriften (von einer Textgruppe abgesehen; s. u.), nie zum Kanon der seit Ende des 1. Jh.s n. Chr. von Judentum bzw. Kirche offiziell anerkannten Bücher gezählt worden.

Die Apokryphen sind seit Anfang des 20. Jh.s Gegenstand beständig wachsenden Forschungsinteresses, weil sie für das Verstehen der komplexen Geschichte des antiken Judentums und frühen Christentums – besonders für Bewegungen außerhalb des jüdischen bzw. christlichen Mainstream sowie für dessen volkstümliche Ausprägungen – von kaum zu überschätzender Bedeutung sind. Nach ihrem Ursprung und Inhalt unterscheidet man alttestamentliche und neutestamentliche Apokryphen – Erste werden hier, Letztere im Anschluss an das NT behandelt.

Die klassische deutschsprachige Ausgabe der nachbiblischen jüdischen Literatur – E. Kautzschs *Die Apokryphen und Pseudepigraphen des Alten Testaments* (1900) – nimmt eine lange Zeit üblich gewesene Unterscheidung zwischen apokryphen und pseudepigraphischen Schriften vor. Zu den ›Apokryphen‹ werden sieben Bücher (sowie Zusätze zu kanonischen Büchern) gerechnet, die, über die später kanonisierten Schriften des AT hinaus, in der *Septuaginta* enthalten sind und, wohl unter deren Einfluss, in christlichen Bibeln, speziell in der *Vulgata*, Aufnahme gefunden haben. Sie sind daher seit dem 4. Jh. n. Chr. Bestandteil des AT der katholischen Kirche geworden und werden dort als ›deuterokanonische‹ Bücher bezeichnet – im Unterschied zu den ›protokanonischen‹ der *Hebräischen Bibel*, aber ohne sie formal von ihnen zu unterscheiden. Martin Luther bezeichnete diese Schriften als »Bücher, so der Heiligen Schrift nicht gleich zu halten und doch nützlich und gut zu lesen sind« (Vollbibel-Ausgabe von 1534); sie finden sich deshalb (in unterschiedlicher Anzahl) auch in protestantischen Bibelausgaben, jedoch nicht innerhalb des AT, sondern als dritter Bibelteil zwischen AT und NT. Die griechisch-orthodoxe Kirche erkennt seit der Synode von Jerusalem (1672) vier dieser Schriften als kanonisch an, nämlich *Tobit*, *Judit*, *Weisheit Salomos* und das Buch *Jesus Sirach*.

Aufgrund der traditionellen Wertschätzung dieser Apokryphen im antiken Judentum und im Christentum werden sie nachfolgend als ›Deuterokanonische Bücher‹ vor der übrigen nachalttestamentlichen Literatur behandelt. Dass diese Unterscheidung problematisch ist, zeigt schon der Sachverhalt, dass das *Gebet des Manasse*, ein sekundärer Zusatz zu 2. Chr 33, nach der Entscheidung des Trienter Konzils (1546) nicht zu den kanonischen Büchern zu rechnen sei, während Zusätze zu den Büchern *Daniel* und *Ester* diesen Rang inne haben; das *Gebet des Manasse* ist daraufhin – zusammen mit dem *Dritten* und *Vierten Esra*-Buch und *Psalm* 151 sowie dem pseudo-paulinischen *Brief an die Laodizener* – in einem gleichsam ›tritokanonischen‹ Anhang zur *Vulgata* untergebracht worden (erstmals in der nach Papst Clemens VIII. benannten klementinischen Ausgabe von 1592).

Der für die übrige nachbiblische Literatur des antiken Judentums oft verwendete Sammelbegriff ›Pseudepigraphen des AT‹ ist ungeeignet, da das Phänomen fälschlich beanspruchter Autorschaft – Texte erscheinen unter dem Namen einer bedeutenden Gestalt aus der Geschichte Israels – bereits unter den kanonischen Büchern des AT begegnet (u.a. Salomo-Schriften [*Sprüche*, *Hohelied*, *Prediger*], *Daniel*, aber auch *Deuterojesaja* oder *Deuterosacharja*). In der neueren Diskussion sind daher angemessenere Bezeichnungen für die nachalttestamentliche Literatur jüdischen Ursprungs eingeführt worden, z.B. ›religiöse Literatur des hellenistischen Judentums‹ oder ›frühjüdische Literatur‹. Im Rahmen dieses Artikels können nur die wichtigsten Werke dieses äußerst umfangreichen Schrifttums genannt werden (rein christliche

Texte bleiben außer Betracht). Ihrer Form nach lassen sie sich grob einteilen in historisch-legendarische und erzählende Bücher, in lehrhafte und poetische Bücher sowie in Apokalypsen; die Reihenfolge der Darstellung in diesen drei Abschnitten orientiert sich am Alphabet der Werktitel bzw. ihrer Protagonisten. – Zu den in Qumran gefundenen Texten, die teilweise den Apokryphen des AT zuzurechnen sind, vgl. den Artikel Qumranhandschriften in *Kindlers Literatur Lexikon*.
JÜRGEN WEHNERT

1 ›Deuterokanonische Bücher‹

Diese Schriften werden, ungeachtet der literarischen Gattungen, nach der Reihenfolge ihrer Einordnung in den *Vulgata*-Kanon behandelt: *Tobit*, *Judit* (beide hinter dem ›chronistischen Geschichtswerk‹), *Zusätze zu Ester*, *Weisheit Salomos*, *Jesus Sirach* (beide hinter dem *Hohelied*), *Baruch* mit dem *Brief des Jeremia* (hinter den *Klageliedern*), *Zusätze zu Daniel* sowie (am Ende des Kanons) *Erstes* und *Zweites Buch der Makkabäer*.

Tobit

Die älteste Fassung der märchenhaften Diaspora-Erzählung *Tobit*, die sich in Aufbau und Einzelheiten der Handlung an den populären *Achikar-Roman* anlehnt, entstand ca. im 2. Jh. v. Chr. in aramäischer Sprache (Fragmente wurden unter den Qumranhandschriften gefunden). Davon abhängig sind eine hebräische (nur fragmentarisch erhalten) und drei vollständige griechische Textfassungen von unterschiedlicher Länge; Letztere enthalten, trotz Differenzen, im Wesentlichen denselben Plot.

Im Mittelpunkt steht der 721 v. Chr. ins assyrische Ninive deportierte fromme Tobit aus dem Stamm Naftali. Erblindet, verarmt und mit seiner Frau im Streit, bittet Tobit Gott, ihn sterben zu lassen. Dasselbe erfleht zur gleichen Zeit in Ekbatana, der Hauptstadt Mediens, die Jüdin Sara, eine entfernte Verwandte Tobits. Der Dämon Asmodi hat ihr sieben Männer, jedes Mal in der Brautnacht, getötet. Gott erhört die Gebete der beiden Unglücklichen und entsendet seinen Erzengel Rafael. Unerkannt begleitet er Tobits Sohn Tobias, den der Vater zu Geschäften nach Medien schickt. Unterwegs fängt Tobias am Tigris einen großen Fisch; sein Weggenosse rät ihm, Herz, Leber und

Galle des Fisches aufzubewahren, denn Herz und Leber, auf glühende Kohlen gelegt, vertreiben die bösen Geister, die sich zwischen Mann und Frau drängen, und mit einer Augensalbe aus Fischgalle sei der Star zu heilen. Das erste Mittel wendet Tobias an, als er auf Weisung des Engels Sara zur Frau genommen hat, und tatsächlich entgeht er den Nachstellungen Asmodis. Das zweite Mittel heilt den blinden Vater, der dem heimkehrenden Sohn entgegenkommt. Als Tobit und Tobias dem wundertätigen Begleiter die Hälfte ihres Besitzes schenken wollen, gibt sich dieser zu erkennen und entschwindet in den Himmel. Auf den Rat des sterbenden Vaters hin zieht Tobias später erneut nach Medien und überlebt dadurch den von Jona verkündeten Untergang Ninives.

Obwohl die historischen und geographischen Angaben des aus Syrien oder Palästina stammenden Buches unzuverlässig sind, vermittelt es ein anschauliches Bild von den Lebensverhältnissen in der jüdischen Diaspora und der Hochschätzung familiärer Bindungen. Zahlreiche Mahnreden des Vaters an den Sohn betonen die weisheitliche, Gebete und Prophezeiungen die erbauliche Tendenz dieser bemerkenswert geschlossenen Erzählung. Ethisch-religiöse Ideale sind Barmherzigkeit, Treue und Gerechtigkeit als antwortendes Verhalten des Menschen gegenüber dem barmherzigen, treuen und gerechten Gott.

Die Handlung ist von verschiedenen Sagen- und Märchen-Traditionen beeinflusst; auffällig sind z. B. Ähnlichkeiten mit dem vorderasiatischen Märchen »Vom dankbaren Toten«, das später auch in der mitteleuropäischen Literatur auftaucht: Rafael belohnt Tobit und seinen Sohn, weil der gutherzige Alte es stets als seine Pflicht ansah, sich um die Verstorbenen zu kümmern. Wirkungsgeschichtlich bedeutsam ist die Integrierung parsistischer Engel- und Dämonenvorstellungen in die jüdische Glaubenswelt der Erzählung.

JÜRGEN WEHNERT

Judit

Die nur griechisch überlieferte Erzählung aramäischen oder hebräischen Ursprungs wurde zur Zeit der Makkabäerkriege (nach 150 v. Chr.) in der jüdischen Diaspora verfasst. Sie schildert in symbolischer

Weise, wie die Machtansprüche irdischer Herrscher an der Macht Jhwhs, der »der Beistand der Schwachen« und »der Retter der Verzweifelten« ist (9,11), scheitern.

Der assyrische König Nebukadnezar verlangt, dass sich ihm die gesamte Welt unterwerfe und ihn als einzigen Gott verehre. Da die Völker in ihm aber nur einen Menschen erkennen, ordnet er einen Eroberungsfeldzug mit einem gewaltigen Heer an, das von seinem Feldherrn Holofernes befehligt wird. Entsetzt unterwirft sich ein Volk nach dem anderen der Streitmacht, die schließlich gegen das befestigte Israel anrückt. Trotz der Warnung, dass der Gott Israels sein Volk beschützen werde, umzingelt Holofernes die Stadt Betulia (›Haus Gottes‹, symbolischer Name für Israel), deren an Gott verzweifelnde Bewohner wegen Wassermangels bald vor der Kapitulation stehen. In dieser verzweifelten Lage fasst die schöne, fromme Witwe Judit einen Rettungsplan und bittet die Ältesten, sie nachts aus der Stadt gehen zu lassen. In verführerischer Aufmachung begibt sie sich ins Lager der assyrischen Truppen. Dort lässt sie sich vor Holofernes führen, dem sie einredet, dass er von Gott ausersehen sei, die Juden für ihre Sünden zu strafen und die Stadt kampflos zu erobern. Von Judits Schönheit und Klugheit überwältigt, lädt Holofernes sie zu einem Gastmahl ein, bei dem er sich in seiner Hochstimmung so betrinkt, dass er, schließlich mit ihr in seinem Zelt allein, in tiefen Schlaf fällt. Judit, die damit gerechnet hatte, schlägt ihm mit seinem eigenen Schwert den Kopf ab, steckt ihn in einen Sack und kehrt unbehelligt ins belagerte Betulia zurück. Dort zeigt sie das Haupt des Feindes vor und rät den Verteidigern, das Entsetzen der Assyrer über den Tod ihres Anführers zu nutzen und einen Ausfallversuch zu wagen. Die Betulianer schlagen daraufhin die kopflosen Feinde in die Flucht, und ganz Israel feiert Judit als Retterin, die ihrerseits Gottes Machttat in einem Hymnus preist.

Als Vorbild für die geschickt aufgebaute, psychologisch durchdachte und bemerkenswert knapp formulierte Erzählung, die in der europäischen Literatur vielfach rezipiert worden ist, diente dem Autor vor allem die im Debora-Lied (Ri 5) verherrlichte Tat der Jael, die den flüchtenden kanaanäischen Feldhauptmann Sisera in ihre Hütte aufnahm und dort erschlug. Neu sind in *Judit* die theologischen Dimensionen des Geschehens: Nebukadnezar erscheint samt seinem

Werkzeug Holofernes als eine Art Anti-Jhwh, der seine universalen Machtgelüste mit den Mitteln brutaler militärischer Gewalt realisieren will; ihm steht ein Gott gegenüber, der diese Machtstrategie ironisiert, indem er sie »durch die Hand einer Frau« (13,15) durchkreuzt. So ist es, neben ihrem Mut und ihrer Klugheit, vor allem Judits grenzenloses Gottvertrauen, das sie, neben Ester und Susanna, zu einer überragenden Figur der antiken jüdischen Literatur macht. Von bleibender theologischer Relevanz ist das in *Judit* aufgeworfene, kontrovers diskutierte Problem des Tyrannenmordes. JÜRGEN WEHNERT

Zusätze zu Ester

Der *Septuaginta*-Text des Buches *Ester* (s. o. AT) ist um die Hälfte länger als der der *Hebräischen Bibel*. Das Fehlen expliziter Hinweise auf die Hilfe Jhwhs bei der Abwendung des Pogroms gegen die persischen Juden in der kanonischen Textfassung ist von späteren Bearbeitern als Mangel empfunden worden, so dass sie an verschiedenen Stellen insgesamt sechs Zusätze eingefügt haben (in der Forschung als A–F bezeichnet; in der *Vulgata* sind sie ans Ende des Buches gesetzt). Diese griechischsprachigen Ergänzungen gehören möglicherweise zwei Schichten an, nämlich einer ägyptischen (Ende 2. Jh. v. Chr.; Zusätze B, D, E) und einer palästinischen (Anfang 1. Jh. v. Chr.; Zusätze A, C, F). Während Letztere das Buch theologisiert, ist Erstere – wohl ein Reflex der Situation ägyptischer Juden im Ptolemäerreich – darum bemüht, die Loyalität der Diasporajuden gegenüber dem fremden Herrscher hervorzuheben.

Die Zusätze haben folgenden Inhalt: A (am Anfang von Kap. 1) schildert eine Traumvision Mardochais über die bevorstehenden Ereignisse und seine Aufdeckung einer Verschwörung gegen den König. B (nach 3,13) teilt den Wortlaut des (fiktiven) königlichen Edikts über die Vernichtung der Juden mit. C (nach 4,17) enthält Gebete Mardochais und Esters um Errettung und Stärkung des jüdischen Volkes. D (am Anfang von Kap. 5) berichtet von Esters Audienz beim König. E (nach 8,12) gibt den Wortlaut des (ebenso fiktiven) königlichen Edikts zum Schutze der Juden wieder. F (nach 10,3) enthält eine Deutung der anfänglichen Traumvision Mardochais sowie eine Schlussnotiz darüber, wie die von dem Jerusalemer Lysimachos angefertigte Übersetzung des erweiterten *Ester*-Buches nach Ägypten gelangte. JÜRGEN WEHNERT

Weisheit Salomos

Zur umfangreichen pseudepigraphischen Salomo-Literatur zählen neben den kanonischen Büchern *Sprüche*, *Hohelied* und *Prediger* auch die *Psalmen Salomos* (s. u.) sowie die *Weisheit Salomos* (*Sapientia Salomonis*), ein im traditionellen Parallelismus membrorum (vgl. AT, *Psalmen*) abgefasstes poetisches Werk, das die Autorschaft des für seine Weisheit berühmten Königs explizit beansprucht (vgl. die biographischen Notizen in 7,7 f.; 9,7 f.). Sprache und Inhalt nach entstand es um die Zeitenwende (Ende 1. Jh. v. Chr.?) in gebildeten Kreisen der hellenistisch-jüdischen Diaspora Ägyptens.

Die dreiteilige griechische Schrift, der Form nach ein Protreptikos (Werbeschrift), preist die jüdische, an der *Tora* orientierte Weisheit als einziges Rettung verheißendes Lebenskonzept. Kapitel 1,1 bis 6,21 ermahnen dazu, angesichts des negativen endzeitlichen Geschicks der Gottlosen ein Leben in Gerechtigkeit zu führen, das mit Unsterblichkeit belohnt werden wird. 6,22 bis 9,18 ist ein Enkomion (Lobrede) auf die Weisheit, die als göttliche Emanation zwischen Gott und der Welt vermittelt und an deren rettender Kraft der Mensch durch Gebet Anteil erlangen kann (9: Salomos Bitte um Weisheit); angeschlossen ist ein Hymnus (10), der unter Anspielung auf bekannte Episoden der Bücher *Genesis* und *Exodus* das geschichtliche Wirken der Weisheit preist. Im Schlussteil 11,2 bis 19,22 demonstriert der schriftgelehrte Verfasser anhand von sieben Beispielen aus der Wüstenzeit das rettende Eingreifen der Weisheit zugunsten Israels und das damit korrespondierende Strafhandeln Gottes an Israels Feinden. Deren Mangel an Weisheit wird in ihrem törichten Götzendienst offenbar, den Gott, bei aller Langmut und Barmherzigkeit, nicht ungestraft lassen kann.

Das durch Gerechtigkeitsforderung und Unsterblichkeitsglauben geprägte Buch schließt mit der Feststellung, dass Gott seinem Volk »zu jeder Zeit und an jedem Ort« beigestanden hat (19,22). Zu lesen ist dies wohl als Hinweis darauf, dass sich das Werk nicht nur an von griechischer Kultur beeinflusste Juden wendet, die darin bestärkt werden sollen, dass die jüdische Religion jeder heidnischen Philosophie überlegen sei, sondern auch an die ptolemäischen Machthaber, um Respekt gegenüber der (unterdrückten?) jüdischen Minderheit einzufordern. Aufgrund dieser Tendenz ist die Schrift früh im Christentum rezipiert worden, während sie im antiken Judentum offenbar keine Rolle gespielt hat. JÜRGEN WEHNERT

Jesus Sirach

Das in der *Vulgata Ecclesiasticus* genannte Weisheitsbuch (wohl nach dem Vorbild des kanonischen *Ecclesiastes* [*Prediger*]) ist die umfangreichste und wirkungsgeschichtlich bedeutendste deuterokanonische Schrift. Das nach seinem Verfasser benannte hebräische Werk stammt von einem Jerusalemer Weisheitslehrer namens Simon (so 50,27; 51,30) oder Jesus (so das Vorwort seines Enkels zur griechischen Übersetzung), einem Nachkommen des Sirach (hebräisch: Sira); in jüdischer Tradition heißt das Buch daher *Ben Sira*. Es entstand um 180 v. Chr., der (namentlich unbekannte) Enkel übersetzte es nach 132 v. Chr. in Ägypten. Vollständig liegt es nur in Übersetzungen vor (griechisch, lateinisch, syrisch). Rund zwei Drittel des seit dem Mittelalter verschollenen hebräischen Textes wurden ab 1896 in Kairo (Geniza der Karäer-Synagoge), unter den Qumranhandschriften und auf Masada (am Toten Meer) wiedergefunden, und zwar in einer älteren (kürzeren) und einer jüngeren (längeren) Version, denen zwei analoge griechische Fassungen entsprechen.

Das möglicherweise aus Lehrtexten für den Schulgebrauch sukzessive entstandene Buch besitzt keine feste Struktur. Es beginnt mit einem hymnischen Lob der Weisheit (Kap. 1), das am Ende wieder aufgenommen wird (51). Ein erster Hauptteil enthält Lebensweisheiten, die der Schüler (»mein Sohn«) im privaten Leben (Familie, Ehe) beherzigen soll. Grundlage eines gelingenden Lebens ist die Furcht vor Gott, der das Böse hasst und das Halten seiner Gebote belohnt (15). Höhepunkt des Buchs ist ein Hymnus, in dem die personifizierte Weisheit sich selbst preist (24): Sie schildert, wie sie aus dem Mund Gottes hervorging, im Jerusalemer Tempel ihren Wohnsitz fand und von dort ihre Leben spendende Weisung, die mit der *Tora* identifiziert wird, zu den Menschen hinausströmen lässt. Ein zweiter Hauptteil (25–43) enthält Weisungen für das Verhalten in der Öffentlichkeit, z. B.

bei kultischen Anlässen (35) oder im Umgang mit Ärzten oder Handwerkern (38). Am Ende steht ein Lobpreis der frommen Väter Israels (von Henoch bis zum Hohenpriester Simon [Amtszeit: ca. 218–192 v. Chr.]), an deren gesegnetem Leben die Wirkungen von Weisheit und Gottesfurcht abzulesen sind (44–50).

Jesus Sirach schärft die Bedeutung der überkommenen jüdischen Weisheit als göttliche Offenbarung ein und versucht gleichzeitig, sie mit der veränderten sozialen und kulturellen Situation der hellenistischen Zeit in Einklang zu bringen. Im rabbinischen Judentum diskutierte man die Kanonizität des sehr geschätzten Buchs, zählte es aber schließlich doch nicht zu den heiligen Schriften – vielleicht, weil es aufgrund seiner treffsicheren Sprüche, die schnell zu geflügelten Worten wurden (»Wer Pech anfasst, dem klebt es an der Hand«; 13,1), auch in nicht-jüdischen Kreisen zur beliebten Lektüre geworden war. JÜRGEN WEHNERT

Baruch und der *Brief des Jeremia*

Das zu den jeremianischen Schriften zählende Buch *Baruch* will, so die Einleitung, fünf Jahre nach der Zerstörung Jerusalems durch die Babylonier (587 v. Chr.) von Baruch, dem Schüler, Schreiber und Schicksalsgefährten des Propheten Jeremia, in Babel verfasst worden sein. Die weiteren Angaben der Einleitung, die einen amtierenden Hohenpriester und einen intakten Tempelkult in Jerusalem voraussetzen, erweisen dies als Fiktion. Tatsächlich gehört das Werk aufgrund seiner literarischen Abhängigkeit von Schriften aus allen drei Teilen des AT, die es zu einer aktuellen Wegweisung für Israel verdichten will (O. H. Steck), in die von Verfolgungen geprägte makkabäische Zeit (Mitte 2. Jh. v. Chr.). Das ursprünglich wohl hebräische, aber nur auf Griechisch überlieferte Buch könnte aus schriftgelehrten Kreisen Jerusalems stammen.

Es enthält drei formal und inhaltlich verschiedene Teile: 1,15 bis 3,8 ist ein in Prosa verfasstes Bußgebet der babylonischen Juden, das die in Jerusalem versammelte Gemeinde sprechen soll; es umfasst ein Schuldbekenntnis (wegen Ungehorsams gegen die Propheten) und die Bitte um Errettung aus dem Exil. In 3,9 bis 4,4 folgt eine hymnische Mahnrede an Israel; das Volk soll die Quelle der Weisheit suchen, die es in der Mose-*Tora* finden kann (vgl. *Jesus Sirach*). Der Schlussteil 4,5 bis 5,9 enthält eine Verheißungs- bzw. Trostliturgie für das trauernde Jerusalem: Seine Feinde werden bald vernichtet und seine Kinder aus der Gefangenschaft heimkehren.

Trotz der Disparatheit seiner Teile ist das Buch *Baruch* eine einheitliche Komposition, die Israel zur Zeit der Unterdrückung durch die Seleukidenkönige Hoffnung auf Befreiung machen und den Gedanken einer Rückkehr der weltweiten jüdischen Diaspora wach halten will. – Zur weiteren apokryphen Baruch-Literatur (*Reste der Worte Baruchs, Baruch-Apokalypsen*) s. u.

Der *Brief des Jeremia*, in der *Septuaginta* ein selbständiges Buch (72 Verse), ist in der *Vulgata* als sechstes Kapitel an das *Buch Baruch* angefügt. Laut Überschrift ist es ein Schreiben Jeremias an die nach Babel verschleppten Juden. Es warnt vor der Verehrung der dortigen Götzenbilder, weil sie nicht Götter repräsentieren, sondern leblose Artefakte von Menschenhand sind. Der traktatartige Text stellt eine sekundäre Ergänzung zur Korrespondenz dar, die Jeremia mit den Deportierten geführt hat (Jer 29), und ist literarisch von Jer 10 und der Spottdichtung *Deuterojesajas* (Jes 44,9–20; 46,5–7) abhängig. Der nur griechisch erhaltene Text geht wohl auf eine hebräische Vorlage zurück; er wurde in frühhellenistischer Zeit (3./2. Jh. v. Chr.) verfasst, möglicherweise von einem schriftgelehrten babylonischen Juden, der mit seiner rationalistischen Götzenkritik zur Wahrung der religiösen Identität des Diasporajudentums beitragen wollte.

JÜRGEN WEHNERT

Zusätze zu Daniel

Neben den kanonischen *Daniel*-Überlieferungen (s. o. AT) existieren weitere Stoffe, die um die Figur des jüdischen Weisen kreisen. Fünf dieser formal disparaten Texte sind in der griechischen AT-Überlieferung der *Septuaginta* sowie der Übersetzung des Theodotion (Ende 2. Jh. n. Chr.), die die *Daniel*-Version der *Septuaginta* früh verdrängte, sekundär mit dem kanonischen *Daniel*-Buch verbunden worden. Alle Zusätze stammen aus hellenistischer Zeit (2. Jh. v. Chr. oder früher) und könnten auf hebräische bzw. aramäische Vorlagen zurückgehen.

Bei Theodotion dem *Daniel*-Buch vorangestellt, in der *Septuaginta* hinter Kapitel 12 findet sich die »Erzählung von Susanna«. Geschildert wird die Rettung der frommen Frau des zur Zeit Nebukadnezars in Babylon lebenden Juden Jojakim, die aufgrund der Falschaussage zweier von ihr verschmähter Ältester des Ehebruchs angeklagt und zum Tode verurteilt worden ist. Dem noch jugendlichen Daniel gelingt es, die beiden Alten, die der schönen Susanna beim Baden aufgelauert hatten, in getrennten Verhören als Verleumder zu entlarven, so dass sie statt Susanna zur Hinrichtung abgeführt werden. Die auf märchenhaften Motiven beruhende Erzählung illustriert den weisheitlichen Grundsatz, dass Gott den Frommen Recht verschafft – hier durch Daniel, dessen Name (»zum Recht verholfen hat Gott«) programmatische Bedeutung hat.

Zwei poetische Stücke sind nach Dan 3,23 eingefügt: Das »Gebet Asarjas« ist ein (im Kontext unmotiviertes) Volksklagelied, das, wohl vor dem Hintergrund der seleukidischen Religionsverfolgung

(168–165 v. Chr.), Gott um Rettung der Frommen vor ihren Feinden anruft. Gleichsam als Zeichen der Gebetserhörung folgt anschließend ein »Gesang der drei Männer im Feuerofen«. Die drei Begleiter Daniels, die auf Befehl Nebukadnezars in einen Ofen geworfen worden waren, aber durch Beistand eines göttlichen Boten vor den Flammen bewahrt blieben, beginnen einen Lobgesang, in dessen abschließenden Hymnus einzustimmen die gesamte Schöpfung – von den Engeln über die Elemente der Natur (»Preiset, ihr Meere und Flüsse, den Herrn!«) bis zu den Menschen – aufgefordert wird (vgl. Ps 148).

Am Ende des *Daniel*-Buchs findet sich die Doppelerzählung »Von Bel und dem Drachen«. Die ursprünglich selbständigen Texte verspotten den Kult des babylonischen Gottes Bel (= Marduk). Der erste zeigt, dass das Kultbild Bels keine lebendige Gottheit repräsentiert, sondern ein totes Artefakt ist. Denn nicht Bel verzehrt die Opfergaben, die ihm gebracht werden, sondern heimlich nachts die Priester, wie Daniel dem König durch eine List beweisen kann. In der zweiten Erzählung bringt Daniel einen Drachen, der ebenfalls für einen lebendigen Gott gehalten wird, zum Bersten, indem er ihm einen Fladen aus Pech, Fett und Haaren in den Rachen wirft. Zur Strafe wird Daniel in eine Löwengrube geworfen (vgl. Dan 6), doch bleibt er, durch eine wunderbare Speise gestärkt, unversehrt und wird vom König, der von der Macht des Gottes Israels überwältigt ist, nach sieben Tagen befreit. JÜRGEN WEHNERT

Erstes Buch der Makkabäer

Die vier in der *Septuaginta* überlieferten *Makkabäerbücher* (eine Sammelbezeichnung aus christlicher Zeit) sind eigenständige Werke verschiedener Autoren aus dem 2. Jh. v. Chr. bis zum 1. Jh. n. Chr. Benannt sind sie nach Judas, einem Anführer der jüdischen Aufstände gegen die syrische Seleukidenherrschaft (Mitte 2. Jh. v. Chr.), der den Beinamen ›Makkabäus‹ (der Hammer[artige]) trug (vgl. 1. Makk 2,4; 3,1). Deuterokanonisches Ansehen gewannen das *Erste* und *Zweite Makkabäerbuch*, die anderen werden bei den übrigen apokryphen Schriften behandelt (s. u.).

Das nur griechisch überlieferte *Erste Buch der Makkabäer* wurde um 100 v. Chr. auf Hebräisch von einem dem judäischen Königshof eng verbundenen Autor verfasst. Nach einem Abriss der Ereignisse von Alexander dem Großen (Regierung 336–323) bis zur Inthronisation des syrischen Diadochenkönigs Antiochos IV. Epiphanes (175–164) schildert das Werk die antijüdischen religionspolitischen Maßnahmen des Antiochos sowie den vom Priester Mattatias und seinen Söhnen angeführten Aufstand gegen die syrischen Herrscher (ab 168), der zur politischen Selbständigkeit des judäischen Staates unter den Makkabäer- bzw. Hasmonäer-Königen führt (bis 63 v. Chr.).

Anlass für den blutigen Konflikt waren die Plünderung und Schändung des Jerusalemer Tempels durch Antiochos sowie dessen Versuch, die jüdische Religion im Rahmen seines Hellenisierungsprogramms zugunsten eines einheitlichen Staatskults zu unterdrücken (Kap. 1). Das provozierte den Widerstand orthodoxer Juden, die in Mattatias und seinen Söhnen Judas, Jonatan und Simon ihre religiösen und militärischen Anführer fanden (2). Der Hauptteil des Buches (3–16) schildert die wechselvollen Kämpfe der ersten Hasmonäergeneration gegen die übermächtigen Syrer, die dank der klugen Strategie des Judas zunächst besiegt und aus dem Land getrieben werden können. In einer kurzen Friedensphase wird der Tempel neu geweiht (165 v. Chr.) und die Einführung des im Judentum bis heute gefeierten Chanukka-Festes beschlossen (Kap. 4). In den folgenden Jahren unterliegen die Judäer ihren wieder erstarkten Gegnern. Nach Judas (9) findet auch Jonatan, sein Nachfolger als militärischer Befehlshaber und seit 152 v. Chr. Hoherpriester, den Tod (Kap. 12). Ihrem jüngsten Bruder Simon gelingt es, seine Macht zu stabilisieren; er wird 142 v. Chr. zum Hohenpriester, Befehlshaber und Fürsten des jüdischen Volkes ernannt (13,42; 14,41), am Ende jedoch samt seinen Söhnen Judas und Mattatias ermordet (16). Das Buch schließt mit der Übernahme der Hohenpriesterwürde durch Simons dritten Sohn, Johannes Hyrkan (134–104 v. Chr.).

Der Autor beschreibt die historischen Vorgänge zwischen 175 und 134 v. Chr. im Stil des deuteronomistischen Geschichtswerks unter ausführlicher Quellenbenutzung (vielleicht stand ihm das hasmonäische Hofarchiv zur Verfügung). Seinen besonderen Charakter erhält das Buch durch poetische Abschnitte, die Höhe- und Tiefpunkte der Entwicklung markieren (z. B. Preisgedichte auf Judas und Simon in

3,3–9; 14,4–15). Theologisch ist auffällig, dass der Autor den Gottesnamen meidet und stattdessen vom »Himmel« spricht, der als »Retter Israels« (4,30) Sieg und Niederlage schenkt, ohne direkt in das Geschehen einzugreifen. Trotz seiner Parteinahme für das – umstrittene, weil nicht-davidische – hasmonäische Königtum stellt 1. Makk die wichtigste Quelle für die jüdische Geschichte des 2. Jh.s v. Chr. dar.

JÜRGEN WEHNERT

Zweites Buch der Makkabäer

Dem griechischen Werk sind zwei Briefe der Jerusalemer Juden vorangestellt (1,1–2,18), in denen sie ihre ägyptischen Glaubensgeschwister auffordern, das anlässlich der Neueinweihung des Tempels 165 v. Chr. eingeführte Chanukka-Fest mitzufeiern. Der erste Brief ist auf das Jahr 124 v. Chr. datiert (1,9), das vollständige Werk könnte bald danach entstanden sein. Nach dem Proömium (2,19–32; vgl. die Schlussnotiz 15,37–39) wollen die Kapitel 3 bis 15 eine Epitome (Kurzfassung) eines fünfbändigen Geschichtswerkes des (sonst unbekannten) Jason von Kyrene sein; ob das zutrifft oder ob es sich um eine der Autorität des Werks dienende Quellenfiktion handelt, ist umstritten.

2. Makk entspricht inhaltlich weitgehend 1. Makk 1–7, ist aber eine davon unabhängige Darstellung der geschichtlichen Ereignisse

mit Hasmonäer-kritischer Tendenz. Geschildert werden Anlass und Eskalierung des Konflikts mit den Seleukiden (ca. 175–161 v. Chr.), der vom Verfasser als Glaubenskonflikt zwischen ›Judentum‹ und ›Hellenismus‹ gestaltet wird. Kapitel 3 schildert, dass das Vorhaben des seleukidischen Kanzlers Heliodor, den Jerusalemer Tempel zu plündern, durch eine göttliche Erscheinung unterbunden wird. 4,1 bis 7,42 beschreiben den von Antiochos IV. betriebenen Prozess der Hellenisierung Jerusalems, der in der Tempelentweihung und dem Martyrium der standhaften jüdischen Frommen (Eleasar, die Sieben Brüder und ihre Mutter; vgl. 4. Makk) gipfelt. Die Wende der Geschichte folgt in 8,1 bis 10,9: Judas Makkabäus besiegt das seleukidische Heer, Antiochos IV. erleidet einen schrecklichen Tod und der Jerusalemer Tempel wird neu geweiht. Der Schlussteil (10,10–15,39) behandelt die Verteidigung des Jerusalemer Tempels gegen weitere seleukidische Anschläge, vor allem des Feldherrn Nikanor, der in der Entscheidungsschlacht gegen Judas Makkabäus unterliegt und sein Leben verliert.

Als ein Werk der pathetischen Historiographie dient 2. Makk trotz seiner geschichtlichen Bedeutung vor allem erbaulichen Zwecken: Die Siege der judäischen Widerstandskämpfer werden als Zeichen der Treue Gottes verstanden, der an seinem Volk festhält, solange es sich durch ein *Tora*-treues Leben zu ihm bekennt. Von zentraler Bedeutung ist dabei der Fortbestand des traditionellen Jerusalemer Tempelkults, der das intakte Verhältnis zwischen Gott und seinem Volk symbolisiert. Die Überzeugung, dass Gott den Frommen beisteht, verbindet sich mit der eschatologischen Hoffnung einer leiblichen Auferstehung der Toten (vgl. *Daniel*), wie sie exemplarisch für die Märtyrer der Makkabäerzeit erwartet wird (7,9.11.14 usw.). JÜRGEN WEHNERT

2 Übrige apokryphe Schriften

Historisch-legendarische und erzählende Bücher

Mehrere Apokryphen behandeln das Leben des Urmenschenpaares Adam und Eva nach der Vertreibung aus dem Paradies. Die in mehreren Sprachen überlieferten, zum Teil christlich bearbeiteten Texte werden zusammenfassend als ›Adam-Bücher‹ bezeichnet; ihre Chronologie und wechselseitige Abhängigkeit sind weithin ungeklärt. Zu ihnen zählt das *Leben Adams und Evas* (ca. 1. Jh. n. Chr.), das in einer griechischen (irrigerweise als *Apokalypse des Moses* bezeichnet) und einer lateinischen Version (*Vita Adae et Evae*) erhalten ist. Zentrale Themen sind Adams Buße nach der Vertreibung, Satans erneute Verführung Evas und sein urzeitlicher Fall sowie das Begräbnis des ersten Menschenpaars. – Das mandäische *Buch Adams* (*Ginza*) hat mit dieser Literatur nichts zu tun.

Die auf Griechisch verfassten, aber nur lateinisch überlieferten *Antiquitates Biblicae* (Biblische Altertümer) eines palästinischen Gelehrten (früher zu Unrecht mit Philon von Alexandria identifiziert) sind zwischen 70 und 130 n. Chr. entstanden. Sie schildern die Geschichte Israels von der Schöpfung bis zum Tod König Sauls, zielen aber auf die Katastrophe der ersten Tempelzerstörung 587 v. Chr., die der Autor mit der zweiten im Jahr 70 n. Chr. parallelisiert; sie sind also teilweise ver-

loren gegangen oder Fragment geblieben.

Für die Geschichte der griechischen Übersetzung der *Tora* ist der fiktive *Aristeas-Brief* (*Aristeas Philokratei*) von erheblicher Bedeutung.

Die auf Äthiopisch erhaltene Erzählung *Rest der Worte Baruchs* (Anfang 2. Jh. n. Chr.) schmückt das kanonische *Jeremia*-Buch sowie apokryphe Jeremia- und Baruchtraditionen aus; in einem griechischen Überlieferungszweig heißt der Text daher auch *Paraleipomena Jeremiou* (Nachträge zu Jeremia). Thema ist das Schicksal Jeremias und seiner Gefährten Baruch und Abimelech in der Zeit von der Eroberung Jerusalems bis zum Tod des Propheten. Nach Rettung der Tempelgeräte geht Jeremia in die Babylonische Gefangenschaft, Baruch bleibt in Jerusalem und Abimelech fällt außerhalb der Stadt in einen 66-jährigen Schlaf. Als er erwacht und nach Jerusalem zurückkehrt, schreibt Baruch auf himmlische Anweisung hin einen Brief an Jeremia, den ein Adler überbringt – ein Zeichen für das Volk Israel, in die Heimat zurückzukehren. Der christlich überarbeitete Schluss handelt vom Martyrium Jeremias. In der äthiopischen Kirche hat die Schrift – u. a. wegen der Bedeutung des Äthiopiers Abimelech – kanonischen Rang.

Zum *Dritten Buch Esra* s. o. AT, Das ›chronistische Geschichtswerk‹.

Das *Martyrium Jesajas*, eine jüdische Legende des 1. Jh.s v. Chr., ist nur innerhalb der christlichen *Himmelfahrt Jesajas* überliefert (s. u. neutestamentliche Apokryphen).

Der in viele Sprachen übersetzte griechische Roman *Josef und Asenet* berichtet von der Begegnung des ägyptischen Josef mit Asenet, der schönen Tochter des Priesters Pentephres von Heliopolis, von ihrer Heirat, einem erfolglosen Anschlag auf das junge Paar, von Asenets Großmut und Josefs Herrschaft über Ägypten. Eine Pointe des an *Genesis* 41,45. 50–52; 46,20 anknüpfenden Werkes ist die breit geschilderte Bekehrung Asenets zum Gott Israels, von der im biblischen Bericht nichts verlautet. Das bis in die Neuzeit populäre Buch (der Autor ist unbekannt) entstand ca. im 1./2. Jh. n. Chr.

Das *Jubiläenbuch*, auch *Kleine Genesis* genannt, stellt eine kritische Rezeption des Buches *Genesis* dar und endet mit der Einsetzung des Passahfestes (Ex 12). Der Verfasser folgt der biblischen Vorlage nicht sklavisch, sondern bietet den Stoff (nebst einigem Sondergut) im Stil einer ›narrativen Theologie‹ dar. Wie die unter den Qumranhandschriften gefundenen Fragmente zeigen, war das Werk ursprünglich auf Hebräisch verfasst. Die verbreitete Annahme, dass es in der Makkabäerzeit (2. Jh. v. Chr.) entstand, wird durch die konservative Tendenz des Buches gestützt, das vor einer Anpassung an die nichtisraelitische Umwelt warnt. Vollständig ist es, als Übersetzung aus dem Griechischen, nur auf Altäthiopisch (Gĕʿĕz) erhalten. In der äthiopischen Kirche zählt es zu den kanonischen Büchern des AT.

Einleitend wird betont, dass es sich nicht einfach um eine Nacherzählung der *Genesis* handele, sondern um die einzige autorisierte Version der Vorgeschichte des Volkes Israel, die Mose auf dem Sinaiberg durch den ›Engel des Angesichts‹ offenbart wird. Dem Zeitenlauf wohnt nach dem Schöpfungswillen Gottes gleichsam der Sabbatrhythmus inne. Sieben Jahre entsprechen einer Jahrwoche und das Siebenfache einer Jahrwoche einem Jubeljahr oder Jubiläum (vgl. Lev 25,8–34). Die Datierung nach diesem Siebener-Schema trug dem Werk seinen Namen ein.

Zu den besonderen Anliegen des *Jubiläenbuches* gehört ein Leben in Einklang mit der himmlischen Welt nach der von Gott am Berg Sinai erlassenen Lebensordnung, was sich vor allem in der Heiligung des Sabbats manifestiert, der auch im Himmel (samt allen Festen) feierlich begangen wird. Um im Einklang mit der himmlischen Welt Festtage zum gleichen Zeitpunkt begehen zu können, wird der aus dem *Henochbuch* (s.u.) bekannte 364-tägige Sonnenkalender als ideale Zeitrechnung propagiert, der auch die Himmlischen folgen.

Das auf Griechisch verfasste, in der *Septuaginta* enthaltene *Dritte Buch der Makkabäer* entstand ca. im 2./1. Jh. v. Chr. in Alexandria. Es hat mit 1. und 2. Makk nichts zu tun, sondern erzählt, ähnlich dem kanonischen Buch *Ester*, die Stiftungslegende eines Befreiungsfestes. Der ägyptische König Ptolemäus IV. (Regierung 221–205 v. Chr.) wird von Gott daran gehindert, ins Innere des Jerusalemer Tempels einzudringen. Aus Rache ordnet er an, die ägyptischen Juden zu versklaven bzw. unter Einsatz von 500 Elefanten zu töten. Zwei Engel retten die Juden vor den Tieren, was den König veranlasst, die Juden freizulassen, ihnen ein Fest auszurichten und ihnen zu erlauben, vom jüdischen Glauben Abgefallene zu töten. Die ganz unhistorische, wundergläu-

bige Erzählung versucht auf ihre Weise, angesichts realer Unterdrückung in Ägypten für Toleranz gegenüber der jüdischen Lebensweise zu werben.

Die griechischen *Vitae prophetarum* (Leben der Propheten) sind eine Sammlung von Lebensbeschreibungen der (samt Daniel) 16 Schriftpropheten des AT aus der Zeit vor 70 n. Chr. Der anonyme, wohl palästinische Autor hat darin die alttestamentlichen sowie spätere, zum Teil stark legendarische Überlieferungen ausgewertet. Im Hintergrund steht die religiöse Überzeugung, dass die verstorbenen Gerechten bis in die Gegenwart wirkende Wunderkräfte besitzen.

JÜRGEN WEHNERT/MARTINA JANSSEN/JÜRGEN TUBACH

Lehrhafte und poetische Bücher

Das in der *Septuaginta* überlieferte *Vierte Buch der Makkabäer* ist eine philosophische Rede (Diatribe) über den Lehrsatz, dass »die fromme Vernunft Herrscherin über die Triebe« sei (1,1). Die leitmotivisch wiederholte These wird vor allem am geschichtlichen Beispiel der ›Makkabäischen Brüder‹ bewiesen, die samt ihrer Mutter und dem greisen Eleasar wegen ihrer Treue zum Gott Israels ein grausames Martyrium erlitten, das zum Fanal für den siegreichen Aufstand gegen den Tyrannen Antiochos IV. wurde. Die Darstellung knüpft an den Bericht in

2. Makk 6 f. an, schmückt ihn jedoch, u.a. durch Eulogien (Lobpreisungen) auf die Märtyrer, erbaulich aus. Das griechische Werk entstand ca. im 1. Jh. n. Chr. in philosophisch geschulten, *Tora*-treuen Kreisen Syriens oder Kleinasiens.

Das *Gebet des Manasse* ist eine Erweiterung zu 2. Chr 33,11–13, nämlich ein dem judäischen König Manasse (Regierung 697–642 v. Chr.) anlässlich einer (fiktiven?) assyrischen Gefangenschaft in den Mund gelegtes Sündenbekenntnis und Bußgebet. Der um die Zeitenwende wohl auf Griechisch verfasste Klagepsalm ist in der *Septuaginta* unter den *Oden* (*Cantica*; einer dem Psalter angeschlossenen christlichen Sammlung von Liedern aus AT und NT) enthalten.

Zur pseudepigraphischen Salomo-Literatur gehört das im Rahmen der *Septuaginta* überlieferte Buch der *Psalmen Salomos*, eine ursprünglich hebräische Sammlung von 18 Lob-, Klage- und Dankliedern aus der Mitte des 1. Jh.s v. Chr. Die nur in griechischer und syrischer Übersetzung vorliegenden Texte stehen in der Tradition der Psalmendichtung des AT und dürften im synagogalen Gottesdienst Verwendung gefunden haben. Wegen möglicher Polemik gegen die Sadduzäer in Kapitel 4 wird das Werk gern auf pharisäische Kreise zurückgeführt, doch lässt die typisierende Gegenüberstellung von ›Frommen‹ und ›Frevlern‹ solche Rückschlüsse kaum zu. Kapitel 11 und 17 f. sind wichtige Zeugnisse der frühjüdischen Messiaserwartung. – Die Psalmen Salomos sind zu unterscheiden von den christlich-gnostischen *Oden Salomos* (ca. 2. Jh. n. Chr.).

Die *Septuaginta* enthält einen im hebräischen *Psalter* fehlenden *Psalm* 151, eine Dichtung des 3./2. Jh.s v. Chr., in der David in Ich-Form über seine Königssalbung und seinen Sieg über Goliat berichtet (vgl. 1. Sam 16 f.). *Psalm* 151 geht (ebenso wie vier weitere apokryphe Psalmen, die aus syrischer Überlieferung bekannt sind) auf einen hebräischen Text zurück, der unter den Qumranhandschriften gefunden wurde.

Zu den apokryphen Lehrbüchern gehört die sogenannte Testament-Literatur. Diese, im Einzelnen sehr unterschiedlichen, weisheitlich-mahnenden Werke sind als Vermächtnis herausragender Gestalten der Geschichte Israels fingiert, die sich nach alttestamentlichem Vorbild (vgl. Gen 48–50) in ihrer Todesstunde an ihre Nachkommen oder Freunde wenden, ihr Leben bilanzieren, Ratschläge für die Zukunft geben oder deren Verlauf voraussagen (hier bestehen Verbindungen zur apokalyptischen Literatur; s. u.). Viele Texte wurden christlich überarbeitet; ihre Entstehungsverhältnisse lassen sich oft nur vage bestimmen.

Das in zwei griechischen Versionen und verschiedenen Übersetzungen erhaltene *Testament Abrahams*, wohl ägyptischen Ursprungs (1./2. Jh. n. Chr.), berichtet, dass Abraham angesichts des ihm angekündigten Todes einen Handel abschließt: Wenn er zuvor eine Reise um die Welt machen und Gottes Werke sehen darf, will er sein Leben hergeben. Da Abraham unterwegs göttliche Strafen auf die von ihm beobachteten sündigen Menschen herabruft, bricht Gott die Reise ab und zeigt ihm das Gericht über die Seelen nach dem Tod. Hier entwickelt Abraham Mitleid mit den Sündern und willigt schließlich in seinen eigenen Tod ein. – Ob ein ähnliches, arabisch, koptisch und äthiopisch überliefertes *Testament Isaaks* (ca. 2. Jh. n. Chr.), das über den Weg des Patriarchen in den Tod, seine Aufnahme in den Himmel und die dortige Wiederbegegnung mit Abraham berichtet, christlichen Ursprungs ist oder eine jüdische Grundlage besitzt, lässt sich kaum sicher entscheiden.

Das griechische *Testament Hiobs*, im 1./2. Jh. n. Chr. in der jüdischen Diaspora verfasst, knüpft an die Rahmenerzählung des kanonischen *Hiob*-Buchs an. Auf dem Sterbelager lässt Hiob sein Leben Revue passieren. Das ihm widerfahrene Leid, das hier seine Frau Sitidos bis zur Selbsterniedrigung teilt, wirft nicht die Theodizeefrage auf, sondern gilt als Anschlag des Satans, den der Fromme angesichts des ihm verheißenen himmlischen Lohns in Geduld und Distanz zur Welt aushalten muss und kann. Das Buch ist von einer volkstümlichen Religiosität geprägt, in der sich weisheitliche, mystische, apokalyptische und mirakulöse Züge mischen.

Die griechischen *Testamente der zwölf Patriarchen* liegen nur in christlicher Bearbeitung vor, ein vermuteter jüdischer Grundbestand könnte aus dem frühen 2. Jh. v. Chr. stammen. Das Werk enthält die Abschiedsreden der zwölf Söhne Jakobs. Jede hat einen dreiteiligen Aufbau: Aus einem Rückblick auf das eigene Leben ergeben sich ethische Weisungen für die Nachkommen, deren weiteres Schicksal abschließend vorhergesagt wird. Im Zentrum der Paränese steht das Liebesgebot der *Tora*, dessen segensreiche Wirkung vor allem am vorbildlichen Lebensweg Josefs demonstriert wird. JÜRGEN WEHNERT

Apokalypsen

Als ›Offenbarungen‹ (griechisch: apokalypseis) wird eine Gruppe apokrypher Schriften bezeichnet, die endzeitliche Geheimnisse, nämlich die Ereignisse bis zu dem in naher Zukunft erwarteten Abbruch der gegenwärtigen Weltzeit, enthüllen wollen. Die jüdischen Apokalypsen, zu denen im weiteren Sinne auch die *Sibyllinischen Weissagungen* gehören, reflektieren – analog dem kanonischen Buch *Daniel* – die sich aus der alttestamentlichen Prophetie speisende Hoffnung der Frommen, aus der leidvollen Gegenwart politischer und sozialer Unterdrückung durch Gottes endzeitliches Handeln in eine gesegnete Zukunft einzutreten.

Merkmal vieler Apokalypsen ist ihre Pseudonymität: Um ihnen Autorität zu verleihen, werden sie einem berühmten Frommen aus der Vorzeit oder der Geschichte Israels in den Mund gelegt, dem der Empfang einer – meist in Form von Visionen – vermittelten Zukunftsschau ebenso zugetraut werden darf wie der damit oft einhergehende Einblick in die himmlische Welt. Um dem Leser die Zuverlässigkeit der Offenbarung zu suggerieren, kann der reale Verfasser seiner eigentlichen Zukunftsweissagung einen rückblickend entworfenen Abriss des bisherigen Geschichtsverlaufs voranstellen, der ebenfalls in die Form von Weissagungen gekleidet ist (vaticinia ex eventu).

Das für die Apokalyptik charakteristische dualistische Denken schlägt sich vor allem in der Lehre von zwei einander ablösenden Weltzeiten (Äonen) nieder: Die gegenwärtige Weltzeit läuft auf Gottes Gericht zu, in dem die jetzt herrschenden Mächte des Bösen vernichtet werden; nach diesem Abbruch der immanenten Geschichte richtet Gott in der kommenden Weltzeit seine ewige, uneingeschränkte Herrschaft auf, an der alle Gerechten teilhaben. Hierin bekundet sich ein tiefer Pessimismus gegenüber der vorfindlichen, von Kriegen und politisch-sozialen Miseren bestimmten Welt sowie ein entschiedener Determinismus, der den Lauf der Geschichte bis zu ihrem Ende unabänderlich von Gott festgelegt sein lässt. Symbole aller Art, auch Zahlensymbolik, spielen in den Apokalypsen eine große Rolle; ihre Sprache ist, bei allen individuellen Unterschieden, gewollt dunkel und mysteriös, sowohl um das angeblich hohe Alter der Offenbarung zu unterstreichen als auch um die Kühnheit des Geschichtsentwurfs durch eine der Begrenztheit ihres Verfassers angemessene Unschärfe abzumildern, die die Leser zu einem deutenden Umgang mit dem Text herausfordert.

Die nur in einer slawischen Version überlieferte, ursprünglich wohl hebräische *Apokalypse des Abraham* (Ende 1. Jh. n. Chr.) erzählt in Ich-Form, dass sich Abraham in der Götzenbilderwerkstatt seines Vaters zum Monotheismus bekehrt. Vom Engel Iaoel wird er zum göttlichen Thronwagen in den siebten Himmel geleitet, wo ihn Gott in einer Vision den Lauf der Weltgeschichte sehen lässt. Die Schilderung der Himmelsreise weist Berührungen zur Hechalot-Literatur auf.

Wie die *Apokalypse des Abraham* setzen sich auch zwei *Baruch-Apokalypsen* mit der Katastrophe der Zerstörung des Zweiten Jerusalemer Tempels (70 n. Chr.) auseinander. Die *Syrische Baruch-Apokalypse* (auch *Zweiter Baruch* genannt; Anfang 2. Jh. n. Chr.) geht auf eine griechische Version zurück, die auf einem hebräischen Original beruhen könnte. Das Werk zeigt in Aufbau und Inhalt Parallelen zum *Vierten Buch Esra* (s. u.), vielleicht aufgrund gemeinsamer Traditionen. Die Apokalypse beginnt mit der dem Gefährten Jeremias zuvor angekündigten ersten Zerstörung Jerusalems und seines Tempels (587 v. Chr.). Zwei Wochen später erhält Baruch in bemerkenswerten symbolischen Visionen von Gott Aufschluss über die zwölf negativen Weltalter, die der Ankunft des Messias vorangehen sollen. Nach allen Drangsalen, zu denen auch die erneute Zerstörung des Tempels gehört, wird das Erscheinen des Messias allem Leid ein Ende setzen: Während die Frevler vernichtet werden, sollen die Frommen als Unsterbliche in der himmlischen Welt leben und »den Engeln gleichen« (51,10). Den Schluss des Buches bildet ein testamentarischer Brief Baruchs an die Juden in der Diaspora, die sich durch die ihm zuteil gewordenen Offenbarungen trösten lassen sollen.

Die christlich interpolierte *Griechische Baruch-Apokalypse* (auch *Dritter Baruch*; 2./3. Jh. n. Chr.), von der auch eine kürzere slawische Fassung existiert, setzt ein mit der Klage Baruchs über die Zerstörung Jerusalems. Zum Trost wird er vom Engel Phamael durch fünf (der sieben?) Himmel geführt, wo er die göttlichen Geheimnisse, vor allem die Belohnung der Frommen und Bestrafung der Gottlosen, schauen darf. Höhepunkt der Reise ist die Vision des Erzengels Michael im fünften Himmel, dem es obliegt, die in einer Schale gesammelten Tugenden der Menschen empor vor Gott zu tragen. Von Gott zurückgekehrt, verteilt Michael Segen für die Frommen und Plagen für die Frevler. Als Zeuge der ausgleichenden himmlischen Gerechtigkeit findet sich Esra anschließend in Jerusalem wieder.

Unter dem Namen des Elija waren mehrere apokalyptische Schriften in Umlauf. Neben Fragmenten einer lateinischen und einer griechischen Version (Letztere vielleicht von Paulus in 1. Kor 2,9 zitiert) sind ein hebräisches *Buch des Elija* und eine koptische *Elija-Apokalypse* überliefert.

Das *Buch des Elija* (Mitte 3. Jh. n. Chr.) enthält eine Offenbarung des Erzengels Michael an Elija auf dem Berg Karmel. Geschildert werden, unter Bezug auf Weissagungen des AT, die bevorstehenden endzeitlichen Kriege, die Vernichtung der Heiden, eine 40-jährige Herrschaft des Messias, das Endgericht und das Herabkommen eines neuen Zions vom Himmel.

Von diesem Buch unabhängig ist die koptische *Elija-Apokalypse* (3. Jh. n. Chr.), eine jüdische Schrift ägyptischen Ursprungs, die ca. im 4. Jh. christlich redigiert wurde. Der umfangreiches mythisches Material verarbeitende Text beginnt im Stil alttestamentlicher Prophetie mit der Frage Gottes an Elija, warum das Volk Gott durch seine Sünden erzürnt. Im Kontrast zu diesen Freveln steht Gottes Mitleid mit den Menschen, das in der Sendung seines Sohnes gipfelt. Der größte Teil des Buches kreist um den (lange vergeblichen) Kampf gegen den mächtigen Antichrist, der in verschiedenen Gestalten erscheint und sogar als Wundertäter auftritt – erst zur Zeit des Endgerichts kann er von Elija und Henoch überwunden werden. Weitere Themen sind das schreckliche Schicksal Ägyptens, das Leiden und die Errettung der Gerechten sowie die tausendjährige Herrschaft des Messias. Die Schrift will ihre (bedrängten) Leser in typisch apokalyptischer Weise trösten und ermutigen: Trotz aller Bedrängnisse sollen die Frommen nicht verzagen und, angesichts der endzeitlichen Irrlehren, an ihrem Glauben festhalten.

Das *Vierte Buch Esra*, um 100 n. Chr. in hebräischer oder aramäischer Sprache verfasst, liegt in mehreren Übersetzungen vor (u. a. lateinisch, syrisch, äthiopisch), die auf einer verlorenen griechischen Version basieren. Es bildet den Hauptteil (Kap. 3–14) des im Anhang zur *Vulgata* aufgenommenen Buches IV. *Esra* (dessen Kap. 1 f. und 15 f. enthalten zwei jüngere christliche Schriften, *Fünftes* und *Sechstes Buch Esra* genannt).

Das Werk gibt vor, aus dem 30. Jahr nach dem ersten Untergang Jerusalems zu stammen, steht jedoch ganz unter dem politischen und religiösen Schock der erneuten Zerstörung der Stadt 70 n. Chr., die die Frage nach Gottes Treue und Gerechtigkeit provoziert. Gott entsendet den Engel Uriel, der das Theodizeeproblem mit Esra diskutiert. In sieben eindrucksvollen symbolischen Visionen wird Esra von seiner Verzweiflung über die historischen Ereignisse hingelenkt zu der Wahrnehmung, dass die Vollendung der Geschichte noch aussteht; erst im neuen Äon kommt Gottes Plan mit seinem Volk zum Ziel. So schildert die sechste Vision das Auftreten einer ›Mensch‹ genannten messianischen Gestalt, der die Völker besiegen und das zerstreute Israel sammeln wird. Diese Hoffnungsperspektive steht und fällt jedoch mit einer vollständigen *Tora*-Observanz der ›Übriggebliebenen‹, ohne die es für sie keine Teilhabe an der kommenden Welt geben werde.

Zu den weiteren apokryphen Esra-Texten gehört die *Griechische Esra-Apokalypse*, die wohl christlichen Ursprungs ist (frühestens 2. Jh. n. Chr.), aber auf jüdischen Quellen (u. a. *Viertes Buch Esra*) basiert. Aufgrund seines Gebets wird Esra in den Himmel entrückt, wo er sich bei Gott für die bestraften Sünder einsetzt. Bei einer anschließenden Fahrt in die Hölle (Tartarus) wird er Zeuge der Bestrafung des Herodes und des Antichrists. Wieder in den Himmel versetzt, fragt Esra nach dem Sinn von Existenz, Strafe und Lohn, muss aber am Ende akzeptieren, dass auch von ihm die Rückgabe der Seele gefordert wird, während sein Leib auf Erden ein ehrenvolles Begräbnis empfängt.

Henoch lebte nach Gen 5,18–24, entsprechend der Zahl der Tage im Sonnenkalender, 365 Jahre und wurde wegen seiner Frömmigkeit zu

Gott entrückt. In nachexilischer Zeit avancierte er zum Weisen und Himmelskundigen, dem im 4./3. Jh. v. Chr. ein fünfteiliges *Henochbuch* zugeschrieben wurde. Das ursprünglich wohl hebräische Werk wurde später ins Aramäische übersetzt. Als Entstehungsort kommt, zumindest für das babylonisch beeinflusste »astronomische Buch«, die jüdische Diaspora des Zweistromlandes in Frage. Das anfangs geschätzte Werk geriet bald in Vergessenheit. Nur in der äthiopischen Kirche gelangte es in einer Übersetzung aus dem Griechischen in den Kanon. In Europa wurde das aus Exzerpten teilweise bekannte *Henochbuch* erst durch eine Textausgabe des 19. Jh.s zugänglich.

Der erste Teil (Kap. 1–36), das »angelogische Buch« oder »Buch der Wächter«, berichtet vom Fall der Engel, einem Beitrag zur Lösung des Theodizeeproblems. 200 als »Wächter« bezeichnete Engel verlassen ihre himmlischen Orte und beschließen auf dem Berg Hermon, ihren Dienst aufzugeben und irdische Frauen zu heiraten. Die den Himmlischen innewohnende Lebenskraft schlägt sich im riesenhaften Wuchs ihrer Nachkommen nieder. Durch ihre Vermittlung negativer Kulturgüter (Kriegswaffen usw.) nimmt die Bosheit auf Erden zu. Gott beschließt, dem durch die Sintflut Einhalt zu gebieten. Im »Buch der Bilderreden« (37–71) erhält Henoch Aufschluss über meteorologische Phänomene und himmlische Geheimnisse. Im Mittelpunkt steht das kommende Gericht über Menschen und Engel, das der ›Menschensohn‹ nach dem Willen des ›Herrn der Geister‹ durchführt. In 70 f. wird Henoch mit dem ›Menschensohn‹ identifiziert. Auf das »Buch vom Lauf der Himmelslichter«, dem »astronomischen Buch« (72–82), folgt das »Buch der Traumvisionen« (83–90). Henoch sieht die kommende Sintflut voraus (83 f.). Die Weltgeschichte von Adam bis zum Erscheinen des Messias wird ihm in Visionen offenbart, in denen die Menschen als zahme oder wilde Tiere agieren (Tier- oder 70-Hirten-Vision; 85–90). Im abschließenden »paränetischen Buch«, auch »Brief Henochs« genannt (91–107 bzw. 108), fordert Henoch die künftigen Generationen zu einem gerechten Lebenswandel auf. Der anwachsenden Bosheit werde Gott durch ein zweites Strafgericht ein Ende setzen, jedoch nicht durch Wasser (wie bei der Sintflut), sondern durch Feuer.

Das *Henoch*-Corpus ist unter den Qumranhandschriften mehrfach vorhanden. Das »astronomische Buch« war nach Ausweis der dort gefundenen Fragmente umfangreicher als im erheblich gekürzten äthiopischen Text bzw. in dessen griechischer Vorlage. Der astronomische Teil propagiert einen Sonnenkalender mit 364 Tagen, der zum Typus des ewigen Kalenders (mit gleichbleibenden Festterminen) gehört und vermutlich das Interkalationsproblem durch Einschub eines ›leeren Tags‹ löste, um eine Rotation des Jahresanfangs zu verhindern. Diesen Solarkalender übernahmen das *Jubliäenbuch* (s.o.) und die Gemeinschaft von Qumran als ideale Zeitrechnung. Auf den angelogischen Teil folgte in Qumran das »Gigantenbuch«, das in der äthiopischen Übersetzung durch das »Buch der Bilderreden« ersetzt wurde. Mani nahm den Abschnitt über die Vernichtung der Riesen durch die Sintflut in revidierter Form unter dem Titel »Gigantenbuch« in seinen Kanon auf.

Neben dem äthiopischen gibt es ein slawisches und ein hebräisches Henochbuch. Während der *slawische Henoch* (ca. 1. Jh. n. Chr.) Gemeinsamkeiten mit dem äthiopischen besitzt, hat der viel jüngere, zur jüdischen Mystik zählende *hebräische Henoch* (ca. 6./7. Jh. n. Chr.) inhaltlich nichts damit zu tun.

Zur apokryphen Mose-Literatur gehört die (ursprünglich wohl hebräische) *Himmelfahrt des Mose (Assumptio Mosis)*, die nur in einer fragmentarischen lateinischen Handschrift überliefert ist. Das Werk dürfte Anfang des 1. Jh.s n. Chr. entstanden sein, da es auf die Herrschaft des Herodes-Sohns Archelaos (4 v. Chr. bis 6 n. Chr.) zurückblickt. – Vor seinem Tod ruft Mose Josua zu sich, um ihm den Verlauf der Geschichte des jüdischen Volkes von der Landnahme bis zum Ende aller Zeit zu offenbaren. Angesichts dieser Geschichtsschau hat Josua Angst, die Leitung des Volkes zu übernehmen; Mose ermutigt ihn mit dem Hinweis, dass Gott den Lauf der Geschichte genau vorherbestimmt habe. Die vermutlich anschließend erzählte Himmelfahrt des Mose ist verloren gegangen.

Der fragmentarische koptische Text der *Sophonias-Apokalypse (Zefanja-Apokalypse)* geht auf eine griechische Fassung des 1./2. Jh.s n. Chr. zurück, die bei Clemens Alexandrinus zitiert ist. Das wohl im ägyptischen Judentum entstandene Werk wurde im 2. bis 4. Jh. christlich überarbeitet. Es enthält eine Vision des Sehers Zefanja, der von einem Engel in die Unterwelt geführt wird. Beschrieben werden die Orte der Gerechten und die Straforte für die Sünder. Neben den Engeln des Herrn und dem Buch der Lebenden stehen die Engel des Anklägers; Letztere tragen die Sünden der Menschen in ein besonderes Register ein, das als Anklageschrift im Gericht dient. – Die Bedeutung dieses Werks liegt in der Beschreibung des Schicksals der Menschen nach ihrem irdischen Tod, auf das sie vorbereitet werden sollen. Wer Gottes Wort hört und sich nicht danach richtet, wird später die entsprechende Strafe erhalten; auch kleinste Sünden sind registriert, und nur die Barmherzigkeit Gottes vermag zu retten.

JÜRGEN WEHNERT

Neues Testament

Der sich im 2. und 3. Jh. n. Chr. herausbildende Kanon des *Neuen Testaments* umfasst in der Tradition der meisten christlichen Kirchen 27 Schriften aus dem 1. und 2. Jh. (erste Erwähnung des vollständigen Kanons im Osterfestbrief des Bischofs Athanasios vom Alexandrien 367 n. Chr.); ihre Sprache ist die hellenistische Koinē (Gemeinsprache). Die Anordnung der Schriften entspricht ihren drei Textgattungen: Geschichtsbücher (vier Evangelien und die *Apostelgeschichte*), Briefe (13 Paulusbriefe, der sogenannte *Hebräerbrief*, sieben ›katholische Briefe‹), ein apokalyptisches Buch (*Offenbarung des Johannes*).

Die anschließende Darstellung orientiert sich an der Reihenfolge der Schriften im griechischen NT; die im deutschen Sprachraum verbreitete Übersetzung Martin Luthers weicht an zwei Punkten davon ab: Wegen theologischer Bedenken hat Luther den *Hebräerbrief* und

den *Jakobusbrief* ans Ende gerückt und sie zwischen 3. Joh und dem *Judasbrief* eingeordnet. JÜRGEN WEHNERT

1 Die synoptischen Evangelien *(Matthäus, Markus, Lukas)*

Die Evangelien (griechisch: euangelia, Frohbotschaften) sind eine aus der hellenistischen Biographie entwickelte, genuin christliche Literaturgattung, die den Lebensweg des Jesus von Nazareth (vor 4 v. Chr. bis 30 n. Chr.) in der Absicht nachzeichnet, ihn als den vom Gott Israels zur Rettung aller Menschen gesandten Christus (Gesalbter; griechische Übersetzung der hebräischen Königstitulatur ›Maschiach‹ [gräzisiert: ›Messias‹; vgl. Joh 1,41; 4,25]) zu verkünden. Die für die biblische Literatur charakteristische Verschränkung von geschichtlicher Erfahrung und deren theologischer Deutung prägt diese Gattung in besonderem Maße und ist der Grund für die Produktion einer Mehrzahl von Evangelien im frühen Christentum, von denen vier kanonische Geltung erlangten.

Die ersten drei Evangelien nach *Matthäus*, *Markus* und *Lukas* bieten zum größeren Teil denselben Stoff in ähnlicher Anordnung. Weil sich ihre Berichte in einer ›Synopse‹ (Zusammenschau) nebeneinander abdrucken lassen (erstmals J. J. Griesbach, 1776), werden sie auch als

›Synoptiker‹ bezeichnet. Ihre Darstellung beginnt mit Geburts- und Kindheitsgeschichten Jesu (Mt 1 f.; Lk 1 f.). Der erste Hauptteil, eröffnet durch Jesu Taufe, schildert sein Wirken in Galiläa (und Umgebung) sowie auf dem Weg nach Jerusalem (Mt 3–20; Mk 1–10; Lk 3–19), der zweite Hauptteil Jesu Auftreten in Jerusalem (Mt 21–25; Mk 11–13; Lk 19–21), seine Verhaftung, Verurteilung und Kreuzigung (Mt 26 f.; Mk 14 f.; Lk 22 f.). Am Schluss steht, als Skopus, die Botschaft von der Auferweckung Jesu von den Toten (Mt 28; Mk 16; Lk 24), bei Mt und Lk veranschaulicht durch Berichte von der Erscheinung des Auferstandenen. Die übereinstimmende Darstellung des Weges Jesu, der das *Johannesevangelium* teilweise folgt, hat früh dazu angeregt, die vier Evangelien zu einem einheitlichen Bericht über das Leben, Sterben und Auferstehen Jesu Christi zu verschmelzen (die älteste bekannte Evangelienharmonie ist Tatians *Diatessarōn* [um 170]).

Der literarische Grund für die Ähnlichkeit der Synoptiker ist, dass *Matthäus* und *Lukas* das ältere *Markusevangelium* als Quelle verwendet und die ihnen zusätzlich bekannte Jesustradition darin eingearbeitet haben. Neben Stoff, den nur Mt oder Lk bietet (sogenanntes Sondergut), findet sich ein beträchtlicher Teil der über Mk hinausgehenden Jesusüberlieferung sowohl bei Mt als auch bei Lk. Erklärt wird dieser auffällige Befund seit Mitte des 19. Jh.s mit der sogenannten ›Zwei-Quellen-Theorie‹ (begründet von C. H. Weiße und C. G. Wilke, beide 1838), wonach Mt und Lk neben Mk eine weitere schriftliche Vorlage benutzt haben, nämlich die sogenannte Quelle Q, eine um 70 n. Chr. auf Griechisch abgefasste Sammlung hauptsächlich von Jesusworten.

Das in der Alten Kirche (u. a. von Augustinus) vertretene Entstehungsmodell, wonach Mt das älteste Evangelium sei, Mk ein Auszug daraus und Lk eine von Mt und Mk abhängige Darstellung, ist unter dem Eindruck der ›Zwei-Quellen-Theorie‹ praktisch aufgegeben worden. Diese Theorie zählt zu den Voraussetzungen moderner Evangelienforschung und ist im 20. Jh. zum Ausgangspunkt weiterer Untersuchungsansätze geworden, vor allem der Formkritik, die u. a. die in den Evangelien verarbeitete authentische Jesusüberlieferung zu ermitteln versucht (Traditionen über Jesu Leben sowie die auf Jesus zurückgehenden Logien [z. B. Weisheitsworte, prophetische Worte, Gesetzesworte, Gleichnisse]), sowie der Redaktionsgeschichte.

Letztere analysiert die literarischen und theologischen Absichten, von denen sich die Evangelisten bei ihrer im Einzelnen sehr unterschiedlichen Bearbeitung der Jesusüberlieferung haben leiten lassen.
JÜRGEN WEHNERT

Das *Evangelium nach Matthäus*

Das *Evangelium nach Matthäus* wurde, wie die drei anderen, zunächst anonym überliefert. Die heute üblichen Buchtitel wurden erst Anfang des 2. Jh.s hinzugesetzt, um die Evangelien voneinander zu unterscheiden und gleichzeitig auf den apostolischen Ursprung der darin enthaltenen Jesus-Überlieferung zu verweisen (Matthäus und Johannes zählen zu den Aposteln, Markus und Lukas zu den Apostelschülern). Historisch sind diese Zuschreibungen nicht zu verifizieren. Alle vier Autoren sind namentlich unbekannte Repräsentanten der zweiten oder dritten christlichen Generation. Sie haben, angesichts einer unkontrolliert wachsenden und sich verändernden mündlichen Jesustradition, die ihnen als verlässlich geltende Überlieferung verschriftlicht. So schufen sie, auch in Abgrenzung gegen konkurrierende Gruppen, eine verbindliche Grundlage für die Verkündigung und Lehre des sich ausbildenden christlichen Mainstream.

Dass das *Matthäusevangelium* den NT-Kanon eröffnet, signalisiert seine besondere Bedeutung als meistgelesenes Evangelium im frühen Christentum. Der unbekannte, wohl aus dem Judentum hervorgegangene Verfasser (zum Namen Matthäus vgl. Mt 9,9; 10,3) hat es um 90 n. Chr. geschrieben. Das ergibt sich als Mittelwert aus der von ihm vorausgesetzten Zerstörung Jerusalems (70 n. Chr.; vgl. 22,7) und einem Brief des Bischofs Ignatius von Antiochien (um 110?), der auf den matthäischen Bericht von der Taufe Jesu anspielt. Entstanden ist das Werk wohl in der römischen Provinz Syrien (vgl. 4,24), vielleicht in der Hauptstadt Antiochien, wo die im Werk vielfach reflektierten Konflikte mit einem eng benachbarten orthodoxen Judentum, das vor allem als Konkurrenz erlebt wird (vgl. besonders Kap. 23), sich plausibel lokalisieren ließen.

Der Autor hat das von ihm verwendete *Markusevangelium* vor allem unter zwei Gesichtspunkten umgestaltet, die seiner spezifischen Theologie bzw. Christologie Ausdruck geben:

Zum einen hat er Mk vorn um Kindheitsgeschichten (Kap. 1 f.) und hinten um Auferstehungsberichte erweitert (28). In diesem Erzählrahmen entwirft er ein Christusbild, das sowohl tief in der jüdischen Tradition wurzelt – die einleitende Genealogie 1,1–17 vermittelt, dass die bedeutendsten Repräsentanten Israels (Abraham, David) zu Jesu Vorfahren gehören, die Geschichte Israels folglich auf ihn hinausläuft – als auch im Motiv der Jungfrauengeburt (1,18–25) Elemente griechischer Mythologie aufnimmt, die das christliche Bekenntnis zum Gottessohn Jesus in volkstümlicher Weise veranschaulichen. Beide Aspekte verbinden sich in der matthäischen Identifizierung des Namens ›Jesus‹ (Jhwh ist Rettung) mit dem im Buch *Jesaja* geweissagten ›Immanuel‹ (Gott ist mit uns; vgl. Jes 7,14) zu dem Glauben, dass der Gott Israels den Menschen mit seinem in die Welt gekommenen Sohn für alle Zeit einen rettenden Beistand geschenkt hat (1,21–23). Dieser Leitgedanke schließt Anfang und Ende des Evangeliums zusammen; im letzten Vers verheißt der Auferstandene seiner Gemeinde: »Ich bin bei euch alle Tage bis an das Ende der Welt.« (28,20)

Zum anderen hat der Verfasser die markinische Darstellung dadurch neu strukturiert, dass er die Wortüberlieferung Jesu in fünf thematischen Redekompositionen zusammengefasst hat; sie prägen das Werk vom Beginn der Wirksamkeit Jesu in Galiläa bis zu seinem letzten öffentlichen Auftreten in Jerusalem. Diese – durch einheitliche Schlussformeln hervorgehobenen – Reden sind: die Bergpredigt (Kap. 5–7), die Jünger- oder Aussendungsrede (10), die Gleichnisrede (13), die Gemeinderede (18) sowie die Pharisäer- und die Endzeitrede (23–25). Jesus wird durch diese Kompositionen als Lehrer der Kirche (griechisch: ekklēsia; dieses Wort begegnet in den Evangelien nur in Mt 16,18; 18,17) profiliert, der den Glaubenden den Weg in den Herrschaftsbereich Gottes weist, in das ›Himmelreich‹ (bei Mt regelmäßig Ersatzbezeichnung für den jesuanischen Begriff des ›Reiches Gottes‹). Die zwischen den Reden berichteten Wunder Jesu demonstrieren, dass Jesu Wirken, also auch seine Verkündigung, in göttlicher Vollmacht geschieht.

Im Zentrum der Predigt des matthäischen Jesus steht die Forderung der ›größeren Gerechtigkeit‹ (Mt 5,20), die über den *Tora*-Gehorsam hinaus auf eine völlige Entsprechung zwischen göttlichem

Willen und menschlichem Handeln zielt. Ihr Zentrum findet diese Gerechtigkeit in einer der Liebe zu Gott entsprechenden Zuwendung zum Menschen (22,35–40), deren letzte Zuspitzung die Zuwendung zum Feind ist, der, wie jeder Mensch, Gottes Geschöpf ist und bleibt (5,43–47). Mt löst sich damit von einer normativen Ethik zugunsten einer Verantwortungsethik, die, wie in der Goldenen Regel formuliert (7,12), dem Gerechtigkeitswillen Gottes in jeder Situation zu entsprechen versucht. Mit dem hohen ethischen Anspruch des Mt geht ein illusionsfreies Wissen um die Fehlbarkeit des Menschen einher. Sie begründet die Notwendigkeit, dass die Mitglieder der Gemeinde bei Verfehlungen einander vergeben, und zwar, entsprechend dem Maß der geforderten Gerechtigkeit, unbegrenzt (Mt 18,15–22).

Höhepunkt der göttlichen Legitimation des Wirkens Jesu ist das Passions- und Ostergeschehen: Als Sohn Gottes ist Jesus – so das Zentrum frühchristlichen Glaubens – auch Durchbrecher des menschlichen Todesgeschicks, dessen eschatologische Konsequenz für die Gemeinde Mt unter Hinweis auf die im Schatten des Kreuzes sich vollziehende allgemeine Totenauferweckung eindrucksvoll illustriert (27,52–54). Der Evangelist schließt mit dem sogenannten Missionsbefehl: Darin formuliert er im Namen des von Gott zum Herrscher der Welt erhöhten Christus die Weisung an seine Gemeinde, die ihr verliehenen Heilsgaben – die Sünden vergebende Taufe und die Gerechtigkeit ermöglichende Lehre Jesu (die im Mt festgehalten ist) – mit allen Menschen zu teilen (28,16–20). JÜRGEN WEHNERT

Das *Evangelium nach Markus*

Das älteste der kanonischen Evangelien entstand um 70 n. Chr. (der Jüdische Krieg 66–70 scheint vorausgesetzt; vgl. 13,1–8) in einer heidenchristlichen Gemeinde, für die unterschiedliche Lokalisierungen vorgeschlagen werden (Rom, Ägypten, Syrien). Sein unbekannter Verfasser – später mit Markus identifiziert, einem Mitarbeiter des Paulus (z. B. Phlm 24) bzw. des Petrus (1. Petr. 5,13) – hat die umlaufenden, vorwiegend mündlichen Jesustraditionen durch redaktionelle Bearbeitung erstmals zu einer Gesamtdarstellung verbunden. Sie beginnt mit dem Auftreten Johannes des Täufers und der Taufe Jesu, bei der dieser von Gott selbst zu seinem Sohn erklärt wird (1,1–13). Der Hauptteil schildert Jesu vollmächtiges Auftreten in Wort und Tat in Galiläa und auf dem Weg nach Jerusalem (1,14–10,52). Der triumphale Einzug als messianischer König in Jerusalem und seine Wirksamkeit dort (Konflikte mit den jüdischen Autoritäten, Endzeitrede an die Schüler; 11–13) bereiten auf das Passionsgeschehen vor, das in 14 f. – wohl unter Verwendung eines älteren Berichtes – detailliert geschildert wird (Salbung in Betanien, letztes Mahl, Verhaftung, Verhör, Verurteilung und Verspottung, Kreuzigung auf Golgata, Tod und Grablegung). Das Evangelium schließt mit der Osterbotschaft von der Auferweckung Jesu (16,1–8); Berichte von der Erscheinung des Auferstandenen (16,9–20) sind erst im 2. Jh. angefügt worden, um Mk den übrigen Evangelien anzugleichen.

Auswahl und Anordnung des Stoffes sind von einer christologischen Konzeption bestimmt, die seit W. Wrede (1901) als ›Messiasgeheimnis‹ bezeichnet wird. Während der Leser schon im ersten Vers über die göttliche Würde Jesu unterrichtet wird, bleibt sie Jesu Schülerinnen und Schülern, die Zeugen seiner Verkündigung und seiner Wundertaten sind, verborgen (sogenanntes Jüngerunverständnismotiv, z. B. 4,41). Der markinische Jesus selbst verlangt, seine Wunder geheim zu halten (z. B. 5,43; 7,36), und erteilt auch den Jüngern angesichts ihrer beginnenden, aber fehlerhaften Erkenntnis seiner Christuswürde einen Schweigebefehl (8,27–33). Den Schlüssel für diese ›Geheimnistheorie‹, die theologisch, nicht historisch zu verstehen ist, liefert Mk im Bericht von der Verklärung Jesu (9,2–10): Nachdem ihn die Jünger in seiner göttlichen Gestalt gesehen haben, fordert Jesus sie auf, bis zu seiner Auferstehung von den Toten darüber zu schweigen. Nicht schon in seinen machtvollen Taten, sondern erst Ostern, angesichts von Kreuz und Auferstehung, wird für Mk deutlich, worin die Christuswürde Jesu besteht: Er ist der Gottessohn (1,11; 9,7; 15,39), der den ihm bestimmten Weg in die äußerste Niedrigkeit menschlicher Existenz (vgl. die Leidensankündigungen: 8,31; 9,31; 10,33) klaglos bis zu Ende geht, um durch die Überwindung des Todes in der Auferstehung, der mächtigsten aller Machttaten, zum Retter derer zu werden, die in seine Nachfolge treten.

Das Hauptinteresse des Mk gilt daher weniger einer Beschreibung des Lebens Jesu als vielmehr der Bedeutung dieses Lebens für die, die damit konfrontiert werden. Aus diesem Grund geht sein Bericht über den Weg Jesu einher mit einem Bericht über den Weg der Jüngerinnen und Jünger, die von Anfang (1,16–20) bis Ende (15,40 f.; 16,1–8) Zeugen seiner Taten, seiner Lehre und seiner Passion werden. Sie repräsentieren die Adressaten des Mk, die durch die Predigt des Evangeliums angesprochenen Menschen, die Einsicht und Vertrauen in die von Gott zu ihren Gunsten bewirkte Rettungstat gewinnen sollen. Auch die Mitglieder der christlichen Gemeinde, denen sich die Wahrheit dieses Evangeliums erschlossen hat, werden die Erfahrungen des Leidens teilen müssen (13,5–23), aber nicht mehr unter panischer Todesfurcht (wie sie die Jüngerflucht angesichts der Verhaftung Jesu symbolisiert; 14,50–52), sondern im Vertrauen (griechisch: pistis, ›Glaube‹), dass ihre bedrohte Existenz in den Horizont unverlierbaren Lebens gestellt ist (8,34–9,1). Wo die Schülerschaft in der Nachfolge Jesu den Lebensweg auch als Leidensweg annimmt, geht sie ihn – so Mk – durch das Sterben hindurch im Vertrauen auf den lebendig machenden Gott. JÜRGEN WEHNERT

Das *Evangelium nach Lukas*

Lukas bildet den ersten Teil eines frühchristlichen Geschichtswerks, das seine Fortsetzung in der *Apostelgeschichte* findet; es nimmt insgesamt über ein Drittel des NT ein. Der unbekannte Verfasser, ein gebildeter Heidenchrist (vgl. den Prolog Lk 1,1–4), könnte angesichts seiner gründlichen Kenntnis der biblischen Tradition in seiner vorchristlichen Zeit Sympathisant der jüdischen Religion gewesen sein (die Beschreibung des frommen römischen Hauptmanns Kornelius Apg 10,1 f. ließe sich als Selbstporträt deuten; vgl. Lk 7,2–5). Später wurde er mit dem Paulus-Begleiter Lukas (Phlm 24; nach Kol 4,14 ein Arzt) identifiziert, doch verrät er keine Kenntnis von der Theologie des Heidenapostels. Die Abfassungszeit (Lk 21,20.24 setzt die Zerstörung Jerusalems voraus) dürfte auf Grund analoger Quellenbenutzung (Mk, Q) der des Mt entsprechen (um 90 n. Chr.); der Entstehungsort (in Syrien, Kleinasien oder Griechenland?) ist unbekannt.

Die Struktur des Doppelwerks fußt auf der antiken Vorstellung einer in vorherbestimmten Epochen ablaufenden Weltgeschichte, die für den christlichen Autor mit der Erschaffung des Menschen begonnen hat (vgl. Lk 3,38) und mit dem Kommen Christi zum Gericht ihren Abschluss finden wird (Apg 1,11). Zwischen diesen Eckpunkten liegen: 1. die Zeit Israels (deren Abschluss in Lk 1,5–3,20 geschildert ist), 2. die Zeit Jesu (Lk 3,21–24,53), 3. die Zeit der Apostel (Apg 1–12) sowie 4. – als Gegenwart des Verfassers – die Zeit der von Paulus begründeten Weltmission (Apg 13–28). Geprägt werden diese Epochen durch herausragende Einzelpersonen (Johannes der Täufer, Jesus, Petrus, Paulus), deren einander entsprechendes Wirken in Wort und Tat Ausdruck ihrer gemeinsamen Lenkung durch den göttlichen Geist ist. Im Zentrum dieses heilsgeschichtlichen Entwurfs steht die irdische Zeit des Gottessohns Jesus. Sie ist die »Mitte der Zeit« (H. Conzelmann), die als satansfreie Zeit (vgl. Lk 4,13; 22,3) auf den nach dem Abschluss aller Weltgeschichte erwarteten neuen Äon vorausweist.

Die Jesusdarstellung des Lk orientiert sich am Aufriss des Mk, den Lukas durch Stoff aus der Redenquelle Q sowie umfangreiches Sondergut beträchtlich erweitert hat. Kapitel 1 f. enthalten von lukanischer Theologie geprägte Legenden über die Geburten von Johannes dem Täufer und Jesus. Als »Sohn des Höchsten« (Lk 1,32) tritt Jesus aus der Epoche Israels heraus und eröffnet die Zeit des universalen Rettungshandelns Gottes: Er ist Träger der Segensverheißungen Gottes, die vor allem den Erniedrigten und Armen gelten (vgl. das Magnificat der Maria: 1,46–55). Die Geburt Jesu, ein Datum der Weltgeschichte (2,1 f.; vgl. 3,1 f.), zielt daher auf die Wendung des Geschicks der Unterprivilegierten, denen er vor allen anderen als ihr Sōtēr (griechisch: Retter, Heiland – ein Titel des antiken Herrscherkults, u. a. für Kaiser Augustus bezeugt) verkündet wird (2,1–20). Auf seinem Weg durch das jüdische Land lehrt der lukanische Jesus sein Evangelium der Befreiung und lebt den Menschen, denen er begegnet, die Barmherzigkeit Gottes zu. Ihrer bedürftig sind alle: die physisch und psychisch Kranken, die geheilt, und die Bettelarmen, die zu Bürgern des Gottesreiches erklärt werden (vgl. 4,18–21; 6,20 f.); die Reichen, Mächtigen und Unbarmherzigen, die zum Umdenken (griechisch: metanoia) aufgefordert werden, nämlich zu einer radikal veränderten Lebenspraxis, die sich an der Not des Nächsten orientiert (vgl. die Beispielerzählung vom barmherzigen Samariter, 10,25–37); die Gescheiterten und Kriminellen, deren durch Jesus eröffnete Gottesbegegnung einen rettenden Neuanfang ermöglicht (vgl. das Gleichnis vom verlorenen Sohn [15,11–32] und die Episode vom mitgekreuzigten reuigen Verbrecher [23,39–43]). Die eschatologische Zuspitzung der lukanischen Paränese liegt in dem Vorbehalt, dass die Entscheidungsfähigen, die ihre Lebenspraxis nicht an der Barmherzigkeit Gottes ausrichten wollen, in ein heilloses Abseits geraten (vgl. die Weherufe über die Wohllebenden [6,24 f.] oder das Gleichnis vom reichen Mann und armen Lazarus [16,19–31]).

Diese Barmherzigkeitsethik, die die notwendige menschliche Antwort auf das durch Jesus vermittelte Vergebungshandeln Gottes ist (vgl. 7,36–50), wird besonders in dem von Lk gegenüber Mk neu geschaffenen Bericht über die Reise Jesu von Galiläa nach Jerusalem entfaltet (9,51–19,27). Den Christen in der Gegenwart des Verfassers soll dieser Bericht als Wegweisung für eine solidarische Lebenspraxis dienen, die die eschatologische Perspektive ewigen Lebens eröffnet (vgl. 18,18–30). Auch Jesu Passion und Auferstehung (Kap. 22–24) sind

Teil des von Lukas geschilderten universalen Rettungshandelns Gottes: Der nach Ostern zu Gott erhöhte Christus verheißt seinen Schülern, sie mit »Kraft aus der Höhe« (göttlichem Geist) zu erfüllen, damit sie das rettende »Umdenken zur Sündenvergebung« in seinem Namen unter allen Völkern verkünden (24,47). Die Erfüllung dieser Verheißung und die Wege der Apostel in die Völkerwelt schildert der Autor in der Apg. JÜRGEN WEHNERT

2 Das *Evangelium nach Johannes*

Die Entstehungsverhältnisse des vierten Evangeliums (Zeit, Ort, Verfasser, religionsgeschichtlicher Hintergrund), das sich von den anderen in Sprache und Theologie markant unterscheidet, werden in der Forschung kontrovers diskutiert. Der zeitliche Ansatz ist abhängig von der Beurteilung der Quellenfrage; hier wird in zunehmendem Maße mit einer Abhängigkeit des Joh von den synoptischen Evangelien, speziell von Mk (und Lk), gerechnet. Dafür spricht in erster Linie die literarische Form des Werks; hätte Joh die Synoptiker nicht gekannt, müsste man unterstellen, dass der Autor diese spezifisch christliche Literaturgattung ein zweites Mal erfunden habe.

Auch die Struktur des Joh ist schwerlich von der der Synoptiker unabhängig. Besonders enge Parallelen bestehen zu Mk; der einleitende Teil des Joh behandelt, nach dem singulären Prolog über die Menschwerdung des göttlichen Logos (1,1–18), dieselben Themen in derselben Reihenfolge: Johannes der Täufer (Joh 1,19–34/Mk 1,1–15), Berufung von Schülern (Joh 1,35–51/Mk 1,16–20), Beginn der öffentlichen Wirksamkeit Jesu in Galiläa und Umgebung (Joh 2,1–6,65/Mk 1,21–8,26; frappierend ist hier der gemeinsame Abschnitt Joh 6,1–21/Mk 6,32–52: Speisung der 5000 und Seewandel Jesu). Auffällig ist weiter, dass die Darstellung des Wirkens Jesu genau in ihrer Mitte durch das Petrusbekenntnis (Joh 6,66–69/Mk 8,27–30) eine geographische Neuorientierung erfährt. Nach dem Bekenntnis agiert der johanneische Jesus (seinem eigenen Willen zuwider: 7,1–10) nur noch in Judäa und der Metropole Jerusalem, während der markinische Jesus nach dieser Zäsur den Weg von der Nordspitze des jüdischen Landes nach Jerusalem antritt (Joh 6,70–11,57/Mk 8,31–10,52). Auch die Gliederung des Jerusalemteils ist in beiden Evangelien formal dieselbe: erst öffentliche Rede Jesu (Joh 12/Mk 11 f.), dann esoterische Belehrung der Schüler (Joh 13–17/Mk 13). Es schließt sich der in den wichtigsten Etappen übereinstimmende Passionsbericht an (Joh 18 f./Mk 14 f.), der seine Pointe in der Erzählung vom leeren Grab findet (Joh 20,1–10/Mk 16,1–8). Joh schließt mit Erzählungen von der Erscheinung des Auferstandenen, die teils in Jerusalem (Joh 20; vgl. Lk 24), teils in Galiläa (im sogenannten Nachtragskap., Joh 21; vgl. Mt 28) lokalisiert sind.

Wenn das vierte Evangelium einerseits durch (mündlich vermittelte?) Kenntnis des Mk und eventuell des Lk (z. B. begegnen die beiden Deuteengel der lukanischen Grabeserzählung [Lk 24,4] auch in Joh 20,12) inspiriert ist und es andererseits im frühen 2. Jh. Teil des Viererkanons der neutestamentlichen Evangelien wurde, dürfte eine Datierung um 100 n. Chr. die plausibelste Ansetzung sein. Eine noch spätere Entstehung ist unwahrscheinlich, da Joh bereits um 125 n. Chr. durch den Papyrus 52, die älteste bekannte Handschrift des NT, bezeugt ist.

Der Verfasser des Joh ist unbekannt. Eine von späterer Hand stammende Schlussnotiz (21,24 f.) möchte ihn mit dem ab Joh 13,23 mehrfach erwähnten »geliebten Jünger« identifizieren, doch ist dieser eine namenlos bleibende literarische Gestalt. Die frühkirchliche Tradition rechnet mit dem Jesusjünger Johannes (so zuerst Eirenaios von Lyon), was aus chronologischen und theologischen Gründen kaum infrage kommt. Auch die oft erwogene Autorschaft eines anderen Johannes, eines Presbyters aus dem kleinasiatischen Ephesus, bleibt Spekulation, desgleichen die Annahme, bei dem vorliegenden Joh handele es sich um eine durch kirchliche Redaktion erweiterte Fassung einer johanneischen Grundschrift. Das sehr einheitliche semitisierende Griechisch des Autors deutet auf einen judenchristlichen Verfasser hin, beachtliche Lokalkenntnisse, speziell von Jerusalem (in Kap. 5; 9; 18), lassen an eine räumliche Nähe zu Palästina denken; eine Entstehung des Joh im griechisch- und aramäischsprachigen Syrien ist daher die überzeugendste Annahme.

Den religionsgeschichtlichen Hintergrund des Joh beschrieb R. Bultmann als kritische Auseinandersetzung mit dem gnostischen Erlösermythos. Gegen diese lange Zeit einflussreiche Auffassung wird heute zu Recht eingewandt, dass die von Bultmann zum Vergleich herangezogenen gnostischen Texte (u. a. aus der mandäischen Literatur) viel jünger sind als das Joh; die Annahme, dass der gnostische Mythos schon Ende des 1. Jh.s bekannt war, ist unbeweisbar. Man wird daher das Verhältnis des Joh zur Gnosis umkehren müssen: Die das Joh beherrschenden dualistischen Denkstrukturen (Gott – Welt; Leben – Tod; Licht – Finsternis, Liebe – Hass usw.) gehören zum Nährboden der christlichen Gnosis, die sich ab dem 2. Jh. als religiöse Bewegung verselbständigte (Gnostizismus) und auch das Joh in ihrem Sinne rezipieren konnte.

Wie die zahlreichen intertextuellen Bezüge des Joh zeigen, liegt der tatsächliche religionsgeschichtliche Ort des Joh an der Schnittstelle zwischen antikem Judentum und frühem Christentum. Dem Autor geht es um den Nachweis der Heilsbedeutung des Christusglaubens angesichts der kritischen Abwehr von Juden, die die christliche Gruppe, zu der der Autor gehört, aus ihrer Synagoge ausgeschlossen hatte (vgl. 9,22; 12,42). Bereits der Prolog demonstriert, dass der Glaube an den inkarnierten Gottessohn tief in der jüdischen Tradition verwurzelt ist. Der Autor deutet die im Schöpfungsbericht Gen 1 angelegte terminologische Unterscheidung zwischen Gott und seinem ›Wort‹ (aramäisch: memra, griechisch: logos) als Selbstunterscheidung Gottes hinsichtlich seiner Transzendenz (›der Vater‹) und seiner

Immanenz (›der Sohn‹). Beide sind Aspekte ein und desselben Gottes (wer den Sohn sieht, sieht den Vater; 14,9), so dass der jüdische Monotheismus im Christentum unangetastet bleibt.

Dem Sohn obliegen zwei Aufgaben, die in der Liebe des Vaters begründet sind: die Erschaffung und die Erlösung der Menschenwelt (1,1–5. 9–14). Das Rettungswerk beginnt mit der Menschwerdung des Sohnes und seiner öffentlichen Verkündigung des rettenden Vaters, der den Menschen, die an Jesus als Sohn des Vaters glauben (griechisch: pisteuein), an seiner Göttlichkeit Anteil geben und ihnen ewiges Leben schenken will (1,19–12,50). Dennoch bleibt Jesu Werben um das Vertrauen der Menschen weitgehend resonanzlos, weil sie sich in der ›Finsternis‹ des Kosmos eingerichtet haben und die Göttlichkeit Jesu nicht erkennen können – trotz seiner sieben Machttaten (vom Weinwunder zu Kana [2,1–11] bis zur Auferweckung des Lazarus [11,1–45]), die im Joh ›sēmeia‹ (Zeichen) genannt werden, weil sie den Rettungswillen Gottes transparent machen.

Im zweiten Hauptteil des Buches – er behandelt die Offenbarung des Sohnes vor seinen Schülern (Kap. 13–17) – tritt daher neben den Zentralbegriff des Glaubens der des liebevollen Annehmens (griechisch: agapan), dessen Bedeutung der johanneische Christus durch die Fußwaschung seiner Jünger in symbolischer Weise demonstriert (13,1–20): Die in der christlichen Gemeinde mögliche Erfahrung bedingungsloser Zuwendung ermöglicht die Öffnung des Menschen gegenüber dem Mitmenschen – das Liebesgebot (13,34 f. und öfter) ist die einzige ethische Weisung des Joh – und in der Konsequenz das Vertrauen in den Sohn und seinen Vater, der dem Menschen solche Liebe zuwendet, die sein religiöses und soziales Leben grundlegend verändert.

Das Wirken des Sohnes in der Welt vollendet sich in seiner Passion (18 f.), die als Erhöhung zum Vater gedeutet und in der österlichen Erfahrung des Auferstandenen anschaulich wird (20 f.). Auch nach Ostern bleibt der Sohn seiner Gemeinde verbunden: Er will ihr einen neuen Beistand (griechisch: paraklētos) senden – den göttlichen Geist, der sie durch die Zeiten hindurch an die bleibende Bedeutung des Offenbarungsgeschehens erinnern wird, das sich in Jesu Kommen ereignet hat (14,16. 26; 15,26; 16,7).

Das im Joh entworfene Jesusbild ist noch weniger als bei den Synoptikern von historischen Interessen geleitet, sondern die narrative Umsetzung einer intensiv durchdachten christologischen Konzeption. Markante Redeformen des historischen Jesus (Gleichnisse, Streitgespräche) fehlen im Joh ganz. Sie sind durch Textgattungen ersetzt – u.a. Ich-bin-Worte (6,35; 8,12; 10,7. 9 usw.) und daran anknüpfende Bildreden (vom guten Hirten [10,1–18], vom wahren Weinstock [15,1–17]) –, die die Heilsbedeutung des Sohnes als Mittler zwischen dem Vater und den Menschen veranschaulichen (»ich bin der Weg und die Wahrheit und das Leben«; 14,6) und damit wesentliche Impulse für die Ausformulierung des christlichen Glaubens in der Alten Kirche gegeben haben. JÜRGEN WEHNERT

3 Die *Apostelgeschichte*

Das im griechischen NT mit *Praxeis apostolōn* (Taten der Apostel, lateinisch: *Acta apostolorum*) überschriebene Werk bildet die Fortsetzung des dritten Evangeliums. Wie dieses ist es dem sonst unbekannten Christen Theophilus gewidmet (Lk 1,3; Apg 1,1), der als Mäzen für die Publikation der beiden Bände tätig geworden sein mag. Abfassungszeit und -ort lassen sich nur vage bestimmen: Wie Lk dürfte auch die Apg um 90 entstanden sein, vermutlich in einem der hierin behandelten geographischen Räume (Syrien, Kleinasien, Griechenland). Nicht auszuschließen ist, dass der Autor die Apg zunächst als eine Art Fortsetzung des ihm bekannten Mk geschrieben hat und sie erst später, und zwar sprachlich ungewöhnlich grob, zum Folgeband des inzwischen von ihm verfassten Lk umdeklarierte (Apg 1,1 ff.).

Textgeschichtlich ist bedeutsam, dass die Apg in zwei Rezensionen vorliegt. Neben der kanonisch gewordenen Fassung existiert ein rund neun Prozent längerer sogenannter westlicher Text, der schwerlich vom Verfasser selbst stammt, sondern eine sprachlich-inhaltliche Überarbeitung aus dem 2./3. Jh. n. Chr. darstellt; z. B. werden hier die ursprünglich kultischen Forderungen des Aposteldekrets (Apg 15,20. 29; 21,25) zu ethischen Weisungen umformuliert.

Während der Verfasser im dritten Evangelium beschreibt, wie das göttliche Rettungshandeln durch Jesus Christus im jüdischen Land seinen Anfang nahm (Lk), schildert er in der Apg die weltweite

Ausdehnung dieses Handelns durch die Repräsentanten der ersten christlichen Generation. Dieser Prozess wird als Erfüllung einer Verheißung gedeutet, die der Auferstandene nach Ostern seinen Schülern gibt: »[...] ihr werdet Kraft empfangen, wenn der heilige Geist auf euch kommt, und werdet meine Zeugen sein in Jerusalem, in ganz Judäa und Samaria und bis ans Ende der Erde.« (Apg 1,8; vgl. Lk 24,47–49) Diese geographischen Stationen prägen den Aufriss der Apg, die zwei Hauptteile besitzt: Kapitel 1 bis 12 behandeln die Ausbreitung des Christuszeugnisses in Jerusalem, im übrigen Judäa sowie im nördlich davon gelegenen Samaria durch die zwölf Apostel, Kapitel 13 bis 28 die Mission unter der nicht-jüdischen Bevölkerung des Römischen Reiches von Syrien bis zur Hauptstadt Rom durch Paulus (unter anfänglicher Mithilfe des Barnabas).

Der Beginn des ersten Hauptteils veranschaulicht die Kontinuität zwischen der Zeit Jesu und der Zeit der Apostel als Epochen ein und derselben Heilsgeschichte Gottes mit den Menschen: Der Entrückung des Auferstandenen zu Gott (›Himmelfahrt‹, 1,9–11), 40 Tage nach Ostern, folgt zehn Tage später (›Pfingsten‹, zu griechisch: pentēkostē, fünfzig) die von ihm verheißene Ausgießung des göttlichen Geistes über die in Jerusalem versammelte Schülerschaft (Apg 2,1–4; beide Datierungen haben wesentlich auf die Chronologie des christlichen Kirchenjahres eingewirkt). Die Geistverleihung und das damit einhergehende Sprachenwunder (2,5–13) bilden die theologische und die sachliche Voraussetzung für die weltweite Verkündigung des Christusereignisses, dessen rettende Wirkung sich den Glaubenden durch die Taufe im Namen Jesu Christi und den damit verbundenen eigenen Geistempfang mitteilt (vgl. 2,38). Beauftragt mit dieser Verkündigung sind zunächst die in Jerusalem versammelten Apostel bzw. deren Repräsentanten Petrus und Johannes (Apg 2–5). Ihre von Wundertaten begleitete Predigt stößt auf den Widerstand der jüdischen Autoritäten, lässt sich aber, da göttlichen Ursprungs, nicht unterdrücken (5,38 f.). Das revolutionäre Potenzial dieser Verkündigung, die auf eine Veränderung der gesamten Lebenswirklichkeit der Adressaten zielt, spiegelt sich in der Verfassung der Jerusalemer Urgemeinde, die nicht nur als Glaubens-, Gebets- und Mahlgemeinschaft charakterisiert wird, sondern, in Aufnahme jüdischer und pythagoreischer Traditionen, auch als Gütergemeinschaft (›urchristlicher Kommunismus‹: 2,42–47; 4,32–37).

Neben der aramäischsprachigen Gemeinde bildet sich in Jerusalem ein Verband griechischsprachiger Judenchristen heraus (›Hellenisten‹; Apg 6), deren Repräsentant Stephanus nach einer öffentlichen Rede gelyncht wird (7). Durch diesen Mord und ein anschließendes Pogrom (die historischen Hintergründe bleiben undeutlich) werden die Hellenisten aus Jerusalem vertrieben, widmen sich aber nun der Verkündigung in Samaria (8) und später in Syrien (11,19–30), womit das Fundament einer christlichen Mission im griechischsprachigen Teil des Römischen Reiches gelegt ist. Unter der Regierung des Herodes-Enkels Agrippa I. (41–44) werden auch die aramäischsprachigen Christen Judäas verfolgt (Kap. 12), was den dort wirkenden Petrus (9,32–10,48) veranlasst, sich an einen (ungenannten) anderen Ort zu begeben (12,17).

142 Diese historische Zäsur nutzt der Verfasser, um sich im zweiten Teil der Apg auf die Weltmission des aus Tarsus (Kleinasien) gebürtigen Paulus zu konzentrieren, dessen spektakulären Wandel vom Christenverfolger zum Verkünder des christlichen Glaubens unter den Heiden er bereits in Apg 9,1–30 geschildert hatte (vgl. 22,3–21; 26,2–23). Paulus, der Mitglied der Gemeinde in der syrischen Hauptstadt Antiochien geworden ist (11,26), wird von dort, gemeinsam mit dem aus Zypern gebürtigen Barnabas, zur Mission ausgesandt (13,1–3). Kapitel 13 f. schildern ihre Arbeit auf Zypern und im mittleren Kleinasien (sogenannte ›erste Missionsreise‹), die trotz erheblicher Widerstände zur Gründung etlicher christlicher Gemeinden führt.

Eine Sonderstellung nimmt das in Jerusalem situierte Kapitel 15 ein. Hier kommen alle Hauptprotagonisten des Buches zusammen (die Apostel samt Petrus; Paulus und Barnabas; Jakobus, Bruder Jesu und Oberhaupt der Jerusalemer Christen), um die Streitfrage zu klären, ob zum Christentum bekehrte Heiden beschnitten, also auf die Einhaltung der *Tora* verpflichtet werden müssen. Obwohl Paulus damals ein *Tora*-freies Heidenchristentum durchsetzen konnte (vgl. seine Schilderung dieses Konvents in Gal 2,1–10), trägt die Apg eine spätere Entscheidung in den Bericht ein und schließt mit dem Kompromiss, dass sich Heidenchristen bestimmten *Tora*-Forderungen unterwerfen sollen, durch die sie die Christen jüdischer Herkunft im Alltag vor kultischer Verunreinigung bewahren (sogenanntes Aposteldekret: 15,20. 29; vgl. 21,25).

Vermutlich führte Barnabas' Zustimmung zu diesem Dekret (vgl. Gal 2,13) zum Bruch mit Paulus (anders Apg 15,36–39), der nunmehr mit anderen Mitarbeitern (Silas, Timotheus u. a.) ein selbständiges Missionswerk in Kleinasien und Griechenland aufbaut (›zweite‹ und ›dritte‹ Missionsreise; Apg 16–20). Wichtige Reisestationen des Paulus sind Philippi, Thessaloniki, Athen (mit der berühmten Rede auf dem Areopag; 17,16–34), Korinth sowie das kleinasiatische Ephesus, die sich, von Athen abgesehen, zu bedeutenden Zentren des frühen Christentums entwickelten.

Die anschließende Reise des Paulus nach Jerusalem zwecks Übergabe einer in seinen Gemeinden gesammelten Kollekte für die judäischen Christen endet tragisch: Das Gerücht, Paulus habe einen ephesinischen Heidenchristen in die inneren Tempelhöfe geführt, löst einen Tumult aus (21). Zwar wird Paulus durch das Eingreifen römischer Soldaten vor dem Lynchen bewahrt, zieht sich aber eine Anklage wegen Aufruhrs zu, gegen die er sich vehement zu verteidigen sucht (22). Wegen eines geplanten Mordanschlags wird er von Jerusalem nach Cäsarea Maritima, dem römischen Verwaltungssitz, gebracht, wo er unter dem Präfekten Felix zwei Jahre inhaftiert bleibt (23 f.). Unter dessen Nachfolger Festus scheint es zum Todesurteil gegen Paulus gekommen zu sein, gegen das er, als Bürger der Stadt Rom (vgl. 22,28), beim Kaiser Berufung einlegen konnte (25 f.). Er wird daraufhin in gefahrvoller Seereise von Cäsarea nach Rom überführt (27,1–28,16). Hier kann er, unter Bewachung, zwei Jahre lang seine Christusverkündigung fortsetzen (28,17–31), »ungehindert«, wie es nachdrücklich am Ende der Apg heißt. Eine Notiz über die anschließende Hinrichtung des Paulus fehlt; der Autor weiß darum (vgl. 20,24 f.), schildert sie aber nicht, weil die von Paulus ins Werk gesetzte Weltmission über dessen Tod hinaus bis in die Gegenwart des Verfassers reicht.

Die Frage nach den Quellen des glänzend erzählten Werkes lässt sich kaum sicher beantworten. Aus dem Prolog zum Lk (1,1–4) geht hervor, dass der Autor unter Christen der ersten und zweiten Generation Informationen gesammelt hat. Hinsichtlich der Apg dürfte es sich dabei um mündliche Orts- und Personaltraditionen unterschiedlichster Art gehandelt haben, die er, stilistisch intensiv bearbeitet, zum geographischen Grundgerüst seiner Darstellung verband. Eine Besonderheit stellen die den auktorialen Bericht durchbrechenden ›Wir-Passagen‹ dar (in Apg 16; 21 f.; 27 f.) – Abschnitte, in denen sich der Verfasser mit Paulus und dessen Begleitern in Wir-Form zusammenschließt. Der dadurch entstehende Eindruck, der Verfasser habe an diesen Etappen der Paulus-Reisen persönlich teilgenommen, mag aus historiographischen Gründen beabsichtigt gewesen sein (zur Bedeutung der Autopsie in der antiken Geschichtsschreibung vgl. Lukianos, *Pōs dei historian syngraphein*, und den Hinweis in Lk 1,2). Der Verfasser ist jedoch mit der paulinischen Theologie so wenig vertraut, dass eine Bekanntschaft mit dem Apostel auszuschließen sein wird. Möglich ist aber, dass er die in den Wir-Passagen verarbeiteten Informationen über Stationen und Ereignisse der Paulusreisen einem ehemaligen

Begleiter des Apostels verdankte, einer besonders authentischen Quelle also, die er durch Verwendung der Wir-Form hervorheben wollte.

Die in den Erzählbericht zahlreich eingefügten Reden der Protagonisten sind hingegen, den Konventionen antiker Historiographie folgend, vom Autor selbst entworfen (nur die Stephanusrede Apg 7 dürfte auf eine Vorlage zurückgehen). Sie stehen daher ganz im Dienst des heilsgeschichtlichen Entwurfs des Verfassers, wonach der Gott Israels durch seinen Christus in der Kraft des Heiligen Geistes »aus den Heiden ein Volk für seinen Namen gewinnen« will (15,14).

JÜRGEN WEHNERT

4 Die Paulusbriefe

Der Apostel Paulus und seine Briefe

Paulus (lateinischer Beiname zu seinem semitischen Geburtsnamen Saulus) wurde als Sohn jüdischer Eltern mit römischem Bürgerrecht um die Zeitenwende in Tarsus geboren, der Hauptstadt der römischen Provinz Kilikien (Kleinasien). Als Quellen für sein Leben stehen die von ihm verfassten Briefe sowie, als Sekundärquelle, die *Apostelgeschichte* zur Verfügung. Paulus, der das Handwerk eines

Zeltmachers erlernte, beschäftigte sich offenbar schon früh mit den religiösen Überlieferungen des antiken Judentums und schloss sich – möglicherweise im Zusammenhang eines Studienaufenthalts in Jerusalem – der Gruppe der Pharisäer an, die sich eine strenge Befolgung der Mose-*Tora* zum Ziel gesetzt hatte. Eine Konsequenz seines pharisäischen Eifers für ›das Gesetz‹ (griechisch: nomos) und die Durchsetzung der darin geforderten Gerechtigkeit war die Verfolgung christlicher Gruppen im syrischen Raum (ca. 32/33 n. Chr.). Eine Offenbarung (griechisch: apokalypsis) des lebendigen Christus ca. 33 n. Chr. (›Damaskuserlebnis‹) führte zur einschneidenden Lebenswende: Als Zeuge des bis dahin bekämpften Auferstandenen wusste er sich nun zum Gesandten (griechisch: apostolos) des Christus unter den Heiden berufen und ließ sich taufen. Um 35 n. Chr. schloss er sich der christlichen Gemeinde in Antiochien (Syrien) an. Von ihr wurde er zusammen mit Barnabas zur Mission ausgesandt und wirkte in Syrien, Kleinasien und auf Zypern. Auf einem Missionskonvent (›Apostelkonzil‹) in Jerusalem 48 n. Chr. setzte er durch, dass zum christlichen Glauben bekehrte Nichtjuden beschneidungsfrei bleiben, d. h. nicht auf die Einhaltung der *Tora* verpflichtet werden sollen. Als Entgegenkommen verpflichteten sich er und Barnabas zur Sammlung einer Kollekte unter den Heidenchristen zugunsten der Jerusalemer Gemeinde. Wenig später kam es zum Zerwürfnis zwischen Paulus und den Jerusalemer Christen, weil diese die Respektierung bestimmter Reinheitsgebote der *Tora* seitens der Heidenchristen verlangten, um die Christen jüdischer Herkunft in gemischten Gemeinden vor kultischer Verunreinigung zu bewahren (›Aposteldekret‹). Da die Antiochener, einschließlich Barnabas, diese Praxis billigten, widmete sich Paulus von nun an einer rastlosen selbständigen Mission vor allem in Kleinasien und Griechenland, während der er Gemeinden u. a. in Galatien, Philippi, Thessaloniki und Korinth gründete. Im Jahr 56 reiste er von Korinth nach Jerusalem, um die verabredete Kollekte zu überbringen. Dort wurde er wegen eines angeblich von ihm provozierten Tumults im Tempel verhaftet, zwei Jahre unter den Präfekten Felix und Festus festgehalten und dann offenbar zum Tode verurteilt. Als römischer Bürger appellierte Paulus an den Kaiser und wurde auf dem Seeweg von Judäa nach Rom überführt. Dort zog sich das Verfahren weitere zwei Jahre hin, ehe das erstinstanzliche Urteil bestätigt und Paulus unter Nero (Regierung 54–68) ca. 61 hingerichtet wurde.

Von den 13 Briefen, die im NT unter dem Namen des Paulus überliefert sind (zusammenfassend Corpus Paulinum genannt), ist die Verfasserschaft des Apostels bei sieben Briefen unstrittig: Röm, 1. und 2. Kor, Gal, Phil, 1. Thess und Phlm. Ein weithin anerkanntes Resultat historisch-kritischer Paulusforschung ist, dass die übrigen sechs Briefe – Eph, Kol, 2. Thess sowie die Pastoralbriefe (1. und 2. Tim, Tit) – nachpaulinischen Ursprungs sind (s. u. Deuteropaulinen). Auf die Reihenfolge der 13 Briefe im Kanon des NT hat die Frage ihrer Authentizität keinen Einfluss gehabt; angeordnet sind sie hier nach der Länge und nach ihren Adressaten (erst an die Gemeinden, dann an Einzelpersonen).

Die möglicherweise bewusst hergestellte Sammlung von sieben echten Paulinen (diese symbolische Zahl lässt sie an die gesamte

Christenheit gerichtet erscheinen; vgl. die sieben ›katholischen Briefe‹ und die sieben Sendschreiben Apk 2 f.) enthält nur Briefe aus der Zeit der selbständigen paulinischen Mission (ca. 49–56 n. Chr.); es handelt sich also sehr wahrscheinlich um die (teilweise redigierte) Auswahl aus einer umfangreicheren Korrespondenz. Diese sieben Schreiben sind wirkliche Briefe – die Briefform ist also nicht, wie etwa beim Hebr, literarische Einkleidung. Der Apostel wendet sich darin, als Teil einer umfassenden, oft durch Reisen seiner Mitarbeiter aufrechterhaltenen Kommunikation, an konkrete Empfänger in seinem missionarischen Wirkungsbereich. Die Sprache seiner Briefe ist die griechische Koinē (Gemeinsprache) der hellenistischen Zeit.

Paulus schließt sich formal dem orientalisch-jüdischen Briefformular an, dessen Präskript (Briefeingang) aus zwei Sätzen besteht: Absender im Nominativ, Empfänger im Dativ als Grußsatz, gefolgt von einem Wunschsatz (z. B. »Friede sei mit dir«). Auffällig ist aber, dass Paulus dieses Formular gern variiert und erweitert: Absender und Empfänger werden näher charakterisiert; im Gruß wird das für Paulus wichtige Wort ›Gnade‹ (griechisch: charis) beherrschend; dabei wird der Gottesname präzisiert: »Gott unser Vater und der Herr Jesus Christus«. Ein weiteres konventionelles Briefelement ist das dem Präskript folgende Proömium (Einleitung), in dem für den gesegneten Zustand der Adressaten gedankt wird (dieser Briefteil weicht im *Galaterbrief* aus gegebenem Anlass einer heftigen Kritik). Im Postskript (Briefschluss) findet sich nach den Grüßen ein dem Eingang vergleichbarer Gnaden- oder Friedenswunsch sowie eventuell ein eigenhändiger Schlusssatz, da Briefe üblicherweise einem Schreiber in die Feder diktiert wurden.

Die Briefe des Paulus sind Teil seiner Tätigkeit als »Apostel Jesu Christi«: Sie sind persönlich, aber nicht privat; sie reden in der Vollmacht des Apostels, aber nicht amtlich im behördlichen Sinne. Ihre briefliche Form schließt nicht aus, dass sie auch Elemente mündlicher Rede aus der missionarischen Predigt enthalten. Eine verbindliche Zusage des Heils wird hierin ebenso gegeben, wie lehrhaft argumentiert, imperativisch ermahnt, erklärt, gebetet und die jüdische Tradition ausgelegt wird. Eine Fülle von vorgeprägtem Material ist aufgenommen. Als Zitate erscheinen nicht nur Schriftstellen des AT, sondern auch Neuprägungen der frühchristlichen Gemeinden (so die Abendmahlsworte 1. Kor 11,23–26 und die grundlegende Bekenntnisformel über Jesu Tod und Auferweckung 1. Kor 15,3–7), Verweise auf Jesus-Logien (z. B. 1. Kor 7,10; 9,14), Christuslieder (Phil 2,5–11), Bekenntnissätze (z. B. Röm 1,3 f.; 10, 9), Tugend- und Lasterkataloge (Gal 5,19–22) usw., die Paulus bei seinen Adressaten als bekannt voraussetzen und daher in seiner Argumentation verwenden konnte.

Eine exakte Chronologie der echten Paulusbriefe lässt sich nicht herstellen, zumal damit gerechnet werden muss, dass ein überliefertes Schreiben aus mehreren Briefen oder Brieffragmenten zusammengesetzt sein kann (s. u. zu 1./2. Kor und Phil). Meist wird angenommen, dass es sich bei 1. Thess (ca. 50 n. Chr.) um den frühesten und bei Röm (56) um den letzten erhaltenen Brief des Apostels handelt.

WOLFGANG SCHENK / JÜRGEN WEHNERT

Die Deuteropaulinen

Als pseudonyme Paulusbriefe (Deuteropaulinen) bezeichnet man Briefe, die unter dem Namen des Paulus überliefert sind, obwohl sie nicht von ihm stammen. Sie unterscheiden sich sprachlich wie inhaltlich von den echten Paulinen. Zudem spiegeln sie oft Probleme oder theologische Vorstellungen wider, die erst nach dem Tod des Apostels auftraten und somit spezifisch für die zweite oder dritte christliche Generation sind.

Die Unterscheidung zwischen echten und unechten Paulusbriefen ist das Ergebnis historisch-kritischer Forschung. Die gegenwärtige Bibelwissenschaft rechnet zu den Deuteropaulinen gemeinhin den *Epheserbrief*, den *Kolosserbrief*, den *Zweiten Thessalonicherbrief* und die Pastoralbriefe (1. und 2. Tim, Tit). Mitunter wird (zu Unrecht) auch der theologisch selbständige *Hebräerbrief* dazu gezählt, der in seinem Schlussteil (13,20–25) paulinische Briefkonventionen aufgreift und den Paulusschüler Timotheus nennt (13,23). Den Deuteropaulinen ist gemeinsam, dass sie sich inhaltlich in unterschiedlichem Maß mit paulinischer Theologie auseinandersetzen. Zudem zeichnen sich fast alle Briefe durch eine Betonung der Ekklesiologie (Lehre von der Kirche), ein idealisiertes Paulusbild und einen weiten Adressatenkreis aus.

Die Deuteropaulinen setzen unterschiedliche inhaltliche und

formale Akzente: Der 2. *Thessalonicherbrief* lehnt sich formal an den 1. an, um ihn zu aktualisieren oder zu ersetzen. *Kolosser-* und *Epheserbrief* gehören in ihrem produktiven Weiterdenken paulinischer Theologie eng zusammen. Der 1. und 2. *Timotheusbrief* bilden gemeinsam mit dem Tit ein zusammenhängendes Briefcorpus, nämlich die Pastoralbriefe.

Das Phänomen, Briefe nicht unter eigenem Namen, sondern unter dem Namen apostolischer Autoritäten zu schreiben, begegnet auch in den ›katholischen Briefen‹ und in der Briefliteratur der neutestamentlichen Apokryphen. Die Tatsache, dass diese Briefe eine apostolische Autorschaft vortäuschen, hat im Lauf der Forschungsgeschichte viel Anstoß erregt und zu der kanontheologischen Frage geführt, ob Fälschungen Bestandteil der Heiligen Schrift sein können. Allerdings greift die pauschale Interpretation deuteropaulinischer Briefe als Fälschungen zu kurz. Antike Pseudonymität, die weit über den jüdischen und christlichen Bereich hinaus verbreitet war, hatte sehr unterschiedliche Gründe und Formen. Die Abfassung von Briefen unter dem Namen des Paulus entspringt insgesamt dem Bemühen, die Botschaft des Apostels angesichts neu aufbrechender Fragen ›im Namen des Paulus‹ zu aktualisieren. Die Vielfältigkeit der Deuteropaulinen dokumentiert also einen lebendigen und streitbaren Diskurs über das paulinische Erbe.

Die Darstellung der 13 Briefe folgt ihrer kanonischen Anordnung; auf ihren paulinischen bzw. nachpaulinischen Ursprung wird jeweils hingewiesen. MARTINA JANSSEN

An die Römer

Den längsten und theologisch gewichtigsten seiner Briefe schrieb Paulus in Korinth im Frühjahr 56 zur Vorbereitung einer geplanten Reise. Er wollte Rom zum Ausgangspunkt einer Mission im westlichen Teil des Mittelmeerraums machen (15,23–28) und bei den Christen der Welthauptstadt um die Unterstützung dieses Vorhabens werben. Seinen Wunsch, die römische Gemeinde kennenzulernen, hatte er bisher nicht verwirklichen können. Darum stellt er sich mit diesem Brief bei ihr vor und legt ihr die Grundzüge seiner Christusverkündigung dar.

Die klare Struktur und inhaltliche Geschlossenheit des umfangreichen Briefes haben Anlass gegeben, vom ›Testament‹ des Apostels zu sprechen. Paulus gibt darin den römischen Christen einen theologischen Rechenschaftsbericht unter dem Leitgedanken: »Das Evangelium ist Gottes Kraft zur Rettung für jeden Glaubenden, für den Juden zuerst, aber auch für den Griechen. Denn Gottes Gerechtigkeit wird darin enthüllt, aus [Gottes] Treue zum Glauben [des Menschen].« (1,16 f.)

Die Rettungsbedürftigkeit des Menschen wird im ersten Teil des Röm unter dem Aspekt der schuldhaften Gottesferne aller Menschen, Heiden wie Juden, Bösen wie Guten, aufgewiesen (1,18–3,20). Doch Gott hat das dem Menschen Unmögliche möglich gemacht und ihm die fehlende Gerechtigkeit durch den Glauben an Christus zugeeignet (3,21–4,25). Ermöglicht wurde dies durch Jesu Kreuzestod: »Er wurde wegen unserer Übertretungen dahingegeben und um unserer Gerechtmachung willen auferweckt.« (4,25) Durch ihren Glauben, der sie zur Taufe führt, haben die Christen Anteil an dieser Schuld und Todesgeschick durchbrechenden Machttat Gottes. Durch sie wurde die Macht der Sünde gebrochen, die sogar das göttliche Gesetz usurpierte, indem sie den Menschen die Begierde einflößte, es zu übertreten. Der in der Taufe empfangene göttliche Geist macht den Herrschaftswechsel erfahrbar: Von der versklavenden Macht der Sünde befreit, können die Glaubenden nun durch ihre Teilhabe am Geist bzw. an Christus ohne Umweg über das Gesetz die ihnen geschenkte Gerechtigkeit leben in der Hoffnung, einst auch die Auferstehung Jesu von den Toten zu ›erben‹ (8,17). Angesichts des Christusgeschehens ist kein Mensch mehr gezwungen, in tödlicher Gottesferne verharren zu müssen (Kap. 5–8).

Kapitel 9 bis 11 setzen sich mit dem Problem auseinander, ob die universale Heilspredigt des Paulus nicht durch das Faktum infrage gestellt wird, dass Israel sich dem Evangelium weitgehend verschließt. Paulus gibt eine doppelte Antwort: Repräsentiert wird Israel gegenwärtig durch die glaubenden Christen, als deren Vertreter Paulus sich selbst nennt (11,1). Die übrigen Juden sind nur vorübergehend verstockt; wie ihr ›Straucheln‹ zunächst den Heiden zur Verkündigung des Heils dient, so wird der Glaube der Heiden schließlich auch sie anziehen (11,11).

Kapitel 12 bis 15 sind von der imperativischen Form der Ermahnung bestimmt. Die neue Existenz muss in der Lebensgestaltung der Christen ihren Ausdruck finden. Darum ruft Paulus zum »Gottesdienst im Alltag der Welt« (E. Käsemann) auf: zunächst grundsätzlich in 12,1 f., dann entfaltet in die Lebensbereiche der Gemeinde und des Verhältnisses zum Nächsten (12,3–21), zur staatlichen Gewalt (13, 1–7) und schließlich in Hinblick auf mögliche Spannungen unter den römischen Christen (14,1–15,13: zum rücksichtsvollen Umgang der ›Starken‹ mit den ›Schwachen‹).

Der eine ungewöhnlich lange Grußliste enthaltende Abschnitt 16,1–20 ist möglicherweise kein ursprünglicher Bestandteil des Röm. Vielleicht handelt es sich um einen kurzen Abschiedsbrief des Paulus von Korinth nach Ephesus, der zur gleichen Zeit wie der Röm verfasst wurde. Das den Brief abschließende Gotteslob (16,25–27), das in einigen Handschriften fehlt, gehörte ursprünglich wohl an eine frühere Stelle des Röm (hinter 14,23 [so die meisten Textzeugen] oder 15,33).

Geschichtlich wirksam geworden ist der Röm vor allem in Martin Luthers Römerbrief-Vorlesung von 1515/16. Das Studium dieses Briefes hat Luther zu den Erkenntnissen seiner Rechtfertigungslehre geführt, die ihn zum Kritiker und Reformator der katholischen Kirche seiner Zeit werden ließ. Im 20. Jh. hat Karl Barths Auslegung *Der Römer-*

brief (²1922) eine theologiegeschichtliche Wende herbeigeführt. Wie Luther ging es auch Barth vor allem um das aktuelle Wirksamwerden des Wortes Gottes. Davon sind große Wirkungen auf die deutsche Theologie ausgegangen, die ihre Früchte u.a. im Widerstand des Kirchenkampfes gegen den Nationalsozialismus getragen haben. WOLFGANG SCHENK / JÜRGEN WEHNERT

An die Korinther 1 und 2

Die beiden *Korintherbriefe* sind die nachträgliche Zusammenfassung einer umfangreichen Korrespondenz zwischen Paulus und der Christengemeinde in Korinth, der Hauptstadt der römischen Provinz Achaja. Der 2. Kor ist mit hoher Sicherheit, der 1. Kor möglicherweise aus mehreren Briefen des Apostels zusammengesetzt. Die folgende Rekonstruktion dieser Korrespondenz (Briefe A–I) kann naturgemäß nur der hypothetische Versuch einer Annäherung an die bewegten historischen Vorgänge sein, die sich darin spiegeln.

Paulus war von Makedonien aus wohl im Herbst 50 n. Chr. erstmals nach Korinth gekommen, hatte dort ca. 18 Monate missioniert und eine christliche Gemeinde aufgebaut. Als er sich anschließend im kleinasiatischen Ephesus aufhielt, bekam er Besuch aus Korinth; der dort ›Erstbekehrte‹ Stephanas und dessen Begleiter berichteten ihm von problematischen Zuständen in der achäischen Gemeinde (Rechtshändel vor heidnischen Gerichten, Unordnung beim Herrenmahl, Leugnung der Totenauferstehung). Paulus schrieb daraufhin den (in 1. Kor 5,9 erwähnten) ›Vorbrief‹ (Brief A: 1. Kor 1,1–9; 2. Kor 6,14–7,1; 1. Kor 6,1–11; 11,2–34; 15; 16,13–24), der die Autorität des Stephanas betont und mit dem dieser im Herbst 53 (oder Frühjahr 54) nach Korinth zurückgekehrt sein dürfte.

Bald danach muss Paulus von heftigen Reaktionen der Korinther auf diesen Brief erfahren haben. Wohl unter dem Einfluss anderer Missionare bestritten Teile der Gemeinde seine Apostelwürde, vertraten ein sakramentalistisches Denken und folgten libertinistischen Parolen (»Alles ist erlaubt«; 1. Kor 6,12; 10,23). Paulus bezog zu diesen Problemen in einem zweiten Brief Stellung (B: 1. Kor 9,1–18. 24–27; 10,1–22; 6,12–20; 5,1–13). Wenig später erreichte den Apostel ein Schreiben aus Korinth mit verschiedenen Anfragen (zur sexuellen Enthaltung der noch Unverheirateten, zum Essen von Götzenopferfleisch, zu den Geistesgaben, zur geplanten Geldsammlung für Jerusalem sowie zum Kommen des alexandrinischen Missionars Apollos), die Paulus in einem dritten Brief ausführlich beantwortete (C: 1. Kor 7 f.; 9,19–23; 10,23–11,1; 12; 14; 13; 16,1–12).

Eine neue Schilderung der Lage, die Paulus nach der Entsendung seines Mitarbeiters Timotheus durch die ›Leute der Chloë‹ (1. Kor 1,11) aus Korinth erreichte, veranlasste ein viertes Schreiben (D: 1. Kor 1,10–4,21). Diese Kapitel deuten, bei aller polemischen Überzeichnung, an, dass in der korinthischen Gemeinde mittlerweile verschiedene ›Parteien‹ existierten, die sich gegenseitig befehdeten (Paulus-, Petrus- und Apollos-Leute sowie die sogenannten Christus-Leute). Offenbar war die Metropole Korinth nach dem Gründungsbesuch des Paulus zu einem bevorzugten Arbeitsfeld anderer christlicher Missionare geworden, die sowohl judenchristliches Gedankengut importierten (Verbot der ›Unzucht‹ und des Genusses von Götzopferfleisch im Zusammenhang des ›Aposteldekrets‹ der Jerusalemer Christen) als auch eine pneumatisch-enthusiatische Religiosität (schon die Taufe führe zur Erlösung, zu einem Leben im ›Geist‹, das die Auferstehung von den Toten als bereits vollzogen erachtet und völlige sittliche Freiheit ermöglicht). Gegen diese Verfälschung seiner Christusbotschaft kämpft Paulus vehement an: »Wir aber predigen Christus als den Gekreuzigten, den Juden ein Anstoß und den Heiden eine Dummheit.« (1. Kor 1,23) Die Auseinandersetzung des Apostels mit seiner Gemeinde intensivierte sich, nachdem die Paulus-kritischen Kreise Verstärkung durch vorübergehend anwesende judenchristliche Wanderapostel erhalten hatten, die sich durch Empfehlungsbriefe auswiesen und die Autorität des Paulus wegen dessen physischer Schwäche und rhetorischer Ungeschicktheit infrage stellten.

Paulus antwortete mit einer Apologie seines Apostelamtes (E: 2. Kor 2,14–6,13; 7,2–4). Da dieser Brief ohne Wirkung blieb, entschloss sich Paulus zu einem kurzen Zwischenbesuch in Korinth, der die Gemeinde jedoch nicht beruhigen konnte – im Gegenteil: Ein Gemeindemitglied fügte Paulus schweres Unrecht zu (wohl Unterstellung des Betrugs im Zusammenhang mit der Sammlung für die Jerusalemer Christen). Paulus kehrte nach Ephesus zurück und schrieb von dort den in 2. Kor 2,4 erwähnten ›Tränenbrief‹ (F: 2. Kor 10,1–13,10), in dem er die Verteidigung seines Apostolats fortsetzt. Gegen die Protzerei der konkurrierenden »Super-Apostel« (2. Kor 11,5; 12,11), die sich von der Gemeinde bezahlen lassen, besteht Paulus darauf, dass Gottes Kraft in der Schwachheit seiner Diener zur Geltung kommt. Nach diesem ›Tränenbrief‹ sandte er seinen Mitarbeiter Titus zur Befriedung der Gemeinde nach Korinth, während er selbst sich auf den Weg nach Makedonien machte. Dort fand ihn Titus, der ihm die gute Nachricht übermittelte, dass die korinthische Gemeinde wieder positiv zu Paulus stehe. Das gab Anlass zu einem Versöhnungs- und Freudenbrief, den Paulus im Frühjahr 55 von Makedonien nach Korinth schickte (G: 2. Kor 1,1–2,13; 7,5–16; 13,11–13). Im Sommer wurde Titus mit einem Empfehlungsschreiben (H: 1. Kor 8) erneut nach Korinth entsandt, um dort die Geldsammlung für die bedürftigen Christen Judäas abzuschließen. Etwas später folgte ein weiteres Schreiben in dieser Sache, das wohl als Rundbrief an mehrere Gemeinden Achajas gedacht war (I: 2. Kor 9). Nach diesem letzten Brief reiste Paulus selbst nach Korinth und hat sich dort im Winter 55/56 aufgehalten.

WOLFGANG SCHENK / JÜRGEN WEHNERT

An die Galater

Abfassungsort und -zeit dieses Briefes sind unbekannt; vermutlich hat ihn Paulus während eines Aufenthalts im kleinasiatischen Ephesus Anfang der 50er Jahre geschrieben. Die Empfänger sind christliche Gemeinden in Galatien, einer Landschaft im Inneren Kleinasiens (in der Gegend des heutigen Ankara). Der Apostel hatte sie einige Jahre zuvor eher unfreiwillig gegründet, als er durch eine Krankheit an der Fortsetzung seiner Reise nach Westen gehindert wurde (4,13; vgl. Apg 16,6; 18,23).

Anlass des vehement formulierten Briefes sind judenchristliche Missionare, die nach Paulus bei den Galatern aufgetreten waren und durch ihre Verkündigung erheblichen Einfluss gewonnen hatten. Paulus wirft ihnen vor, dass sie das ›Evangelium Christi‹ verdrehen und die Gemeinde verwirren (1,6–9; 5,10–12), dass sie ruhmsüchtig sind und unlautere Absichten verfolgen (4,17; 6,13). Der Apostel unternimmt daher mit allen rhetorischen Mitteln, vor allem durch Elemente der apologetischen Rede (H.D. Betz), den Versuch, die Galater für das paulinische Evangelium zurückzugewinnen.

Vor allem zwei Punkte stehen zur Diskussion: Die Gegenmissionare bestreiten, dass Paulus ein Apostel sei, vielleicht weil er, anders als die Jerusalemer Apostel, nicht aus dem Schülerkreis Jesu hervorgegangen ist. Zum anderen verlangen sie, dass sich die galatischen Heidenchristen dem Willen Gottes ganz unterordnen, d.h. nicht nur an seinen Christus glauben, sondern auch die Weisungen der *Tora* einhalten und sich beschneiden lassen (5,2 f.; 6,12 f.).

Trotz seines emotionalen Tons setzt sich der klar disponierte Brief mit beiden Punkten sorgfältig auseinander: In einem biographischen Abschnitt (1,11–2,14) legt Paulus dar, dass er sein Amt als Heidenapostel durch eine Offenbarung vom auferstandenen Jesus selbst empfangen hat (1,12. 15 f.). In dieser Funktion habe er anlässlich des Missionskonvents (›Apostelkonzil‹) den christlichen Autoritäten Jerusalems die

Tora-freie Evangeliumsverkündigung abgerungen (2,1–10) und sie angesichts späterer Einschränkungsversuche sogar gegen Jakobus und Petrus verteidigt (2,11–14).

Die theologischen Gründe für sein gesetzesfreies Evangelium entfaltet Paulus nach einer einleitenden Zusammenfassung seiner Rechtfertigungslehre (2,15–21) in Kapitel 3 f.: Nur durch den Glauben an den von Gott gesandten Christus kann der Mensch gerecht werden, da er durch die Teilhabe am Kreuzestod Jesu in der (aufgrund dieses Glaubens empfangenen) Taufe von der Todesmacht der Sünde befreit wird und nun, durch seine Teilhabe am lebendigen Christus bzw. am göttlichen Geist, dem ihm innewohnenden Willen Gottes entsprechend leben kann: »Ich lebe – aber nicht mehr ich, sondern Christus lebt in mir. [...] Ich werfe die Gnade Gottes nicht weg, denn wenn es durch das Gesetz Gerechtigkeit gibt, ist Christus vergeblich gestorben.« (2,19. 21)

In einer umfangreichen Argumentation zeigt Paulus auf, dass die rettende Teilhabe des Menschen an Christus nur durch den Glauben und nicht durch *Tora*-Gehorsam erlangt werden kann. Besondere Bedeutung misst er hier (wie im Röm) dem Erzvater Abraham zu: Er erscheint als Urbild christlicher Existenz, da Gott ihm seinen Glauben als Gerechtigkeit anrechnete (3,6 nach Gen 15,6; vgl. Röm 4,3–5). Mit dem Hinweis auf Abraham entkräftet Paulus zugleich die Argumentation seiner Gegner, die ihre Beschneidungsforderung u.a. mit dem in *Genesis* 17 (d.h. erst nach dem für Paulus entscheidenden Kapitel Gen 15) geschilderten Beschneidungsbund zwischen Gott und Abraham begründet haben dürften.

Im abschließenden paränetischen Teil (Kap. 5 f.) legt Paulus allen Nachdruck darauf, dass die *Tora*-freien Heidenchristen keineswegs gesetzlos leben, sondern dass die durch den Glauben erlangte Teilhabe am göttlichen Geist einen vorbildlichen Lebenswandel ohne Umweg über das Gesetz notwendig zur Folge hat: Die »Frucht des Geistes« (»Liebe, Freude, Friede, Geduld« usw., 5,22 f.) ist Ausdruck des von Jesus aktualisierten Liebesgebots (5,14 = Lev 19,18). Für die Gestaltung der sozialen Beziehungen der Christen untereinander gilt daher nur ein einziger Grundsatz: »Einer trage des anderen Last, so werdet ihr das Gesetz Christi erfüllen.« (6,2) Die neu gewonnene Stärke des Christen ist darin ebenso reflektiert wie seine bleibende Schwäche als angefochtener, hilfsbedürftiger Mensch in der Welt.

Die gegenwärtige Bedrohung der galatischen Gemeinden liegt also für Paulus eschatologisch wie sozial in der Aufweichung ihrer rettenden Christus-Erkenntnis, die alles andere als defizitär ist: »Zur Freiheit hat uns Christus befreit. So steht nun fest und lasst euch nicht wieder unter das Joch der Knechtschaft zwingen!« (5,1) Die Tatsache, dass der *Galaterbrief* erhalten ist, mag andeuten, dass der Appell des Apostels bei seinen ›unvernünftigen‹ keltischen Adressaten (3,1) nicht ohne Wirkung blieb. JÜRGEN WEHNERT

An die Epheser

Der deuteropaulinische *Epheserbrief* gibt sich als ein von dem in Gefangenschaft leidenden Apostel (3,1; 4,1; 6,20) verfasstes Rundschreiben aus. Die Adressierung an die Epheser (1,1) fehlt in den ältesten Handschriften und ist vermutlich sekundär. Mitunter wurde das Schreiben als Einleitung zu einer Paulusbriefsammlung gedeutet.

Der *Epheserbrief* ist literarisch und inhaltlich vom *Kolosserbrief* abhängig und stellt in gewisser Hinsicht dessen Neuauflage dar (vgl. besonders die Parallelen Kol 1,24–29/Eph 3,1–13; Kol 3,18–4,1/Eph 5,21–6,9). Allerdings treten die brieflichen Elemente zurück (Eph 1,1 f.;

6,21–24). Auch der Bezug auf konkrete Gemeindeprobleme oder -situationen und die damit verbundene Polemik fehlen weitgehend. Auffällig ist die hymnische und liturgisch geprägte Sprache, die zum Teil auf verarbeitete Traditionen zurückgeht. Der *Epheserbrief*, der außer dem *Kolosserbrief* etliche weitere Paulusbriefe benutzt, ist Ende des 1. Jh.s in Kleinasien entstanden.

Im Zentrum des Schreibens steht die Kirche, die auf dem Fundament der Propheten und Apostel erbaut und deren Eckstein Christus ist (2,20). Durch ihr himmlisches Haupt Christus, der zur Rechten des Vaters sitzt (1,20–23), hat sie schon jetzt Anteil an der Fülle des Heils (1,23). Alle, die ihr durch die Taufe angehören (4,5), sind mit Christus auferweckt und mit eingesetzt in den Himmel (2,5 ff.).

Nach einem Präskript (1,1 f.) und einem hymnisch geprägten Proömium aus Lob und Dank (1,3–23) legt ein erster, lehrhafter Briefteil (2,1–3,21) das Wesen der Kirche dar: Sie lebt aus der Gnade (2,8) und besteht durch das Versöhnungswerk Christi aus Juden und Heiden (2,11–22). Weiter wird das Amt des Apostels Paulus beschrieben, dem bereits eine heilsgeschichtliche Dimension zukommt (3,1–13). Der erste Teil endet mit einer Fürbitte und Doxologie (3,14–21).

Der zweite, paränetische Briefteil (4,1–6,20) beschreibt das Leben in der Kirche, das von gegenseitiger Liebe und Geschwisterlichkeit geprägt sein soll und sich im Alltag zu bewähren hat. Dies gilt besonders angesichts der dualistischen Weltsicht des Eph. Die Gläubigen müssen sich von den Heiden abgrenzen (4,17–19; 5,3–20) und gegen die feindlichen Mächte kämpfen (»Zieht an die Waffenrüstung Gottes!«; 6,10–17). Die ›Haustafel‹ (Pflichtenkatalog) in 5,21–6,9 enthält spezifische Mahnungen für die einzelnen Stände. Besonderes Augenmerk findet die Ehe, die im Gegensatz zum paulinischen Urteil (1. Kor 7) aufgewertet wird: Wie Christus das Haupt der Kirche ist, so ist der Mann das Haupt der Frau (5,25–33). MARTINA JANSSEN

An die Philipper

Mit dem *Philipperbrief* wendet sich Paulus an die erste christliche Gemeinde, die im Zuge seiner Mission auf europäischem Boden entstand (ca. 49 n. Chr.). Die kleine christliche Gemeinde im makedonischen Philippi, einer römischen Militärkolonie, pflegte zu Paulus ein besonders enges Verhältnis: Sie ließ ihm, der sonst darauf bedacht war, selbst für seinen Unterhalt zu sorgen, mehrfach Unterstützung zukommen, die er auch annahm (4,10–18).

Möglicherweise stellt der vorliegende Brief eine Komposition aus drei kleineren Schreiben dar (vgl. 1./2. Kor): Das älteste Stück (A: 4,10–23) ist ein Dankbrief des Apostels für eine Unterstützung, die ihm die Philipper ins Gefängnis (wohl nach Ephesus) gesandt hatten. Der Überbringer der Geldgabe, Epaphroditus, blieb bei Paulus und erkrankte lebensgefährlich, was die Philipper sehr besorgt machte (2,25–30). Als Paulus erfuhr, dass in Philippi ›Widersacher‹ aufgetreten waren, die die Einheit der Gemeinde gefährdeten (1,27–30), reagierte er mit einem zweiten Brief (B: 1,1–3,1; 4,4–7), in dem er, unter Hinweis auf das Vorbild Jesu Christi im berühmten Hymnus 2,6–11, zur Einigkeit mahnt, nachdem er Auskunft über den Stand seines Prozesses gegeben hat (er rechnet mit einem Freispruch, doch scheint ein Todesurteil nicht ausgeschlossen). Epaphroditus, der von Paulus sehr gelobt wird, dürfte den Philippern diesen Brief überbracht haben.

Nach dem glücklichen Ende seiner Gefangenschaft sandte der Apostel seinen Mitarbeiter Timotheus nach Makedonien. Auf neue beunruhigende Nachrichten hin, die Genaueres über die »schlechten Arbeiter« in Philippi enthielten (3,2), schrieb Paulus einen vehementen dritten Brief (C: 3,2–4,3. 8 f.), um die Gemeinde vor ihnen zu warnen. Wie bei den Gegnern des *Galaterbriefs* scheint es sich bei diesen Missionaren um Judenchristen gehandelt zu haben, die die Philipper auf eine ›gerechte‹ Lebensführung entsprechend den Weisungen der *Tora* verpflichten wollen. Am Beispiel seines eigenen Lebens entlarvt Paulus diese Forderung als Irrweg: Er selbst hatte als Pharisäer und Christenverfolger die Gerechtigkeitsforderung der *Tora* untadelig erfüllt, musste dies angesichts der »überschwänglichen Erkenntnis Christi« aber rückblickend als fatalen Fehler erkennen: Er hatte im Gesetz nur seine eigene Gerechtigkeit gesucht, nicht die Gerechtigkeit Gottes, die dem Menschen allein aufgrund seines Glaubens an Christus geschenkt wird (3,4–9).

Als Abfassungsort dieses Briefwechsels kommt wegen des mehrfachen Hin und Her am ehesten Ephesus in Frage, wo Paulus mehrere

Jahre verbrachte, davon längere Zeit in staatlichem Gewahrsam (vgl. 1. Kor 15,32). Die Entstehungszeit dürfte in den Jahren 53 bis 55 liegen. WOLFGANG SCHENK / JÜRGEN WEHNERT

An die Kolosser

Der literarischen Fiktion nach ist dieses Schreiben von Paulus aus der Gefangenschaft (1,24; 2,1; 4,3 f.7 ff.18) an die Gemeinde von Kolossä (Phrygien) gerichtet (1,2), hat aber einen weiteren Leserkreis im Blick (vgl. 4,16). Der Brief dürfte im letzten Drittel des 1. Jh.s in Kleinasien entstanden sein. Er gilt als der älteste deuteropaulinische Brief.

Das Schreiben ahmt den Aufbau sowie einzelne Elemente (z. B. Präskript) paulinischer Briefe nach und greift auf mündliche und schriftliche Paulustraditionen zurück. Eine auffällig große Nähe besteht zum *Philemonbrief*. Viele Namen der dort erwähnten Paulusmitarbeiter finden sich auch im Kol, wobei Epaphras eine besondere

Bedeutung zukommt. Er hat in Kolossä als Evangeliumsverkünder und Gemeindegründer gewirkt (1,7) und erscheint in den Schlussgrüßen an die Kolosser (4,12). Paulus selbst kennt die Gemeinde nicht (vgl. die Notiz 1,9).

Nach dem Präskript (1,1 f.) und einer Einleitung (1,3–14) beginnt der erste Briefteil (1,15–3,4) mit einem wohl ursprünglich selbständig überlieferten und vom Verfasser des Kolosserbriefes überarbeiteten Christushymnus (1,15–20.[21–23]). Eine Selbstvorstellung des Paulus, die sein Wirken und Leiden als Bestandteil des Offenbarungsgeschehens ausweist, schließt sich an (1,24–2,5). Den Hauptteil stellt die Auseinandersetzung mit einer philosophischen Strömung dar, deren zunehmender Einfluss auf die Gemeinde in Kolossä auch den Anlass des Briefes abgibt (2,8–23). Der genaue Charakter der ›kolossäischen Philosophie‹ (2,8) bleibt indes unklar. Bestimmende Elemente sind die Unterordnung unter die ›Weltelemente‹ sowie die daraus resultierende Engelverehrung und asketische Vorschriften. Gegen diese Strömung wendet sich der Verfasser: Allein in Jesus Christus ist die Versöhnung vollendet (1,20); er hat alle Mächte überwunden und ist Herrscher des Kosmos (1,15–17; 2,15). Neben dem Festhalten am Christusgeschehen ist nichts anderes nötig, um am Heil teilzuhaben, das schon jetzt – wenngleich verborgen (vgl. 3,3 f.) – gegenwärtig und erfahrbar ist. Im Gegensatz zur paulinischen Theologie (vgl. Röm 6,4 f.) sind die Getauften bereits mit Christus auferstanden (2,12 f.; 3,1) und unabhängig von der Welt.

Der zweite Teil des Briefes (3,5–4,6) ist paränetisch ausgerichtet und legt die ethischen Auswirkungen des Glaubens an Jesus Christus dar. Neben allgemeinen Ermahnungen (4,2–6) und einem Laster- und Tugendkatalog (3,5–17) führt dies ein Pflichtenkatalog (›Haustafel‹; 3,18–4,1) im Hinblick auf Frauen und Männer, Kinder und Väter, Sklaven und Herren aus. Der Brief endet mit persönlichen Nachrichten, einer langen, vom *Philemonbrief* abhängigen Grußliste und einem eigenhändigen Schlussgruß (4,7–18). MARTINA JANSSEN

An die Thessalonicher 1

Im 1. *Thessalonicherbrief* wendet sich Paulus an die Christen in Thessaloniki, damals Haupt- und bedeutendste Hafenstadt Makedoniens. Diese Gemeinde war im Zuge der Missionsarbeit des Paulus entstanden, der im Jahr 49/50 n. Chr., aus dem ca. 150 Kilometer entfernten Philippi kommend, mit seinen Mitarbeitern hier die Botschaft vom gekreuzigten und auferstandenen Christus verkündigt hatte. Da sich die junge Gemeinde gut entwickelte (sie ist inzwischen selbst missionarisch tätig; 1,8), wollte Paulus bald zu ihr zurückkehren, wurde aber daran gehindert (2,17 f.). Darum sandte er von Athen aus Timotheus nach Thessaloniki, der mit positiven Nachrichten zu ihm zurückkehrte – wohl nach Korinth, wohin sich Paulus inzwischen begeben hatte (vgl. Apg 18,1. 5).

In seiner Freude darüber verfasste Paulus, wohl noch im Jahr 50, den 1. Thess, der sehr einfach strukturiert ist: Kapitel 1 bis 3 enthalten ein breit ausgeführtes Proömium, in dem der Apostel seine Dankbarkeit für das Entstehen und Gedeihen der thessalonischen Gemeinde ausdrückt; großen Raum nehmen Erinnerungen an den Gründungsbesuch ein (2,1–12), die die Prinzipien seiner missionarischen Arbeit erkennen lassen (Verkündigung in völliger Lauterkeit, Verzicht auf persönliche Ehrung und finanzielle Unterstützung). Der zweite Teil (Kap. 4 f.) enthält, dem paulinischen Briefschema entsprechend, Mahnungen an die Thessalonicher, auf dem eingeschlagenen Weg fortzuschreiten (Meiden von Unzucht und Maßlosigkeit, Gestaltung der sozialen Beziehungen im Geist fröhlicher geschwisterlicher Zuwendung; 4,1–12; 5,12–22).

Eingebettet in die Paränese ist die Behandlung einer Anfrage, die wohl Timotheus dem Apostel übermittelt hatte: Die Gemeinde ist beunruhigt durch Todesfälle – offenbar hatten die Thessalonicher angenommen, dass vor der Wiederkehr Christi keiner der an ihn Glaubenden sterben werde (4,13). Paulus antwortet, dass die entschlafenen Christen durch den gestorbenen und auferstandenen Jesus zum Leben geführt werden (4,14), und präzisiert dies in einem apokalyptischen Bild, wonach bei der Ankunft des Herrn erst die entschlafenen und danach die noch lebenden Christen zu ewigem Leben entrückt werden (4,15–18). Die Gemeinde wird daher aufgefordert, diesem »Tag des Herrn« zuversichtlich und wachsam entgegenzusehen (5,1–11).

Der Brief schließt mit dem Friedenswunsch und Grüßen sowie der Aufforderung, ihn in der Gemeindeversammlung vorzulesen (5,23–28). JÜRGEN WEHNERT

An die Thessalonicher 2

Der Fiktion nach richtete Paulus auch diesen Brief an die Gemeinde in Thessaloniki. Tatsächlich stammt er aus dem Ende des 1. Jh.s und ist vermutlich in Kleinasien oder Makedonien entstanden.

Das deuteropaulinische Schreiben setzt den 1. Thess voraus und ahmt dessen Aufbau nach. Auch lexikalische Übereinstimmungen bis hin zu wörtlichen Entsprechungen sind vorhanden. Inhaltlich verfolgt er jedoch ein entgegengesetztes Interesse: Während der 1. Thess von einer Naherwartung der Wiederkunft Christi geprägt ist, warnt der 2. Thess geradezu davor. Das hat immer wieder die Frage nach dem Verhältnis der beiden Briefe zueinander und speziell nach der Funktion des 2. Thess aufgeworfen: Handelt es sich um einen Kommentar, der einem falschen Verständnis des 1. Thess entgegenwirken will? Stellt das Schreiben den Versuch einer Aktualisierung angesichts der Parusieverzögerung (Ausbleiben der erneuten Gegenwart Christi) dar? Oder will der 2. Thess den 1. Thess sogar korrigieren, bekämpfen und ersetzen?

Nach einem Präskript (1,1 f.) und einer Danksagung mit Fürbitte (1,3–12) erfolgt im ersten Teil eine Belehrung aus aktuellem Anlass

(2,1–12): Ein gefälschter Paulusbrief vertritt die Auffassung, dass der »Tag des Herrn« gegenwärtig sei (2,2; von einigen Forschern wird dieser Brief mit dem 1. Thess identifiziert; vgl. 1 Thess 4,13–18; 5,1–11). Dieser Anschauung setzt der Verfasser den Vorbehalt entgegen, dass dem »Tag des Herrn« noch bestimmte Ereignisse vorausgehen müssen: So wird u.a. der »Mensch der Gottlosigkeit« (2,3 f.) auftreten. Auf diese Schilderungen folgt eine zweite Danksagung (2,13–17; vgl. 1. Thess 2,13), die in eine Bitte übergeht (3,1–5) und zum paränetischen Briefteil überleitet (3,6–15). Dieser besteht aus Anweisungen und Warnungen, in denen die Vorbildlichkeit des Paulus eine große Rolle spielt (3,7–9). Der Briefschluss (3,16–18) enthält eine Echtheitsbeglaubigung (vgl. 1. Kor 16,21). MARTINA JANSSEN

Die Pastoralbriefe

Als Pastoralbriefe (Hirtenbriefe) bezeichnet man seit dem 18. Jh. ein Dreiercorpus pseudonymer Paulusbriefe (*An Timotheus* 1 und 2, *An Titus*). Die Pastoralbriefe wurden Anfang des 2. Jh.s n. Chr. verfasst und setzen zahlreiche Paulusbriefe, eventuell auch schon eine im Entstehen begriffene Paulusbriefsammlung voraus.

Die drei Briefe bilden hinsichtlich Sprache, Inhalt und Ausgestaltung der Brieffiktion eine Einheit, auch wenn dieser forschungsgeschichtliche Konsens in jüngster Zeit verstärkt infrage gestellt wird (J. Herzer). 1. Tim und Tit enthalten Weisungen des Paulus für seine Mitarbeiter, die in den Gemeinden von Ephesus (1. Tim 1,3) bzw. Kreta (Tit 1,5) von Paulus zurückgelassen wurden und ihn dort vertreten. Von diesen ›Hirtenbriefen‹ im engeren Sinne unterscheidet sich der 2. Tim schon in formaler Hinsicht: Er ist als letztes Vermächtnis stilisiert, das Paulus aus der römischen Gefangenschaft heraus seinem engsten Vertrauten Timotheus übermittelt. Aufgrund ihrer doppelten Pseudonymität, die aus der Adressatenfiktion resultiert, und ihres Charakters als Briefcorpus repräsentieren die Pastoralbriefe das am weitesten fortgeschrittene Stadium neutestamentlicher Paulus-Pseudepigraphie.

Der 1. *Timotheusbrief* beginnt mit einem Präskript (1,1 f.) und einem Proömium (1,3–20). Dieses führt in die fiktive Situation ein (1,3a), benennt als Aufgabe des Timotheus die Bekämpfung der Irrlehrer

(1,3b–11) und beinhaltet eine programmatische Selbstvorstellung des Paulus (1,12–17). Es folgen unterschiedliche Weisungen (2,1–3,16) über das Gebet, das Verhalten von Frauen sowie über die Voraussetzungen für das Bischofs- und Diakonenamt. Ein ursprünglich selbständiger Hymnus (3,16) benennt mit dem Christusgeschehen den Grund des christlichen Lebens. In 4,1 bis 6,2 ergehen weitere Weisungen und Belehrungen an Timotheus über die Irrlehrer und die Praxis der Gemeindeleitung, die gezielt die einzelnen Stände in den Blick nimmt (Witwen, Presbyter, Sklaven). Der Brief endet mit einer Mahnung, an der Überlieferung festzuhalten, und einem knappen Schlussgruß (6,3–21).

Der *Titusbrief* ist ähnlich aufgebaut. Einem längeren Präskript (1,1–4) folgen eine knappe Situationsangabe (1,5a), Anweisungen für Presbyter und Bischöfe, Regeln für den Umgang mit Häretikern, Ermahnungen für einzelne Stände (alte Menschen, junge Menschen,

Sklaven) sowie allgemeine Anweisungen für eine christliche Lebensführung (1,5b–3,11). Mehrere persönliche Mitteilungen, Empfehlungen und Schlussgrüße runden den Brief ab (3,12–15).

Der 2. *Timotheusbrief* enthält nach einem Präskript (1,1 f.) die Aufforderung an Timotheus, dem überlieferten Bekenntnis treu zu bleiben, sowie Selbstaussagen des Paulus über sein Leiden (1,3–18). Dem schließen sich allgemeine Ermahnungen über das Leiden für das Evangelium an (2,1–13), die dann speziell die Thematik der ›Irrlehrer‹ in den Blick nehmen (2,14–3,9); weiter wird die Vorbildlichkeit des Timotheus und des Paulus betont (3,10–17; 4,6–8). Ausführliche persönliche Mitteilungen und Grüße schließen sich an (4,9–22).

Aufgrund ihres konservativen Charakters gelten die Pastoralbriefe auch als ›Rechtspauliner‹. Im Gegensatz zum *Kolosser-* und *Epheserbrief* findet in ihnen keine produktive Weiterentwicklung der paulinischen Theologie statt. Im Zentrum steht vielmehr die Sorge um die unverfälschte Bewahrung und Weitergabe der paulinischen ›Hinterlassenschaft‹ (griechisch: parathēkē) – ein Begriff, der aus dem antiken Erbrecht stammt (1. Tim 1,18; 6,20; 2. Tim 1,12.14; 2,2). Große Bedeutung hat deswegen die Auseinandersetzung mit einer nicht mehr genau zu bestimmenden Häresie, die es abzuwehren und zu bekämpfen gilt. Das ist eine zentrale Aufgabe des kirchlichen (Wächter-)Amtes, dessen Ausübung und Eignungsvoraussetzungen einen Schwerpunkt der Pastoralbriefe bilden. An die Stelle des dynamisch-charismatischen Gemeindeverständnisses der echten Paulusbriefe tritt eine festgelegte Ämterordnung (Bischöfe, Presbyter, Diakone), die sich an der Autoritätsstruktur einer Hausgenossenschaft (griechisch: oikos) orientiert (1. Tim 3,5.15).

Die Pastoralbriefe bezeugen insgesamt ein positives und optimistisches Verhältnis zur Welt und ihrer gesellschaftlichen Ordnung, in der man sich ›bürgerlich‹ einrichten soll: Hochschätzung von Ehe (1. Tim 5,14) und Nachkommenschaft (1. Tim 2,15) – allerdings verbunden mit einem restriktiven Frauenbild (z. B. 1. Tim 2,9–15) –, Gebet für und Unterordnung unter den Staat mit dem Ziel eines ›ruhigen Lebens‹ (1. Tim 2,1 f.; Tit 3,1 f.) prägen die Pastoralbriefe ebenso wie die Ermunterung zu mäßigen leiblichen Genüssen (1. Tim 5,23).

Obwohl die Pastoralbriefe Paulus als zentrale inhaltliche und personale Norm für sich in Anspruch nehmen, ist angesichts der starken Unterschiede zur paulinischen Theologie immer wieder die Anfrage laut geworden, ob die »fiktive Selbstauslegung des Paulus« (A. Merz) nicht eher von einer Selbsttäuschung oder Täuschungsabsicht als von einer sachgemäßen Weitergabe des paulinischen Erbes zeugt.

MARTINA JANSSEN

An Philemon

In diesem kurzen Privatschreiben (25 Verse) wendet sich Paulus an den vornehmen Philemon, den er einst zum christlichen Glauben bekehrt hatte (Vers 19), um sich für dessen entlaufenen Sklaven Onesimus einzusetzen. Onesimus hatte sich zu dem in Gefangenschaft befindlichen Paulus nach Ephesus geflüchtet und war durch diese Begegnung ebenfalls Christ geworden. Paulus schickt mit diesem Brief den Sklaven, den er am liebsten in seinem Dienst behalten hätte, zu seinem Besitzer zurück und bittet Philemon, ihn ohne die in der Antike übliche Bestrafung wieder aufzunehmen: Er erhalte Onesimus nicht mehr als Sklaven, sondern als »geliebten Bruder« (Vers 16) zurück.

Paulus selbst rechnet mit dem Ende der Gefangenschaft und will den Adressaten besuchen, der nach Kol 4,9 im phrygischen Kolossä lebte. Der wohl im Jahr 55 n. Chr. (gegen Ende der ephesinischen Gefangenschaft) verfasste Brief schließt mit einer Grußliste und dem Segenswunsch. WOLFGANG SCHENK / JÜRGEN WEHNERT

5 *An die Hebräer*

Das *Hebräerbrief* genannte Buch, das vor allem wegen seiner vermeintlich paulinischen Herkunft Teil des Kanons wurde, ist weder ein Brief noch nach seiner zwar alten, aber sekundären Überschrift »an die Hebräer« (Juden) adressiert gewesen. Dass man das Schreiben als an die ›Hebräer‹ gerichtet verstand, ist eine Folge der in diesem Buch reichlich geübten allegorischen und typologischen Auslegung des AT auf Christus hin. Doch ist die umfangreiche Verwendung des AT im Urchristentum kein hinreichender Grund für die Annahme jüdischer oder judenchristlicher Leser. Wenn schon Paulus seinen heidenchristlichen Lesern mitunter komplizierte Auslegungen des AT zumutete, war dies auch dem unbekannten Autor des Hebr möglich, der das beste Griechisch des NT und für Leser schreibt, die eine gewisse Bildung besitzen. So lässt sich über die Adressaten nicht mehr sagen, als aus dem Schreiben selbst hervorgeht, dass es sich nämlich an schriftkundige Christen wendet.

Der Hebr ist kein regelgerechter Brief. Er setzt direkt mit der Sache ein, auf die er hinaus will: die Erhabenheit Christi; briefliche Formelemente sind in 1,1 bis 13,21 kaum zu erkennen. Nur der kurze (wohl nach dem Vorbild der Paulinen sekundär zugefügte) Briefschluss 13,22–25 lässt das Vorangehende als zur Verschickung bestimmt sein. Es wird hier als ›Mahnrede‹ (13,22) bezeichnet. Dem Stil und der Art seiner Auslegung des AT nach erinnert der Text stark an den hellenistisch-jüdischen Synagogenvortrag; es dürfte sich also um eine Predigt handeln, die für eine christliche Gemeinde niedergeschrieben wurde.

Die Ausführungen des Verfassers zielen vor allem auf die Ermahnungen, die die auslegenden Abschnitte immer wieder unterbrechen: ›gehorcht Jesu Wort‹ (2,1–4); ›meint nicht, schon am Ziel zu sein‹ (3,7–4,11); ›haltet an Jesus, dem wahren Hohenpriester, fest‹ (4,14–16); ›überwindet die Trägheit‹ (5,11–6,12); ›haltet am Bekenntnis fest, auch wenn ihr verfolgt werdet‹ (10,19–39); in 12,1 bis 13,17 folgen abschließende Mahnungen. Aus diesen Passagen ergibt sich, dass die Adressaten des Hebr nicht durch eine Irrlehre bedroht sind, sondern durch ein allgemeines Erlahmen, das sich in Glaubensmüdigkeit, Leidensfurcht und Vernachlässigung des Gottesdienstes ausdrückt. Der Verfasser stellt ihnen deshalb Christus in seiner Unvergleichlichkeit vor Augen, als »Abglanz der Herrlichkeit und Abbild des Wesens« Gottes (1,3): Er ist größer als die Engel und als Mose; er ist der Hohepriester (der Gott vor den Menschen und die Menschen vor Gott repräsentiert) und das dargebrachte Opfer zugleich und als solches unüberbietbar und endgültig; er ist der Anfänger und Vollender des Glaubens. Um den Lesern die Größe dessen zu verdeutlichen, was sie zu verlieren drohen, spricht der Autor eine (im NT singuläre und später heftig umstrittene) Warnung aus: Nach dem Abfall vom Glauben gebe es keine Möglichkeit einer zweiten Umkehr (nach der ersten Umkehr in der Taufe, beim Christwerden; 6,4–8).

Dies alles macht deutlich, dass der Hebr einer nicht allzu frühen Zeit des Urchristentums angehört. Er dürfte zwischen 80 und 95 n. Chr. verfasst worden sein, und zwar möglicherweise in Rom, da man ihn dort schon Ende des 1. Jh.s zitiert (im Brief des Bischofs Clemens an die Gemeinde in Korinth, Kap. 36).

WOLFGANG SCHENK / JÜRGEN WEHNERT

6 Die ›katholischen Briefe‹

Die sieben unter diesem Titel zusammengefassten Schriften des NT sind in ihrer Mehrzahl keine Briefe, sondern haben nur briefähnlichen Charakter. In ihren Überschriften werden die Verfasser genannt, nicht wie bei den Paulusbriefen die Adressaten. Als angebliche Verfasser zeichnen Jakobus (ein Brief), Petrus (zwei Briefe), Johannes (drei Briefe) und Judas (ein Brief).

Die sieben Schreiben sind erst relativ spät zu einem Corpus zusammengewachsen. Im 2. Jh. n. Chr. gelten nur 1. Petr und 1. Joh als kanonisch. Noch Eusebios (gest. ca. 340) bezeugt, dass nur diese beiden Schriften zu den anerkannten, Jak, 2. Petr, 2./3. Joh und Jud hingegen zu den bestrittenen gehören, die »gleichwohl bei den meisten in Ansehen stehen«. Die zusammenfassende Bezeichnung ›katholische Briefe‹ begegnet zuerst bei Eusebios, wird aber von ihm schon als gebräuchlich vorausgesetzt.

Das diese Zusammenstellung leitende Interesse dürfte gewesen sein, neben den Paulusbriefen ein weiteres Corpus von Apostelbriefen zu erhalten. Dabei spielte die Aufzählung der drei ›Säulen‹ der Jerusalemer Gemeinde in Gal 2,9 – Jakobus, Petrus und Johannes – eine Rolle. Sie bestimmte die Reihenfolge der kleinen Sammlung und qualifizierte sie als Zeugnis der Urapostel. Dementsprechend erhielt sie im Kanon der griechischen Kirche ihren Platz zwischen der *Apostelgeschichte* und den Paulusbriefen.

Wahrscheinlich ist zuerst der 1. Joh ein ›katholischer Brief‹ genannt worden. Damit wurde er im Unterschied zu 2. und 3. Joh, die konkrete Adressaten haben, als ein Schreiben gekennzeichnet, das ›an die Allgemeinheit gerichtet‹ sei, also enzyklischen Charakter habe. Von dem Verständnis her, dass sich dieses Schreiben an die gesamte Christenheit wende, wurde die Bezeichnung ›katholischer Brief‹ zunächst auf den 1. Petr und dann auf die ganze Textgruppe übertragen, obwohl

nur Jak, 2. Petr und Jud einen allgemeinen Leserkreis voraussetzen. Als kanonisch wurde die Sammlung im griechischen Osten endgültig mit dem Osterfestbrief des Athanasios von 367 akzeptiert, der Westen folgte vermutlich 382. In der syrischen Kirche waren noch im 5. Jh. nur drei ›katholische Briefe‹ anerkannt (Jak, 1. Petr, 1. Joh); die ganze Sammlung wurde dort erst im 6. oder 7. Jh. rezipiert.

Das theologische Gedankengut der sieben Dokumente ist weithin traditionell. Im Unterschied zu den Paulusbriefen sind von ihnen in der Kirchengeschichte keine wesentlichen theologischen Impulse ausgegangen. Luther hat den *Jakobus*- und den *Judasbrief* (ebenso wie *Hebräerbrief* und die *Offenbarung des Johannes*) den übrigen Schriften des NT untergeordnet und sie nicht zu dessen »rechten gewissen Hauptbüchern« gerechnet. KLAUS WENGST

Der *Jakobusbrief*

Der Inhalt der Schrift lässt kein einheitliches Thema, weder Gliederung noch Gedankenfortschritt erkennen. Einzelne Mahnungen verschiedener Art aus der paränetischen Tradition des Judentums, aber auch des Griechentums und des Hellenismus, sind lose aneinandergereiht und oft durch Stichwortverbindung miteinander verknüpft. Sie werden zusammengehalten durch das dominierende paränetische

Interesse des Verfassers, das auf die Praxis der Gemeinde zielt. Ein gewisser Zusammenhang ergibt sich dadurch, dass einzelne Themen wiederholt werden, so dass sich Motivketten ergeben.

Ein Briefeingang und ein Briefschluss fehlen. Die briefliche Fiktion ist allein durch das Präskript in 1,1 gegeben, das neben dem des ›Aposteldekrets‹ in Apg 15,23 als einziges im NT eine rein griechische Form aufweist. Der Verfasser adressiert sein Schreiben »an die zwölf Stämme in der Diaspora«, womit wohl die ganze Christenheit als wiederhergestelltes Israel angeredet wird, das auf der Erde in der Fremde weilt. Mit dieser Zuschrift will das Schreiben der Sache nach tatsächlich ein ›katholischer Brief‹ sein.

Dass der Name Jesus Christus nur zweimal vorkommt (1,1; 2,1), sein Tod und seine Auferstehung gar nicht erwähnt werden, hat zu der These geführt, Jak sei die mehr oder weniger starke Überarbeitung einer jüdischen Grundschrift. Doch gibt es Berührungen mit Jesusworten sowie eine Reihe weiterer Stellen, die nur verständlich sind, wenn der Brief eine christlich konzipierte Schrift ist. Vor allem aber setzt die Erörterung in 2,14–26 die paulinische These von der Rechtfertigung allein aus Glauben ohne Werke des Gesetzes und deren formelhafte Erstarrung voraus (vgl. auch das Zitat aus Gen 15,6 in Jak 2,23 mit der Verwendung dieser Stelle durch Paulus in Gal 3,6 und Röm 4,3).

Der Passus 2,14–26 ist auch der theologisch bedeutsamste und zugleich problematischste Abschnitt des Jak. Er gipfelt in der These, dass der Mensch aufgrund seiner Werke gerecht gesprochen wird und nicht allein aufgrund seines Glaubens. Diese These richtet sich gegen eine Verweigerung christlicher Praxis, die mit frommen Reden beschönigt wird (2,15 f.). Soweit der Brief auf Praxis insistiert und frömmelnde Heuchelei entlarvt, ist ihm Zustimmung gewiss. Dass damit Paulus nicht getroffen wird, für den es keinen Glauben ohne ein entsprechendes Handeln gibt, versteht sich von selbst. Vermutlich sah sich der Verfasser von einem grob missdeuteten Paulus herausgefordert, ist allerdings weit davon entfernt, den wirklichen Paulus wiederherzustellen. Theologische Reflexion ist nicht seine Stärke, Glaube geht für ihn nicht über ein Fürwahrhalten hinaus. In einem schlichten Gegenschlag macht er die Werke zum entscheidenden Kriterium der Gerechtsprechung des Menschen. Dadurch tritt er in einen Gegensatz zur paulinischen Rechtfertigungslehre, der höchstens durch gewaltsame Interpretation ausgeglichen werden kann.

In seiner Paränese hebt der Jak einen Bereich besonders hervor: Er nimmt eine alttestamentlich-jüdische Traditionslinie auf, nach der Gott für die Armen und Gedemütigten Partei ergreift und den Reichen das Gericht ansagt (1,9–11; 2,1–7. 15 f.; 4,13–17; 5,1–6). Die Einheit der Gemeinde erweist sich nicht zuletzt in der Solidarität mit den sozial Schwachen.

Der Verfasser nennt sich »Jakobus, Gottes und des Herrn Jesus Christus Sklave« (1,1). Damit erhebt der Brief den Anspruch, von dem ›Herrenbruder‹ Jakobus, also einem Bruder Jesu, geschrieben zu sein, denn kein anderer Jakobus des frühen Christentums war so bekannt, dass diese schlichte Autorangabe zur Identifizierung hätte ausreichen können. Der Annahme, dass Jak tatsächlich vom Herrenbruder stammt, stehen aber schwere Bedenken entgegen: 1. Die Verwendung

sprachlich-stilistischer Kunstmittel und die Benutzung der *Septuaginta* machen es wahrscheinlich, dass die Muttersprache des Autors Griechisch war und nicht Aramäisch, was für Jakobus vorauszusetzen ist. 2. Der auch den kultischen Vorschriften der *Tora* gegenüber treue Herrenbruder (er veranlasste, dass Petrus und andere Christen jüdischer Herkunft die Tischgemeinschaft mit den Heidenchristen abbrachen; Gal 2,12 f.) kann nicht identisch sein mit dem Mann, für den der »reine Gottesdienst« in sittlichen Handlungen besteht (Jak 1,27) und der vom »vollkommenen Gesetz der Freiheit« spricht (1,25; 2,12). 3. Unter der Voraussetzung der Verfasserschaft des Herrenbruders wären das bis ins 3. Jh. reichende Schweigen über den Brief und der noch im 4. Jh. erhobene Widerspruch gegen seine Kanonisierung kaum erklärlich.

Die Verwendung der *Septuaginta* und jüdischer Traditionen lassen daher als Autor an einen hellenistischen Judenchristen denken, der seine Abhandlung unter die Autorität des hoch geachteten Herrenbruders stellte. Die Abfassungszeit lässt sich nur ungenau bestimmen. Die Polemik 2,14–26 setzt einigen Abstand zum historischen Paulus (gest. ca. 61) voraus. Da sich im sogenannten *Hirten des Hermas*, einem um 140 in Rom entstandenen allegorisch-apokalyptischen Werk, sowohl hinsichtlich der moralischen Grundtendenz als auch in vielen Einzeltraditionen Übereinstimmungen mit Jak zeigen, dürfte

Letzterer in der Spätzeit des frühen Christentums abgefasst worden sein (um 100 n. Chr.?). Für den Abfassungsort gibt es keine Anhaltspunkte. KLAUS WENGST

Der *Erste Petrusbrief*

Dieses Schreiben ist »an die auserwählten Fremdlinge in der Diaspora von Pontus, Galatien, Kappadokien, Asien und Bithynien« gerichtet; nach 1,14. 18; 2,9 f.; 4,3 f. waren die Adressaten einst Heiden. Wie in Jak 1,1 wird damit die Kirche als wiederhergestelltes Israel verstanden, deren Glieder in der Welt als Fremde leben. Ob die genannten Namen Provinzen oder Landschaften bezeichnen sollen, lässt sich kaum entscheiden; jedenfalls ist mit ihnen ein großer Teil Kleinasiens abgedeckt. Der 1. Petr ist daher als Rundschreiben gedacht, das auf eine umfangreiche Leserschaft zielt: Der Autor wendet sich an ein ihm unbekanntes christliches Publikum in einem weit abgesteckten geographischen Raum. Dem entspricht es, dass stilistisch nur Anfang und Schluss die Formalien eines Briefes erfüllen (1,1 f.; 5,12–14), der Hauptteil dagegen nicht. In dem Schreiben geht es also nicht um die Situation bestimmter Leser.

Die früher oft vertretene These, 1. Petr reflektiere die erste weltweite Christenverfolgung unter Domitian (Regierung 81–96), ist verfehlt. Zum einen ist von einer solchen Verfolgung nur in Quellen die Rede, die der Zeit Domitians fernstehen; die älteren Quellen erlauben diese Annahme nicht. Zum anderen wird im 1. Petr zwar viel von ›Leiden‹ gesprochen, nirgends aber von gewaltsamer Tötung. Mit diesen ›Leiden‹ charakterisiert der Verfasser die Alltagssituation von Christen im Imperium Romanum. Durch ihre abweichende Lebensart, die sie vieles nicht mitmachen ließ, was anderen selbstverständlich war, wurden sie gesellschaftlich isoliert und setzten sich Verdächtigungen und Misstrauen aus. Das führte zu Hass und Verleumdungen und konnte durch Denunziation bei den Behörden in Kriminalisierung enden. So waren sie in der Tat ›Fremdlinge‹ in der Welt (1,1).

Angesichts dieser schwierigen Bedingungen, die überall vorhanden waren (5,9) und zuweilen bedrohliche Formen annehmen konnten, will der Verfasser seine Leser- und Hörerschaft ermutigen und ermahnen (5,12); er will zeigen, wie unter solchen Verhältnissen das Christsein gelebt werden kann. Er tut dies unter Aufnahme traditionellen Materials und – wie in paränetischen Zusammenhängen üblich – ohne strikte Gedankenführung. Sein Schreiben lässt sich daher durchaus als einheitlich konzipierter Text verstehen. Die oft variierte These, dem Abschnitt 1,3 bis 4,11 liege eine Taufansprache zugrunde, die der Verfasser in 4,12 bis 5,11 aktualisiert und durch 1,1 f. und 5,12–14 brieflich gerahmt habe, ist nicht nur überflüssig, sondern auch nur durch Isolierung einzelner Textbefunde und Ausblendung anderer durchführbar.

Hinsichtlich der aufgenommenen Traditionen fällt besonders eine starke paulinische Prägung des Schreibens auf, die vor allem in der Zuordnung von Gnade und Heiligung, von Gegenwart und Zukunft des Heils und in der Ekklesiologie hervortritt. Allerdings ist der Verfasser kein ›Pauliner‹. Er vertritt das paulinische Erbe nicht kämpferisch, sondern nimmt einige Elemente paulinischer Theologie wie selbstverständlich auf. Andere spielen für ihn keine Rolle – ebenso wenig wie die Auseinandersetzungen, in denen Paulus seine Theologie bildete. Sein ›Paulinismus‹ gehört also in eine deutlich spätere Zeit.

Als Autor des 1. Petr wird der Apostel Petrus genannt (1,1). Gegen die Richtigkeit dieser Angabe sprechen jedoch durchschlagende Argumente: 1. Das literarisch gehobene Griechisch und die Vertrautheit mit der *Septuaginta* weisen nicht auf den Galiläer Simon-Petrus hin, dessen Muttersprache Aramäisch war. 2. Der Umstand, dass sich keine Reminiszenz an den irdischen Jesus findet, spricht gegen die Abfassung durch dessen wichtigsten Schüler. 3. Der erwähnte Paulinismus, der jenseits der Lebenszeit von Petrus und Paulus liegt, schließt eine petrinische Autorschaft aus.

Als Abfassungsort wird ›Babylon‹ angegeben (5,13). Das dürfte ein apokalyptischer Deckname für Rom sein, der nach der Zerstörung Jerusalems im Jahr 70 n. Chr. aufkam. Diese Ortsangabe hängt zusammen mit der fiktiven Verfasserschaft des Petrus und muss daher gleichermaßen als fiktiv gelten. Im *Canon Muratori*, einem römischen Kanonverzeichnis (um 200), ist der 1. Petr nicht genannt. Dagegen wird er schon in der ersten Hälfte des 2. Jh.s von den kleinasiatischen Christen Papias (um 110?) und Polykarp (um 130?) bezeugt; aus Kleinasien stammt auch Eirenaios von Lyon (um 180), sein nächster Zeuge.

1. Petr dürfte also in dem Bereich entstanden sein, der auch in der Adresse anvisiert wird. In zeitlicher Hinsicht lässt sich nur eine Eingrenzung vornehmen: nach 70 und vor Papias, also ca. 90 n. Chr.

KLAUS WENGST

Der *Zweite Petrusbrief*

Der 2. Petr, dem Inhalt nach ein Traktat über die Letzten Dinge, besitzt einen klaren Aufbau. Er ist an jene gerichtet, »die einen dem unsrigen gleichartigen Glauben haben« (1,1), versteht sich folglich als ›katholischer Brief‹ an die gesamte rechtgläubige Christenheit.

Der Autor schreibt aus einem konkreten Anlass, der in 3,3 f. deutlich formuliert wird: Die Väter sind tot, doch in der Welt ist alles beim Alten geblieben – wo also bleibt die Parusieverheißung? Diese spöttische Kritik an der traditionellen Eschatologie üben die in Kapitel 2 weithin mit den Worten des *Judasbriefs* (s. u.) kritisierten Irrlehrer. Aus 3,15 f. darf geschlossen werden, dass sie sich auf paulinische Aussagen gestützt haben; dafür spricht auch die von ihnen verheißene ›Freiheit‹ (2,19).

Diesen Lehrern begegnet der Verfasser zunächst damit, dass er als vorgeblicher Petrus seine Autorität kräftig herausstreicht. Er stilisiert das Schreiben als Testament des Apostels (1,13–15) und hebt seine Augenzeugenschaft bei der Verklärung Jesu hervor (1,16–18; vgl. Mt 17,1–9). Mit diesem Zeugnis verbindet er den Hinweis auf »das prophetische Wort« der Schrift (1,19–21; vgl. das Nebeneinander von alttestamentlichen Propheten und Aposteln Jesu Christi in 3,2). Danach wertet er die Irrlehrer moralisch ab, malt ihre sichere Bestrafung kräftig aus (Kap. 2) und führt schließlich der Tradition entnommene Argumente an, die allerdings widersprüchlich sind (3,5–10). Das zweite dieser Argumente zeigt besonders deutlich die Lage (und Verlegenheit) des Verfassers: Wenn vor Gott ein anderer Zeitbegriff gilt und tausend Jahre wie ein Tag zählen, ist die frühchristliche Erwartung der unmittelbar bevorstehenden Parusie, die Hoffnung auf den Abbruch des ›Immer-weiter-so‹, die sich schon jetzt in Form kleiner Unterbrechungen realisiert, aufgegeben und zu einer Lehre über die Letzten Dinge geworden. Der Verfasser beruft sich auf »die vorliegende Wahrheit« (1,12) und »das überlieferte heilige Gebot« (2,21) als apostolische

Tradition, mit der er der Irrlehre entgegentritt. Was aber hier mit großem Aufwand als petrinisches Vermächtnis ausgegeben wird, ist »nur ein stark verdünnter Rest dessen, was die apostolische Zeit tatsächlich an Glaubensinhalten geschaffen hatte« (W. Schrage).

Der Anspruch des Briefs, von »Simon Petrus, Knecht und Apostel Jesu Christi«, geschrieben zu sein, ist eine Fiktion, die konsequent durchgehalten wird: 1,14 (vgl. Joh 21,18 f.); 1,16–18; 3,1. 15. Zunächst ist darauf hinzuweisen, dass der Autor des 2. Petr nicht mit dem des 1. Petr identisch sein kann: Die Unterschiede in theologischer und sprachlicher Hinsicht sind beträchtlich. Ferner ist in Kapitel 2 der *Judasbrief* fast gänzlich eingearbeitet. Von vielem, was für die Priorität des *Judasbriefs* spricht, sei hier nur angeführt, dass 2. Petr 2,11 erst durch Jud 9 verständlich wird. Da aber Jud gegen Ende der frühchristlichen Zeit geschrieben wurde, kann 2. Petr nicht von Petrus (gest. ca. 64 n. Chr.) stammen.

Der 2. Petr setzt bereits einen christlichen Schriftenkanon voraus. Neben dem AT (1,19–21; 3,2) stehen ein nicht näher abgegrenztes Corpus Paulinum und »die übrigen Schriften« (3,15 f.). Das *Johannesevangelium* (1,14) und die synoptische Tradition (1,16–18; 3,10) sind bekannt. Eine ›private Auslegung‹ der Schriften wird untersagt (1,20; vgl. 3,16 f.) – die Exegese ist Sache des kirchlichen Lehramts. Auch damit steht der 2. Petr schon tief im 2. Jh. Er dürfte um 150 geschrieben und damit die jüngste Schrift des NT sein. Diese Annahme wird auch durch ihre späte Bezeugung nahegelegt: Erst Origenes (um 250) nennt sie und zählt sie – wie auch noch Eusebios – zu den umstrittenen Schriften. KLAUS WENGST

Die Johannesbriefe

Die drei Johannesbriefe belegen zusammen mit dem *Johannesevangelium* die Existenz eines ›johanneischen Kreises‹ im frühen Christentum. In der Alten Kirche gewann die Meinung die Oberhand, alle diese Schriften hätten denselben Verfasser, nämlich den Jesusschüler Johannes, Sohn des Zebedäus. In der neuzeitlichen Kritik ist sowohl diese Zuschreibung als auch die Einheitlichkeit der Verfasserschaft in Frage gestellt worden; es besteht ein Konsens darüber, dass diese Schriften nicht von einem Jesusjünger stammen. Umstritten ist ihr Verhältnis zueinander. Zwischen dem *Johannesevangelium* und dem 1. Joh bestehen trotz großer sprachlicher und sachlicher Übereinstimmungen charakteristische Unterschiede. Vor allem treten semantische Verschiebungen bei denselben Begriffen und Wendungen hervor, die die Folgerung nahelegen, dass der Brief nach dem Evangelium geschrieben wurde und einen anderen Verfasser hat, der das Evangelium als vorgegebene Tradition benutzt.

Im Hinblick auf 2. und 3. Joh ist zunächst festzuhalten, dass diese beiden kleinen Schreiben eng zusammengehören. An ihnen lassen sich Verschiebungen gegenüber 1. Joh beobachten. Auffällig ist die Veränderung der Ketzerpolemik in 2. Joh gegenüber der in 1. Joh; sie verweist jedenfalls auf ein fortgeschrittenes Stadium. Ob das auch die Annahme eines anderen Verfassers wahrscheinlich macht, muss offen bleiben.

Der *Erste Johannesbrief* wird zuerst von Polykarp (um 130?) bezeugt, und laut Eusebios hat ihn auch Papias (um 110?) gekannt. Er ist im *Canon Muratori* aufgeführt sowie in allen anderen frühen Kanonverzeichnissen und gilt auch bei den Kirchenvätern allgemein als kanonische Schrift. Ob der Schlussabschnitt 5,14–21 ursprünglich zu diesem Schreiben dazugehört, ist umstritten. Es gibt Gründe für die Annahme, dass eine Hinzufügung von anderer Hand vorliegt: der Schlusscharakter von 5,13; die im Vorangehenden durch nichts angedeutete Möglichkeit einer Unterscheidung von »Sünde zum Tode« und »Sünde nicht zum Tode« (5,16 f.); die vom Brief her völlig unverständliche Schlussmahnung (5,21).

Der 1. Joh ist wesentlich von der Auseinandersetzung mit Irrlehrern bestimmt, die aus dem Kreis der eigenen Gemeinde hervorgegangen sind (2,18 f.). Diese Auseinandersetzung zwischen dem Verfasser und seinen Gegnern ist ein Streit um die gemeinsame johanneische Tradition, wie sie sich im *Johannesevangelium* niedergeschlagen hat. Der Verfasser sieht den entscheidenden Differenzpunkt in der Christologie. Nach ihm gilt als richtiges Bekenntnis, dass Jesus Christus »im Fleisch« gekommen ist, und als falsch gilt es, »Jesus nicht zu bekennen« (4,2 f.). Für die Gegner hat der irdische Jesus keine theologische Bedeutung: Er ist nur Träger eines zeitweise mit ihm verbundenen geistigen Christus und also lediglich die Bedingung für die Möglichkeit einer Kommunikation des Himmlischen mit dem Irdischen. Die Gegner stehen daher auf einer Linie, die in die christliche Gnosis führt. – Gegen die Position, die 1. Joh in derselben Situation eines jüdisch-judenchristlichen Streites um die Messianität Jesu verorten will wie das Joh, spricht folgende Beobachtung: Im Joh wird immer wieder in christologischen Zusammenhängen das AT zitiert – es ist zentraler Bezugspunkt in diesem Streit –, im 1. Joh begegnet es nur einmal beiläufig außerhalb dieses Zusammenhangs (3,12).

Die Auseinandersetzung mit Gegnern, die aus demselben Kreis hervorgegangen sind, erklärt die eigenartige literarische Form des 1. Joh. Ein Dutzend Mal sagt der Verfasser, dass er »euch« schreibt, womit nach 2,19 die dem johanneischen Kreis Zugehörigen angesprochen sind. Er will also sein Schreiben als Brief verstanden wissen. Doch fehlt jeder briefliche Rahmen. Anfang (1,1–4) und Schluss (5,13) des 1. Joh haben aber deutliche Bezüge zum Prolog und ersten Schluss

(20,31) des *Johannesevangeliums*. Unter dessen Autorität wollte der Verfasser sein Schreiben offenbar stellen, um im Streit um die gemeinsame Tradition diese für seine Position zu beanspruchen.

Theologisch ist 1. Joh dadurch charakterisiert, dass der Verfasser in der lockeren Komposition seines Schreibens immer wieder auf zwei Aussagenbereiche zurückkommt. Zum einen stellt er entschieden die theologische Relevanz des irdischen Jesus heraus und formuliert sie bekenntnishaft (vgl. 2,22; 4,2 f.15; 5,1. 5 f.). Zum anderen schärft er die geschwisterliche Liebe in der Gemeinde ein. Damit benennt er aber nicht je ein Kriterium der Rechtgläubigkeit aus Dogmatik und Ethik. Beides gehört für ihn untrennbar zusammen. Das wird in 4,7–21 am deutlichsten, wo zweimal der bekannteste Satz dieses Briefes begegnet: »Gott ist Liebe« (4,8. 16). Die in der Sendung Jesu erwiesene Liebe Gottes kommt zum Ziel in der Liebe der Menschen zueinander.

Der 1. Joh wird nach dem Joh entstanden sein und vor seiner ersten Bezeugung durch Polykarp. Daher kommt am ehesten eine Ansetzung zwischen 100 und 110 n. Chr. in Frage. Auch wenn die ursprüngliche Heimat des johanneischen Kreises Syrien sein dürfte, muss er doch auch im westlichen Kleinasien gewirkt haben, wo die gesamte johanneische Tradition von der kirchlichen Überlieferung lokalisiert wird.

Für eine Entstehung des 1. Joh dort sprechen seine frühe Bezeugung durch Polykarp und Papias sowie die theologische Nähe der Irrlehrer zu dem Kleinasiaten Kerinth.

Der *Zweite Johannesbrief* und der *Dritte Johannesbrief* sind wirkliche Briefe, kurze Mitteilungen (im Umfang von 13 bzw. 15 Versen), für deren Form es viele antike Parallelen gibt. Als Absender ist beide Male ›der Presbyter‹ (›der Alte‹) angegeben. Damit ist er identifizierbar, wenn es sich hier um eine Ehrenbezeichnung handelt, die ihm als Traditionsträger und führende Gestalt des johanneischen Kreises beigelegt wurde.

Der 2. Joh ist ein Gemeindebrief, gerichtet »an die auserwählte Herrin und ihre Kinder« (Vers 1), womit eine Gemeinde in ihrer Gesamtheit und mit ihren Mitgliedern bezeichnet wird. Der Verfasser ermahnt sie zur Liebe untereinander (4–6), bevor er zu seinem eigentlichen Thema kommt, der Bekämpfung von Irrlehren (7–11). Es sind dieselben wie im 1. Joh. Allerdings wird jetzt nicht mehr nach Kriterien
gesucht, die zwischen Rechtgläubigkeit und Ketzerei zu unterscheiden lehren, sondern jede Kommunikation mit den Irrlehrern untersagt.

Der 3. Joh ist ein Privatbrief, den ›der Alte‹ an einen sonst unbekannten Gaius richtet. Ziel des Briefes ist die Empfehlung von Wandermissionaren, die Gaius schon einmal aufgenommen hatte (Verse 2–4) und die er wieder unterstützen soll (5–8. 11 f.). Was diesen Brief interessant macht, sind die Informationen, die er in Vers 9 f. gibt. Danach erkennt ein Diotrephes, »der bei ihnen der Erste sein will«, ›den Alten‹ nicht an, nimmt dessen Sendboten nicht auf und bedroht diejenigen, die das tun wollen, mit Exkommunikation. Das Handeln des Diotrephes zeigt, dass er in seiner Gemeinde auch tatsächlich ›der Erste‹ ist, also Bischof, und zwar ein rechtgläubiger Bischof, da ihm ›der Alte‹ keine Irrlehre vorwirft und mit ihm ins Gespräch kommen will (vgl. dagegen 2. Joh 10 f.). Vielmehr wird ›der Alte‹ von Diotrephes verketzert worden sein; darauf dürfte es sich beziehen, wenn dieser von Verleumdungen spricht, gegen die er sich bei seinem Kommen zur Wehr setzen will. Die Möglichkeit zur Verketzerung wurde Diotrephes durch die Spaltung des johanneischen Kreises (1. Joh 2,18 f.) geboten: Er warf ›den Alten‹ und die Seinen mit dem gnostisierenden Flügel in einen Topf. Vor dem Hintergrund einer solchen Situation wird die Schärfe verständlich, mit der sich ›der Alte‹ in 2. Joh 10 f. abgrenzt.

Der 2. und 3. Joh wurden nach dem 1. Joh abgefasst. Das Bild, das 3. Joh vom monarchischen Episkopat andeutet, weist in dieselbe Zeit, für die die Briefe des Bischofs Ignatius von Antiochien (um 110?) die Ausbildung dieses Amtes bezeugen. ›Der Alte‹ dürfte also etwa 110 bis 115 n. Chr. geschrieben haben, und zwar ebenfalls im westlichen Kleinasien. KLAUS WENGST

Der *Judasbrief*

Das kurze Schreiben (25 Verse) wird bereits im 2. Petr verwendet (s. o.). Nach dem *Canon Muratori* (um 200 n. Chr.), Tertullian und Clemens von Alexandrien gilt er als kanonisch. Origenes, Eusebios und Hieronymus bezeichnen ihn aber – wohl aufgrund der Zitate aus apokryphen Schriften (Vers 9 und 14 f.) – als umstritten.

Als Empfänger werden »die Berufenen« genannt, »die in Gott, dem Vater, geliebt und für Jesus Christus bewahrt sind« (Vers 1). Eine so allgemein gehaltene Adresse ist nur verständlich, wenn das Schreiben als ›katholischer Brief‹ intendiert ist, obwohl es sich auf eine konkrete Situation bezieht. Den Anschein eines Briefs vermittelt nur das Präskript; am Schluss stehen weder Grüße noch Segenswunsch, sondern eine Doxologie.

Den Hauptteil bildet eine in heftigem Ton gehaltene Mahnrede, die von einer Schmähschrift nicht weit entfernt ist. Zu ihr sieht sich der Verfasser durch Irrlehrer veranlasst. Aufgrund seiner Andeutungen werden sie oft für libertinistische Gnostiker gehalten. Wahrscheinlich waren sie aber weder Libertinisten noch Gnostiker. Der Vorwurf des Libertinismus dürfte im Wesentlichen eine Erfindung der Ketzerbekämpfung sein und so gut wie gar keine Realität widerspiegeln. Die Angaben des *Judasbriefs*, wonach die Irrlehrer ja Aufnahme in den Gemeinden finden und von ihnen ausgehalten werden (12), lassen sich besser verstehen, wenn es sich bei ihnen um Wanderpropheten handelt, die sich ekstatisch über die Engel erheben (8) und auf »die Gnade unseres Gottes« pochen (4) – möglicherweise als radikale Pauluserben in einem antinomistischen Sinn.

Ihnen gegenüber unternimmt der Verfasser keine um Gründe bemühte Widerlegung. Seine ›Argumente‹ bestehen in polemischen Ausfällen (8.10.12 f.) und der Androhung des göttlichen Gerichts (5–7.15). Er versichert seiner Leser- und Hörerschaft, dass es über das Auftreten solcher Leute Vorhersagen gebe (4.14 f.17 f.), und mahnt sie, »für den einmal überlieferten Glauben zu kämpfen« (3), sich auf ihrem »allerheiligsten Glauben« zu erbauen (20).

Als Autor ist im Präskript ein Judas angegeben. Die nähere Bestimmung »Bruder des Jakobus« setzt Letzteren als bekannt voraus. Mit ihm kann nur der Herrenbruder gemeint sein und mit Judas folglich auch ein Bruder Jesu (vgl. Mk 6,3). In der vorangehenden Selbstbezeichnung »Sklave Jesu Christi« liegt ein starker Anklang an Jak 1,1 vor. Der Verfasser hängt also sein Schreiben sozusagen an Jak an, veranlasst durch eine ähnliche Gegnerschaft.

Dass die Absenderangabe auch hier fiktiv ist, machen zwei Gründe wahrscheinlich: Die Zeit der Apostel erscheint als bereits vergangene Ära (17); der als überlieferte Norm vorausgesetzte Glaube (3.20) und die Parallelisierung der alten Propheten mit »den Aposteln« (14 f.17 f.) weisen auf die Endphase des frühen Christentums hin. Die Abfassungszeit lässt sich nur relativ und ungenau bestimmen: Sie liegt zwischen Jak und 2. Petr, vielleicht also um 110 n. Chr. Über den Abfassungsort lässt sich nichts sagen. KLAUS WENGST

7 Die Offenbarung des Johannes

Die *Offenbarung* (*Apokalypse*) des Johannes von Patmos ist ein Buch mit brieflich stilisiertem Anfang (1,4–8) und Abschluss (22,21). Nach seinem eigenen Zeugnis (1,1) will es eine göttliche Offenbarung sein und stellt sich damit in die Tradition der apokalyptischen Literatur des Judentums. Unter Aufnahme von visionären Bildern, Symbolen und Motiven soll enthüllt werden, was in der bevorstehenden letzten Phase der Geschichte Gottes mit der Welt geschehen wird (1,1; 22,6).

Solche apokalyptischen Zukunftsweissagungen begegnen bereits in den jüngeren Schichten des AT (Jes 24–27, Sach 9–14 und vor allem im Buch *Daniel*, das das erste große Werk dieser Literaturgattung darstellt). Von ca. 300 v. Chr. bis etwa 100 n. Chr. war die Blütezeit apokalyptischen Denkens und der Schriften, die es hervorgebracht hat (vgl. alttestamentliche und neutestamentliche Apokryphen). Hintergrund dieser großen Entwürfe, die auf den Abbruch aller immanenten Geschichte abzielen, ist die Deutung der Gegenwart als eine negative, gottfeindliche Weltzeit, auf deren Ende man hofft, damit ein von Gott vorbereiteter neuer, gerechter Äon beginnen kann. Die Autoren der Apokalypsen behaupten, in der Vor- oder Frühzeit Israels zu schreiben, und verbergen sich hinter dem Namen eines berühmten Frommen (z. B. Henoch, Abraham, Elija, Baruch oder Esra). So können sie vergangene Geschichte als fingierte Weissagung schildern und eine daraus abgeleitete Darstellung der zukünftigen Geschehnisse als echte Weissagung anschließen.

Im Vergleich mit dieser Literatur werden die Besonderheiten der Apk deutlich: Der Verfasser nimmt nur die Autorität seines eigenen Namens in Anspruch. Auch schreibt er keine geheim zu haltende Weisheit, sondern offene Weissagung und Mahnung. Vor allem unter-

nimmt er keine Begründung seiner Geschichtsschau aus dem Verlauf früherer Epochen, sondern setzt mit dem Handeln Gottes in Jesu Kommen, Tod und Erhöhung ein. So ist es vor allem die oft dunkle, bildreiche Sprache, die auf den jüdisch-apokalyptischen Hintergrund der Apk verweist: Sie ist durchgängig mit Formulierungen des AT durchsetzt (besonders aus Ez und Dan), ohne dass sich direkte Zitate daraus finden, auch nicht aus den nach-alttestamentlichen Apokalypsen, obwohl der Autor davon Kenntnis gehabt haben wird.

Der Verfasser mit Namen Johannes (1,1. 4. 9; 22,8), der sich nicht zu den ›Aposteln‹ (18,20; 21,14) rechnet, dürfte ein herausragender Christ seiner Zeit gewesen sein. Er schrieb sein Buch auf der öden Insel Patmos im Ägäischen Meer, wohin er offensichtlich wegen seines Bekenntnisses zum Evangelium verbannt worden war (1,9). Als Abfassungszeit kommt am ehesten das Ende der Regierungszeit Domitians (81–96 n. Chr.) in Frage. Dieser Kaiser ließ an vielen Orten des Römischen Reiches Statuen zu seiner Huldigung aufstellen. Die Vision vom Tier aus dem Meer scheint auf diese Praxis des Kaiserkultus anzuspielen, die die Verfolgung derjenigen nach sich zog, die »das Bild des Tieres nicht anbeteten« (13,11–18). In der Zeit Domitians entstand wohl auch die Legende vom auferstandenen Nero, auf die in 13,3; 17,8 angespielt wird. Die Apk dürfte also zwischen 90 und 95 n. Chr.

verfasst worden sein; ihre Adressaten waren vor allem die christlichen Gemeinden Kleinasiens (vgl. die Sendschreiben 2 f.).

Hintergrund der Apk ist die zunehmende Unterdrückung der christlichen Gemeinden durch den römischen Staat (1,9; 6,9–11; 11,1 ff.; 13,1 ff.). Mit dem Hinweis darauf, dass das Ende der Geschichte nahe bevorsteht (1,1. 3; 22,6. 10), will Johannes die Christen seiner Zeit und Umgebung aufrichten und trösten, denn er schreibt für eine Kirche, deren Los es ist, Märtyrerkirche zu werden. Wie die meisten Bücher des NT ist die Apk daher eine ausgesprochene Gelegenheitsschrift. Es lag nicht in der Absicht des Verfassers, späteren Generationen etwas mitzuteilen oder gar spekulative Weissagungen über künftige Epochen der Weltgeschichte zu geben. Eine solche Deutung und Verwendung der Apk kann nur als Missverständnis, ja als Missbrauch dieses frühchristlichen Dokuments bezeichnet werden.

Die Apk ist deutlich dreigeteilt. Nach 1,19 erhält der Seher den Auftrag, aufzuschreiben, »was du gesehen hast und was ist und was danach geschehen soll«. »Was du gesehen hast« verweist auf die Vision, durch die sich Johannes zu seinem Werk berufen sah (1,9–20). »Was ist« bezieht sich auf die Situation der Kirche in der Gegenwart des Verfassers: Ihr gelten mahnende Briefe, sogenannte Sendschreiben, die an sieben kleinasiatische Christengemeinden (Ephesus, Smyrna, Pergamon, Thyatira, Sardes, Philadelphia und Laodicea) gerichtet sind (Kap. 2 f.). Diese Gemeinden werden je nach ihrem Zustand gelobt oder getadelt, doch weist die Siebenzahl darauf hin, dass Johannes darüber hinaus die gesamte Kirche im Blick hat: »Weil du bewahrt hast das Wort von meiner Geduld, will ich auch dich bewahren vor der Stunde der Versuchung, die über den ganzen Weltkreis kommen wird [...]. Siehe, ich komme bald; halte fest, was du hast, damit niemand deine Krone nehme!« (3,10 f.)

Der dritte Teil der Apk, »was danach geschehen soll«, umfasst drei Viertel des ganzen Buches und ist im strengen Sinne apokalyptische Rede (Kap. 4–22). Die Struktur dieses Abschnitts trägt wesentlich zu seinem Verständnis bei. Zugrunde liegt im Wesentlichen ein Dreischritt: Es beginnt mit einer Andeutung (6,1–8,1), darauf folgt eine skizzenhafte Entfaltung (8,2–14,20), an die sich die endgültige, ausführliche Darstellung des zukünftigen Geschehens anschließt (15,1–22,6).

Im Grunde wird also alles dreimal berichtet, und zwar so, dass sich die beiden vorläufigen Schilderungen von der definitiven Darstellung her erschließen.

Ausgangspunkt und Voraussetzung dieses Abschnitts ist die Vision vom himmlischen Gottesthron und vom siebenfach versiegelten Buch, das nur das geschlachtete Lamm (Christus) öffnen kann (Kap. 4 f.). Wie die Öffnung der sieben Siegel rein technisch den Zugang zum Buchinhalt ermöglicht, so geben die sieben Siegelöffnungsvisionen (Kap. 6 f.) in ungeheurer Verkürzung eine erste Vorstellung davon, indem sie die kommenden Schrecken und die Vollendung der Erlösten andeuten. Mit der Ablösung des siebten Siegels (8,1) ist der Buchinhalt eröffnet; er wird in 8,2 bis 22,6 in zwei Anläufen ausgebreitet. Die erste fragmentarische Darstellung beginnt mit der Vision von den sieben Posaunen (8,2–9,21; 11,15–19), deren Gerichtsmotive später endgültig in der Vision von den sieben Zornesschalen (15,1–16,21) entfaltet werden. Die Schilderung der widergöttlichen Kräfte des römischen Weltreichs, des »Drachen« (Kap. 12 f.), findet sein Gegenbild und seine Fortsetzung im Gericht über die Hure Babylon und das scharlachrote Tier (Kap. 17 f.). Daran schließen sich in der ersten (Kap. 14) und in der zweiten Reihe (Kap. 19) die Visionen an, in denen der Messias selbst als Richter sichtbar wird, und zwar in der ersten Darstellung wohl bewusst so rätselhaft, dass ihr späteres Pendant geradezu als Auflösung des Rätsels erscheint. Das eigentliche Endgeschehen nach der Vernichtung der weltlichen und überweltlichen Satansmächte (19,11–20,10) besteht im letzten Gericht (20,11–15), im Erscheinen eines neuen Himmels und einer neuen Erde (21,1–8) und im Herabkommen eines neuen Jerusalem, in dem Gott selbst gegenwärtig ist (21,9–22,6).

Diese endgültige Vollendung von Schöpfung und Geschichte wird vorab angedeutet in der Siegelvision zwischen der Öffnung des sechsten und des siebten Siegels in der Schau der Herrlichkeit der Märtyrer (7,9–17) und ein zweites Mal im Zusammenhang der siebten Posaunenvision (Kap. 10 f.). Dort fällt auf, dass der Seher nach der sechsten Posaune plötzlich abbricht und neue Schauungen empfängt, die bis an die Grenze heranführen, an der »keine Zeit mehr sein wird« und »das Geheimnis Gottes sich vollendet« (10,6 f.). Durch diesen Bruch wird deutlich gemacht, dass von den Weltkatastrophen kein direkter Weg zum letzten Gericht führt. Die Kirche bleibt in der Welt angefochten und angefeindet von den darin herrschenden Mächten, aber sie steht nicht allein und nicht ohne Hoffnung, denn »das Lamm [...] wird sie weiden und zu den Quellen des Lebenswassers führen, und Gott wird alle Tränen von ihren Augen abwischen« (7,17). Die Christen seiner Zeit in der Gewissheit über Gottes unaufhaltsamen Sieg zu bestärken war die Absicht der Apk, die in das Gebet ausmündet: »Amen, komm Herr Jesus!« (22,20)

Schon im 2. und 3. Jh. hat die Apk eine große Rolle gespielt; aufgrund von 20,1–15 rief sie bei vielen Christen die Erwartung eines tausendjährigen Reiches hervor. Später hat man sogar exakte Berechnungen über den Zeitpunkt von dessen Beginn angestellt. Seit dem Mittelalter finden sich als neue Auslegungsform Spekulationen über die weltgeschichtlichen Epochen, die nach den Andeutungen der Apk zu erwarten stehen. Die Reformatoren haben der Apk sehr distanziert gegenübergestanden. Alle diese Haltungen wirken bis in die Gegenwart nach, in der sich vor allem Sekten in unkontrollierten phantastischen Ausdeutungen dieses Buches bemächtigen.

WOLFGANG SCHENK / JÜRGEN WEHNERT

Neutestamentliche Apokryphen

Ein großer Teil der frühchristlichen Literatur beruft sich wie die Schriften des NT auf die Autorität Jesu oder der Apostel, ist aber nie Bestandteil des Kanons geworden. Diese Literatur war für Zwecke der christlichen Verkündigung und Lehre nicht zugelassen und wurde deshalb als ›apokryph‹ (verborgen) bezeichnet. Einige Schriften, darunter ein Großteil der gnostischen Literatur, verstehen sich zudem ausdrücklich als esoterische Geheimlehre. Die Kirchenväter verbanden mit dem Begriff ›apokryph‹ zunehmend eine negative Wertung im Sinne von ›häretisch‹, ›gefälscht‹, ›unzuverlässig‹ und verwarfen solche Schriften (*Decretum Gelasianum*, Anfang 6. Jh.). Weil man der außerkanonischen – oft sogar verbotenen – Literatur meist nicht die gleiche Sorgfalt angedeihen ließ wie den kanonischen Schriften, ging ein Großteil verloren. Oft sind nur die Titel einzelner Schriften aus Erwähnungen der Kirchenväter bekannt; mitunter liegen Zitate oder Papyrusfragmente vor.

Viele Apokryphen erfreuten sich jedoch großer Beliebtheit, hatten vereinzelt fast kanonisches Ansehen und sind gut überliefert, häufig sogar in mehreren Rezensionen und Übersetzungen ins Lateinische, Kirchenslawische, Irische oder in orientalische Sprachen. Andere Texte liegen lediglich in einer Version, oft auch nur in Übersetzung, vor. Das betrifft z. B. viele Apokryphen unter den 1945 in Oberägypten gefundenen koptischen Nag-Hammadi-Texten.

Das Verhältnis der Apokryphen zum NT ist verwickelt. Manche von ihnen dürften zeitgleich mit den später kanonisch gewordenen Schriften entstanden sein (z. B. das *Thomasevangelium*). Sie beziehen sich also nicht auf einen bereits feststehenden neutestamentlichen Kanon. Auch deshalb versucht die gegenwärtige Forschung, eine Bezeichnung für diese Texte zu finden, die den Kanonbezug nicht in den Mittelpunkt stellt (z. B. ›antike christliche Apokryphen‹; ›apokryph gewordene Evangelien‹). Die meisten Apokryphen setzen indes die Schriften des NT voraus, was nicht automatisch aus literarischer Kenntnis resultieren muss. Viele Apokryphen greifen vermutlich auf mündliche Traditionen zurück, die sich neben der schriftlichen Überlieferung z. B. der kanonischen Evangelien im Umlauf befanden (›sekundäre Mündlichkeit‹). Ein Großteil der Apokryphen weist sekundäre Züge auf; mirakulöse und volkstümliche Ausgestaltungen neutestamentlicher Motive sind typisch. Insgesamt besteht die Tendenz, Geschichten aus dem NT zu kombinieren, Personen mit gleichem Namen miteinander zu identifizieren, Namen zu erfinden, verwandtschaftliche Beziehungen zwischen Gestalten des NT zu konstruieren, widersprüchliche Aussagen zu harmonisieren oder auch kanonische Wahrnehmungsweisen gegen den Strich zu lesen, wie z. B. die gnostische Protestexegese zeigt (vgl. *Judasevangelium*, Nag-Hammadi-Texte).

Die Formenvielfalt ist groß und erinnert in mancher Hinsicht an die Vorbilder des NT. Es gibt apokryphe Evangelien, Apostelgeschichten, Briefe und Apokalypsen, daneben Dialoge Jesu mit seinen Jüngern, Apostelromane und zahlreiche Mischformen wie z. B. die Kombination von Brief und Dialog. Man beruft sich auf Größen der Vergangenheit, vor allem auf die Apostel, und stellt die jeweiligen Inhalte gezielt unter die Autorität derjenigen Personen, die darüber am besten Bescheid wissen müssten. So wird etwa eine griechische Erzählung über das Lebensende der Mutter Jesu dem Apostel Johannes zugeschrieben, denn ihm hatte – so die traditionelle Sichtweise – Jesus seine Mutter anvertraut (vgl. Joh 19,25–27).

Die Beweggründe für die Abfassung neutestamentlicher Apokryphen waren vielfältig. Zunächst entwickeln sie narrative Theologie unterschiedlichster Ausrichtung; das *Protevangelium des Jakobus* verfolgt z. B. ein dezidiert mariologisches Interesse. Die pseudapostolische Einkleidung kann weiter der Autorisierung von Geheimwissen dienen (vgl. die gnostischen Offenbarungsdialoge). Apologetische Absichten, sekundäre Verchristlichung paganer Vorlagen, Legitimierung kirchlicher Bräuche sowie das Anfertigen von rhetorisch-stilistischen Übungsstücken führten ebenso zur Produktion apokrypher Schriften wie das Bestreben, literarische Lücken im NT unterhaltsam und erbaulich zu schließen. Der von Paulus in seinem Entrückungsbericht (2. Kor 12,2–4) gegebene Hinweis auf ›unsagbare Dinge‹ inspirierte z. B. zur Abfassung mehrerer Paulusapokalypsen, die genau diese Dinge ausmalen. Weiter werden in der apokryphen Literatur Lücken in der überlieferten Biographie Jesu ausgefüllt, vor allem seine

Kindheit und die Ereignisse nach seinem Tod (Höllenfahrt, Gespräche des Auferstandenen [vgl. Apg 1,3]).

Diese Tendenz beginnt bereits innerhalb des NT. So ergänzten *Matthäus* und *Lukas* ihre Quelle *Markus* um Geburts- und Auferstehungsgeschichten. Weiter wurde der knappe Schluss des Mk (16,1–8) in zwei sekundären Abschlüssen fortgeschrieben (vgl. besonders den längeren Mk-Schluss 16,9–20). Allgemein weckte die Biographie neutestamentlicher Figuren Interesse bis hin zur Beschreibung ihres Äußeren, wie die Apostelporträts in den *Paulus*- und in den *Johannesakten* zeigen. Auch Nebenfiguren des NT gewannen zunehmend an Bedeutung (z. B. Johannes der Täufer, Pilatus, Nikodemus, Josef von Arimathäa, Gamaliel); anonyme Gestalten aus den neutestamentlichen Schriften erhielten Namen, so heißen z. B. die neben Jesus gekreuzigten Verbrecher Demas und Cystas (*Nikodemusevangelium*) und die Jesus um Hilfe bittende Syrophönizierin Justa (*Pseudoklementinen*).

Die fortschreibende und auslegende Tendenz, die das Verhältnis vieler Apokryphen zu den Schriften des NT bestimmt, setzt sich innerhalb der apokryphen Literatur selbst fort. Anonyme Figuren aus älteren Apostelakten werden in jüngeren Akten mit Namen und einer Biographie versehen (z. B. *Akten der Xantippe*). Oft sind die Grenzen zwischen neuen Apokryphen und reinen Nachdichtungen bzw. Fortschreibungen fließend. Insgesamt ist mit vielschichtigen Wachstumsprozessen, der Herauslösung und Verselbständigung spezieller Textteile (z. B. Martyriumsberichte aus den Apostelakten) sowie mit redaktionellen und intertextuellen Bezügen innerhalb einzelner Apokryphengruppen zu rechnen.

Das apokryphe Schrifttum erreichte Ende des 3. Jh.s seinen Höhepunkt und mündete Ende des 4. Jh.s in die hagiographische Literatur ein. Vereinzelt setzte sich die Produktion von Apokryphen bis ins Mittelalter (z. B. die bogomilische *Interrogatio Johannis*) und darüber hinaus fort. So erdichtete der Gelehrte Joachim Camerarius (1500–1574) eine Korrespondenz zwischen Paulus und dem Presbyterium von Ephesus (1551). Viele Traditionen aus den Apokryphen fanden Eingang in die *Legenda aurea* des Jacobus de Voragine (1228/30–1298) und wurden auf diesem Weg breit rezipiert.

Vor allem im religiösen Brauchtum wirken die Apokryphen nach. Eindrückliche Beispiele sind Ochs und Esel an der Krippe Jesu (*Pseudo-Matthäusevangelium*), die Namen der ›Heiligen drei Könige‹ (*armenisches Kindheitsevangelium*) oder einzelne aus den *Passionsevangelien* stammende Stationen des Kreuzwegs, der bis heute als meditative Glaubensübung in der Passionszeit praktiziert wird. Auch zahlreiche Feste im Kirchenjahr und Pilgerorte gehen auf apokryphe Überlieferungen zurück (vgl. im Hinblick auf die Jakobus-Verehrung in Santiago de Compostela etwa die armenische *Geschichte des Apostels Jakobus* [*Historia Iacobi apostoli*]). Die Kindheitsevangelien und Legenden um Marias Tod muten schließlich wie narrative Entfaltungen der katholischen Mariendogmen an (*Immaculata conceptio*, 1854; *Assumptio Mariae*, 1950).

Die Wirkung der Apokryphen blieb nicht auf den religiösen Bereich beschränkt. Ein Beispiel für eine vielschichtige kulturelle Rezeption stellt der Christushymnus aus den *Johannesakten* dar (s. u.). Auch die zahllosen literarischen Nach- und Umbildungen biblischer Stoffe sind in diesem Zusammenhang zu nennen. Noch in jüngster Zeit haben die Apokryphen ihre Spuren in Belletristik (Dan Brown, *The DaVinci Code*, 2003) und Film hinterlassen (*Stigmata*, 1999, Regie: Rupert Wainwright; *The Passion of the Christ*, 2004, Regie: Mel Gibson).

Die von den außerbiblischen Schriften ausgehende Faszination verbindet sich indes oft mit einer unkritischen Rezeption. Die Bedeutung der Apokryphen liegt nicht in der Rekonstruktion der ›wahren‹ Lehre Jesu oder spektakulären Enthüllungen über sein ›wirkliches‹ Leben, sondern in der Dokumentation der literarischen und religiösen Kreativität des frühen Christentums und seiner Frömmigkeit. Eine umfassende Analyse, Kommentierung und Interpretation, die die Apokryphen sowohl in ihrer Beziehung zu den Schriften des NT als auch in ihrer Eigenständigkeit würdigt, steht erst am Anfang. Fragen der Datierung sowie die religionsgeschichtliche, soziologische und literaturgeschichtliche Einordnung beschäftigen die Forschung ebenso wie die Identifizierung einzelner Fragmente und ihre Zusammen- bzw. Zuordnung zu bekannten Schriften. Eine bleibende Herausforderung stellt zudem die Edition neuer apokrypher Texte dar, die im Antiquitätenhandel (so das *Judasevangelium*) oder in den

Handschriftbeständen der großen Bibliotheken auftauchen (z. B. das *Unbekannte Berliner Evangelium*).

Schließlich sind alte und neue Funde auf ihre Echtheit hin zu überprüfen. Besonders interessant ist hier der Fall des sogenannten *Geheimen Markusevangeliums*, das der Gelehrte M. Smith 1958 in einem Brief des Clemens von Alexandrien im Mar Saba Kloster bei Jerusalem entdeckt haben will. Clemens zitiert in diesem Brief aus einer ›mystischen‹ Fassung des kanonischen *Markusevangeliums*, die bei den gnostischen Karpokratianern in Gebrauch gewesen sein soll. Die Fundumstände, die Tatsache, dass der Brief heute verschollen ist, und der homoerotische Inhalt der Evangelienzitate haben die Frage laut werden lassen, ob es sich nicht um eine moderne Fälschung handelt. MARTINA JANSSEN

1 Evangelien

Viele apokryphe Schriften tragen die Bezeichnung ›Evangelium‹. Einige sind nur dem Titel nach bekannt, etwa das *Evangelium der Eva* oder Evangelien unter den Namen heterodoxer christlicher Lehrer (z. B. Basilides). Manchmal zitieren Kirchenväter aus diesen Schriften; das betrifft neben mehreren judenchristlichen Evangelien (u. a. *Hebräerevangelium, Nazaräerevangelium, Ebionäerevangelium*) z. B. das enkratitische *Ägypterevangelium*, das u. a. bei Clemens von Alexandrien (*Strōmateis*) in Exzerpten erhalten ist. Darüber hinaus existieren Papyrusfragmente, die den kanonischen Evangelien stilistisch ähneln oder Varianten zu synoptischen Sprüchen bieten (z. B. Papyrus Egerton 2; Papyrus Oxyrhynchos 840 und 1224). Mitunter enthalten sie Jesusworte, die in den kanonischen Evangelien nicht bezeugt sind. Solche ›Agrapha‹ (ungeschriebene [Jesusworte]) finden sich bereits in neutestamentlichen Schriften (Lk 6,5 [Sonderlesart]; Apg 20,35), aber auch in jüdischen, patristischen und islamischen Quellen. Die mit dem Titel ›Evangelium‹ bezeichneten Schriften gleichen den Evangelien des NT in formaler Hinsicht nur bedingt und weisen auch untereinander erhebliche Unterschiede auf. ›Evangelium‹ ist daher weniger Gattungsbezeichnung als vielmehr Ausdruck der Überzeugung, eine rettende Botschaft vermitteln zu wollen. Die folgende Darstellung versteht aus pragmatischen Gründen unter Evangelien apokryphe Texte, die

Motive aus dem Leben Jesu vorwiegend narrativ entfalten; zu unterscheiden sind Evangelien über Jesu Kindheit und seine Eltern (Kindheitsevangelien) sowie Evangelien über Passion und Auferstehung.

Die ›Kindheitsevangelien‹ erzählen über die Kindheit Jesu und seine Eltern. Sie knüpfen an die kanonischen Kindheitsgeschichten an (Lk 1 f.; Mt 1 f.), setzen aber eigene Akzente. Während z. B. die kanonischen Evangelien die Kindheit Jesu mit der Passion verbinden, vertreten die apokryphen Texte eine verherrlichende Christologie: Jesus wächst als allmächtiges und allwissendes Kind heran. Großes Interesse gilt auch den Eltern Jesu, vor allem Maria – eine Entwicklung, die bereits im kanonischen *Lukasevangelium* beginnt (Kap. 1 f.; 11,27 f.). Informationen über Jesu Kindheit finden sich auch in anderen Texten, z. B. in der *Pistis Sophia* oder in der *Himmelfahrt Jesajas* (s. u.). Die Wirkungsgeschichte der Kindheitsevangelien in Kunst, Literatur und religiösem Brauchtum ist eindrucksvoll. So wurzeln die Feste des Hl. Joachim und der Hl. Anna (26. 7.), Marias Geburt (8. 9.) und Marias Opferung bzw. Tempelgang (21. 11.) im *Protevangelium des Jakobus*. Gleiches gilt für zahlreiche ikonographische Motive wie ›Anna selbdritt‹ (Anna, Maria und Jesus) oder ›Christus als Zimmermann‹.

Das älteste Kindheitsevangelium, das *Protevangelium des Jakobus*, stammt aus dem späten 2. Jh. Neben griechischen Fassungen existieren zahlreiche Übersetzungen in verschiedenen Sprachen. Die gängige Bezeichnung ›Protevangelium‹ geht auf G. Postel (1510–1581) zurück; sie besagt, dass man den Text als Vorspann zum Markusevangelium las. Die ursprünglich mit der Schrift überlieferten Titel lauten *Geburt der Maria. Apokalypse des Jakobus*. Der gewachsene Text besteht aus drei Teilen. Der erste schildert Marias Geburt und Kindheit: Maria stammt von frommen Eltern, Anna und Joachim, ab. Nach langer Kinderlosigkeit bringt Anna Maria zur Welt. Nach ihrer Darstellung im Tempel verbringt Maria ihre Kindheit als Tempeljungfrau, bis sie im Alter von zwölf Jahren mit Josef verlobt wird. Der zweite Teil widmet sich der Geburt Jesu. Sie ereignet sich, von wundersamen Umständen begleitet, in einer Felsengrotte, einem typischen Geburtsort für antike Herrscher. Bemerkenswert ist die Feststellung von Marias Jungfräulichkeit: Die vorbeikommende Salome kann nicht glauben, dass Maria die Geburt in jeder Hinsicht unversehrt überstanden habe. Zur Überprüfung legt sie ihre Hand in Marias Schoß. Der ›Test‹ fällt positiv aus, und Salome kommt nach einem Strafwunder – ihre Hand verbrennt und wird wieder geheilt, als sie das Jesuskind berührt – zum Glauben. Der dritte Teil befasst sich mit dem Kindermord in Bethlehem, der wunderbaren Rettung des kindlichen Täufers Johannes und dem Martyrium des Zacharias (Mt 23,35), der mit dem Vater des Johannes identifiziert wird.

Die ebenfalls aus dem späten 2. Jh. stammende *Kindheitserzählung des Thomas* ist neben der griechischen Version (Titel hier u.a.: *Des israelitischen Philosophen Thomas Erzählung über die Kindheit des Herrn*) in zahlreichen weiteren Sprachen überliefert. Es handelt sich um eine Sammlung von locker verbundenen Einzelgeschichten über Jesu Kindheit. Vorbild ist der im Tempel lehrende zwölfjährige Jesus (Lk 2,41–52). Die Wunder und Aussprüche des Fünf- bis Zwölfjährigen demonstrieren seine Allmacht und Allwissenheit, mitunter auf irritierende Weise: So stößt ein kleiner Junge mit dem Jesuskind zusammen und muss zur Strafe sterben. Als dessen Eltern sich daraufhin bei Josef beschweren, lässt Jesus sie erblinden. Insgesamt sind in der Kindheitserzählung zahlreiche pagane Einflüsse und typische Elemente von Kindheitsschilderungen antiker Herrscher und Götter auszumachen.

Das *Protevangelium des Jakobus* und die *Kindheitserzählung des Thomas* bilden die Grundlagen für mehrere jüngere Kindheitsevangelien. Zur östlichen Tradition gehört u.a. das vermutlich aus dem Syrischen übersetzte *Arabische Kindheitsevangelium*, dessen älteste Fassung wohl aus dem 6. Jh. stammt. In der westlichen Überlieferung erlangt neben dem vom Doketismus (Lehre, dass der göttliche Jesus keinen realen, sondern nur einen Scheinleib besessen habe) geprägten *Lateinischen Kindheitsevangelium* aus dem 7. bis 9. Jh. vor allem das *Pseudo-Matthäusevangelium* große Bedeutung. Diese aus dem 8./9. Jh. stammende lateinische Kompilation aus *Protevangelium des Jakobus*, *Kindheitserzählung des Thomas* und verschiedenartigem Sondergut (erstmals finden sich hier Ochs und Esel an der Krippe Jesu) wird dem Evangelisten Matthäus zugeschrieben. Ein mit diesem Evangelium verbundener fiktiver Briefwechsel der Bischöfe Chromatius und Heliodorus mit Hieronymus gibt die lateinische Version als dessen Übersetzung aus.

Bereits die Kindheitsevangelien lieferten Informationen über Jesu Eltern und Johannes den Täufer. Mit der Zeit entstanden Schriften, die diese Personen in den Mittelpunkt stellten, wie das auf Arabisch (in syrischer Schrift [›Garshuni‹]) erhaltene *Leben Johannes des Täufers*, eine Homilie aus dem 4./5. Jh. Ein weiteres Beispiel ist die u. a. auf Koptisch überlieferte *Geschichte Josefs des Zimmermanns* aus dem 4./5. Jh. Formal als Offenbarung Jesu auf dem Ölberg stilisiert, berichtet der umfangreiche Text über Leben und Tod von Jesu Vater Josef. Die christliche Adaption ägyptischer Bräuche weist auf seine geographische Herkunft hin.

Vor allem von Jesu Mutter Maria ging eine große Faszination aus, die sogar zu einem eigenen Evangelientyp führte, nämlich den Legenden um Marias Tod (*Transitus Mariae*-Legenden). Über 60 Texte in verschiedenen Sprachen handeln seit dem späten 5. Jh. vom Ende Marias und von ihrer Aufnahme in den Himmel. In die narrative Grundstruktur eingebaut sind zahlreiche Reden; insgesamt bewegen sich die Schriften an der Grenze zur Hagiographie. Die unterschiedlichen Titel weisen auf spezifische inhaltliche Akzente hin: ›Transitus‹ (Übergang), ›Dormitio‹ (Entschlafen), ›Assumptio‹ (Aufnahme). In einigen Texten nimmt Jesus Marias Seele in den Himmel auf, während ihr Körper nach drei Tagen Grabesruhe ins Paradies versetzt wird, bis er sich bei der endzeitlichen Auferstehung der Toten wieder mit Marias Seele vereinigt. In anderen Texten ereignet sich diese Vereinigung bereits nach 206 Tagen. Wieder andere bezeugen eine Entrückung, d. h. Maria wird mit Körper und Seele direkt in den Himmel aufgenommen (Assumptio). Die Legenden um Marias Tod haben große Wirkung entfaltet und sind mit dem Fest Mariä Himmelfahrt im Kirchenjahr verankert (15. 8.). Ferner schlagen sich viele Motive dieser Legenden wie Marias Rolle als himmlische Fürsprecherin in der Mariologie (›Maria mediatrix‹) und in der Frömmigkeitspraxis (Rosenkranzgebet) nieder. Auch in der Kunstgeschichte sind Nachwirkungen sichtbar, wobei vor allem das Motiv der ›Gürtelspende‹ (Thomaswunder) eine große Rolle spielt: Thomas hat Marias Aufnahme in den Himmel nicht miterlebt und kann dieses Ereignis nicht glauben. Daraufhin erscheint Maria und überreicht Thomas zum Beweis ihren Gürtel.

Eine zweite Gruppe apokrypher Evangelien behandelt Jesu Passion, Grablegung, Auferstehung und Hadesfahrt. Die Texte knüpfen an die kanonischen Evangelien und an Traditionen des NT über die Höllenfahrt Christi an (z.B. 1. Petr 3,19f.; 4,6; Eph 4,7–10). Auch diese Schriften haben eine vielfältige Nachgeschichte. Aus dem *Nikodemusevangelium* stammt die Kreuzwegstation ›Veronica reicht Jesus das Schweißtuch‹. Das Schweißtuch Jesu avanciert im Laufe seiner Wirkungsgeschichte (*Pilatusakten*, *Mors Pilati*) zu einer prominenten Reliquie (Turiner Grabtuch).

Das *Petrusevangelium* ist das älteste Passionsevangelium; es stammt aus dem 2. Jh. Hauptzeuge ist eine griechische Handschrift, die 1886/87 im Grab eines Mönchs bei dem ägyptischen Ort Akhmim entdeckt wurde. (Die Zuordnung weiterer griechischer Fragmente ist unsicher.) Die Erzählung über Jesu Passion und Auferstehung stellt einen Ausschnitt aus einem größeren Textkomplex dar. Sie beginnt unvermittelt mit einer Begegnung zwischen Pilatus und den Juden sowie Jesu Auslieferung und endet damit, dass Petrus und Andreas ihre Netze nehmen und zum See gehen, was auf eine sich anschließende Erscheinung des Auferstandenen hinweisen könnte (vgl. Joh 21,1–14). Das *Petrusevangelium* gleicht in vielerlei Hinsicht den kanonischen Evangelien, doch trotz des synoptischen Stils und archaisierender Elemente weist der Text zahlreiche jüngere Züge auf. Dazu gehören die Stilisierung als Augenzeugenbericht des Ich-Erzählers Petrus, die kosmischen Zeichen nach Jesu Tod, die fehlende Vertrautheit mit jüdischem Brauchtum, die Entlastung des Pilatus auf Kosten der Juden und die wundersame Schilderung der Auferstehung: Jesus steigt – flankiert von zwei Engelwesen – aus dem Grab, wobei das ihnen folgende Kreuz auf eine himmlische Stimme antwortet.

Die griechisch und lateinisch überlieferten *Pilatusakten* (*Acta Pilati*), deren Grundstock ins 5. Jh. datiert werden kann, geben sich in ihrer heutigen Gestalt durch einen vorgeschalteten Prolog als ursprünglich auf Hebräisch abgefasster Bericht des Nikodemus über die Passion Jesu aus, weshalb der Text auch als *Nikodemusevangelium* bekannt ist. Der Fiktion nach findet der Leibgardist Ananias zur Zeit der neunten Indiktion des Kaisers Theodosius (425/26 n.Chr.) diesen Bericht in den Prozessakten Jesu. Titel und Prolog sind vermutlich sekundär. Die Textgeschichte ist verwickelt; es gibt mehrere Schlusssignale und voneinander abweichende Textrezensionen sowie zahlreiche Übersetzungen. Zentrale Themen dieser umfangreichen Schrift sind der Pilatusprozess, die Kreuzigung und Auferstehung Jesu, Verhandlungen im Synhedrion sowie das Schicksal des Josef von Arimathäa. In späteren Versionen ist eine Schilderung der Hadesfahrt Christi hinzugefügt, die als Augenzeugenbericht des Simeon (Lk 2,25–35) und dessen Söhnen stilisiert ist und in ikonographischer Hinsicht sehr bedeutsam wurde.

Die Weiterentwicklung der Pilatusakten dauerte bis ins Mittelalter an (z. B. *Briefwechsel zwischen Pilatus und Kaiser Tiberius, Briefwechsel zwischen Pilatus und Herodes, Anaphora Pilati* [Berichterstattung des Pilatus an Kaiser Tiberius], *Paradosis Pilati* [Bericht von der Auslieferung des Pilatus], *Mors Pilati* [Tod des Pilatus]); viele dieser Schriften stilisieren Pilatus zu Lasten der Juden als Heiligen.

Auch einige Bartholomäusschriften (z. B. *Bartholomäusevangelium*) befassen sich mit Jesu Tod, Höllenfahrt und Auferstehung. Die Zuschreibung an Bartholomäus resultiert aus seiner Identifizierung mit Nathanael, dem die Schau großer Geheimnisse verheißen wurde (Joh 1,50 f.). Die *Fragen des Bartholomäus* sind in mehreren voneinander abweichenden Handschriften und in verschiedenen Sprachen überliefert; die Datierungsvorschläge schwanken zwischen dem 2. und 6. Jh. Es handelt sich bei dieser Schrift um ein Gespräch Jesu mit seinen Jüngern, vornehmlich mit Bartholomäus. Die Fragen und Antworten betreffen unter anderem die Kreuzigung und Hadesfahrt Jesu, einen Bericht Marias über ihr Schwangerwerden, eine Vision des satanischen Widersachers und die Rettung Adams. Das Gespräch endet mit einer Bitte um Geheimhaltung. Das *koptische Buch der Auferstehung Jesu Christi, unseres Herrn* ist ebenfalls mit Bartholomäus verbunden. In diesem späten umfangreichen Werk (frühestens 6. Jh.), auch *Bartholomäusbuch* genannt, stehen unterschiedliche Traditionen nebeneinander. Themen sind die Passion Jesu mit einer apokryphen Überlieferung von der Auferweckung eines Hahnes, die Hadesfahrt Jesu, der Ostermorgen, eine Vision des Bartholomäus, die Erscheinung Jesu vor den Aposteln in Galiläa, ein Erzählkreis um Thomas sowie eine Eucharistiefeier unter dem Vorsitz des Petrus.

Ferner existieren jüngere Apokryphen, die die Ereignisse um

und nach Jesu Passion aus der Perspektive des Josef von Arimathäa (*Erzählung des Josef von Arimathäa*) und des Gamaliel (*Gamalielevangelium*) schildern. MARTINA JANSSEN

2 Apostelakten

Die ›Taten der Apostel‹ (Apostelakten) stellen eine bedeutende Gruppe innerhalb des apokryphen Schrifttums dar. Obwohl nur die *Thomasakten* vollständig vorliegen, wurden die Apostelakten insgesamt besser überliefert als die apokryphen Evangelien, da sie erbaulichen Zwecken dienten. Zudem propagierten sie oft lokalpolitische Interessen, indem sie zeigten, wie die jeweiligen Länder zu ›ihren‹ Aposteln kamen (so geht z. B. Markus nach Ägypten, Barnabas nach Zypern). Viele Apostelakten sind mehr oder weniger gnostisch beeinflusst. Die Manichäer haben sie hoch geschätzt und im 4. Jh. zu einem Corpus vereinigt. Die ältesten Apostelakten sind die *Akten des Petrus, des Paulus,*

des Andreas, des Johannes und *des Thomas*. Ferner existiert eine Reihe jüngerer Apostelakten und Martyriumsberichte. Hierzu gehören u.a. die *Philippusakten*, die *Bartholomäusakten*, die *Akten des Jakobus des Älteren* und *des Jüngeren*, die *Akten des Matthias, des Barnabas, des Markus, des Lukas, des Timotheus, des Titus, des Thaddäus* und *der Xantippe*.

Im Unterschied zur kanonischen *Apostelgeschichte*, die von der Anfangszeit der christlichen Kirche erzählt, handeln diese Texte über die einzelnen Apostel, ihre Missionstätigkeit und ihren Tod. Neben dem biographischen Interesse schlägt sich hier die generelle Hochschätzung alles Apostolischen nieder. Wanderungen und Wundertaten, Erotik und Askese, die Auseinandersetzung mit paganer Kultur, die Verfolgung der Apostel sowie Dialoge, erläuternde Reden und liturgische Traditionen zeichnen diese Schriften aus.

In formaler Hinsicht gehören die Akten zur antiken Romanliteratur; vor allem sind sie von epischen Reiseerzählungen, biographischer Literatur und antiken Liebensromanen beeinflusst. Hinsichtlich der Darstellung der Personen und ihrer Interaktion bestehen Affinitäten zur antiken Komödie und Tragödie. Die Apostelakten münden in die christliche Romanliteratur (vgl. *Pseudoklementinen*) und später in die Hagiographie. Vor allem durch ihre Aufnahme in die *Legenda aurea* des Jacobus de Voragine wurden einzelne Motive weit verbreitet. Ein berühmtes Beispiel dafür ist eine Szene aus den *Petrusakten*: Petrus trifft bei seiner Flucht aus Rom Christus und fragt ihn: »Wohin gehst du?«, worauf Christus ihm antwortet: »Nach Rom, um erneut gekreuzigt zu werden.«

Die *Petrusakten* sind Ende des 2. Jh.s in Kleinasien oder Rom entstanden. Überliefert sind nur zwei Drittel des Textes. Neben einer lateinischen Übersetzung des Mittel- und Schlussteils (*Actus Vercellenses*) und einem liturgisch bedeutsamen *Martyrium des Petrus* existieren griechische Einzelgeschichten und ein koptischer Papyrus mit einer Erzählung über die Tochter des Petrus, die ähnlich auch im *Pseudo-Titus-Brief* (s. u.) erscheint. Das zentrale Thema der *Petrusakten* ist die Auseinandersetzung zwischen Petrus und dem ›falschen‹ Magier Simon Magus, der nach der Abreise des Paulus nach Spanien die junge christliche Gemeinde in Rom verführen will. Als Simon den Senator Marcellus für sich gewinnen kann, spitzt sich die Lage zu. Petrus reist aus Jerusalem an. In Rom eingetroffen, predigt er eindrucksvoll und nimmt den Kampf mit Simon auf, der in einer Auseinandersetzung auf dem Forum kulminiert. Petrus gewinnt das Rede- und Wunderduell; die christliche Gemeinde ist gerettet, Simon stirbt nach einem Versuch, in den Himmel aufzusteigen. Rückblenden verdeutlichen, dass Petrus den Zauberer Simon schon mehrfach bezwungen hat. Nach einer Keuschheitspredigt des Petrus entscheiden sich mehrere vornehme Frauen für die Enthaltsamkeit, was zur Verfolgung des Apostels führt. Petrus erleidet das Martyrium, indem er mit dem Kopf nach unten gekreuzigt wird.

Neben den *Petrusakten* gibt es weitere Petrusschriften in erzählender Form. So ist mit den *Taten des Petrus und der zwölf Apostel* auch unter den Nag-Hammadi-Texten ein romanhafter Petrus-Text überliefert. Besondere Bedeutung kommt in dieser Hinsicht jedoch den *Pseudoklementinen* zu, die die *Petrusakten* möglicherweise fortschreiben.

Die *Paulusakten* stammen aus der zweiten Hälfte des 2. Jh.s; sie sind durch griechische und koptische Textzeugen überliefert. Dem Kirchenvater Tertullian zufolge hat sie ein kleinasiatischer Presbyter »aus Liebe zu Paulus« verfasst. Von dem umfangreichen Text sind drei größere Teile überliefert: die *Theklaakten*, ein Briefwechsel des Paulus mit der korinthischen Gemeinde und das *Martyrium des Paulus*. Darüber hinaus existiert neben kleineren Papyrusfragmenten ein koptisches Fragment über einen Löwenkampf des Paulus in Ephesus.

Die in den *Paulusakten* erzählten Ereignisse spielen sich auf der Reise des Paulus von Damaskus nach Rom ab; Reisestationen sind u.a. Antiochien, Myra, Sidon, Tyrus, Ephesus, Philippi, Korinth und Rom. Im Zentrum steht »das Wort Gottes von der Enthaltsamkeit und der Auferstehung«. Die Predigt des Paulus in Ikonium veranlasst Thekla, eine vornehme Frau, zum asketischen Leben. Aus diesem Grund verfolgt ihr Verlobter Thamyris den Apostel und lässt ihn ins Gefängnis werfen. Thekla besucht ihn dort und hört weiter seiner Predigt zu. Als das bekannt wird, wird Paulus gegeißelt und aus der Stadt vertrieben, Thekla soll auf den Wunsch ihrer eigenen Mutter hin sterben. Sie entkommt auf wundersame Weise dem Flammentod und zieht zur Mission aus. Nach einer Reihe von Verfolgungen, Abenteuern, einem zweiten Martyrium, das mit ihrer Selbsttaufe endet, und einem Wiedersehen mit Paulus entschläft Thekla friedlich. Auch Paulus predigt unterdessen weiter die Enthaltsamkeit und Auferstehung; er wird verfolgt und gerettet. Zudem verteidigt er die christliche Lehre gegen Gnostiker, die in Korinth wirken.

Davon zeugt die Korrespondenz des Paulus mit der Gemeinde von Korinth: Auf eine briefliche Anfrage der korinthischen Gemeindeleiter schreibt er aus Philippi einen antihäretischen Brief an die korinthische Gemeinde (*Dritter Korintherbrief*). Dieser Brief ist unabhängig von den *Paulusakten* entstanden und darin eingearbeitet worden. Bis heute hat er z.B. in der armenischen Kirche kanonischen Rang. Eine Predigt über »Christus Jesus, den König der Äonen« führt schließlich zur Hinrichtung des Paulus in Rom.

Von den *Paulusakten* inspiriert ist eine Reihe jüngerer Apokryphen, z.B. *Das Leben und die Wunder der heiligen Thekla*, die *Lobrede auf Thekla*, der *Brief der Pelagia*, die *Acta Petri et Pauli* (Taten des Petrus und Paulus) und die *Titusakten*.

Die *Andreasakten* stammen aus dem 2. Jh. Ihre Rekonstruktion ist, abgesehen von einem koptischen Papyrusfragment, einem armenischen Martyrium und griechischen Fassungen des Schlussteils, vor allem auf Gregor von Tours' *Liber de miraculis Beati Andreae Apostoli* (Buch über die Wunder des seligen Apostels Andreas) aus dem späten

6. Jh. angewiesen. Gregor lag eine lateinische Rezension der *Andreasakten* vor, die er für sein Wunderbuch stark bearbeitet hat.

Die wirkungsgeschichtlich bedeutsamen *Andreasakten* schildern die Reise des Andreas von Pontus durch Kleinasien nach der griechischen Stadt Patras, wobei besonders der Aufenthalt in Philippi Beachtung findet. Einen zweiten Schwerpunkt bilden das Wirken und Sterben des Apostels in Patras. Auf seinen Wanderungen vollbringt Andreas machtvolle Wunder und predigt Enthaltsamkeit, die als Rückkehr des Menschen in den Zustand vor dem Sündenfall verstanden wird. Vornehme Frauen wie Maximilla bekehren sich zur Askese. Die Propagierung der Enthaltsamkeit führt zum Martyrium des Andreas, das ausführlich geschildert wird: Nach einer Ansprache an das Kreuz wird Andreas gekreuzigt. Vom Kreuz herab predigt er tagelang und bekehrt fast ganz Patras. Die *Andreasakten* weisen viele Entsprechungen zu den *Johannes-* und *Petrusakten* auf; gnostische, dualistische und platonische Vorstellungen sind darin rezipiert.

Weitere Informationen über Andreas liefern – größtenteils in Anlehnung und Fortschreibung der *Andreasakten* – u. a. die *Acta Petri et Andreae* (Taten des Petrus und Andreas), die *Acta Andreae et Bartholomaei* (Taten des Andreas und Bartholomäus), die *Acta Pauli et Andreae* (Taten des Paulus und Andreas) und die *Virtutes Andreae* (Tugenden des Andreas). Besonders hervorzuheben sind die *Acta Andreae et Matthiae apud anthropophagos* (Taten des Andreas und des Matthias bei den Menschenfressern). Hierin wird Matthias nach Myrmidonia, der ›Stadt der Kannibalen‹, gesandt. Bevor er ihnen zum Opfer fällt, greift Andreas rettend ein.

Die *Johannesakten* stammen aus dem 2. Jh.; zwei Drittel des Textes sind in mehreren voneinander abweichenden griechischen Handschriften erhalten. Den äußeren Rahmen dieser Akten, die der Überlieferung zufolge von Leukios, dem Begleiter des Apostels, verfasst sind, bilden zwei Reisen des Johannes, nämlich von Milet nach Ephesus und von Ephesus durch Kleinasien und zurück. Das Hauptgewicht liegt auf dem Wirken des Johannes in Ephesus.

Der Anfang der *Johannesakten* ist verloren. Der erhaltene Text beginnt nach einem kurzen Reisebericht mit dem ersten Aufenthalt des Johannes in Ephesus: Nachdem Johannes Kleopatra, eine sozial hochgestellte Frau, von den Toten auferweckt hat, lässt deren Mann Lykomedes aus Freude ein Bild von Johannes anfertigen. Zahlreiche Wunder wie die Heilung alter Frauen, die Zerstörung des Tempels der Artemis und die Auferweckung eines Artemispriesters sowie Tierwunder schließen sich an. Ein zweiter Aufenthalt des Johannes in Ephesus kreist um das Schicksal der Drusiana und enthält zahlreiche erotische Motive. Drusiana lebt in keuscher Ehe mit ihrem Mann Andronikos. Als sich ein junger Mann namens Kallimachos in sie verliebt, erträgt Drusiana dies nicht und stirbt. Kallimachos versucht darauf, die Leiche der Drusiana, die sich in der Grabkammer befindet, zu schänden. Er besticht Fortunatus, den Verwalter des Andronikos, um in das Grab zu gelangen. Beide werden bei ihrem frevelhaften Vorhaben von einer giftigen Schlange getötet. Als Andronikos und Johannes Drusiana besuchen wollen, entdecken sie die drei Leichen. Johannes erweckt alle zum Leben – Fortunatus allerdings nur vorläufig; er stirbt später an dem Schlangenbiss. Kallimachos bekehrt sich. Der Schluss der *Johannesakten* handelt vom Tod des Apostels und einem vorangehenden Gottesdienst. Johannes erleidet im Gegensatz zu den meisten anderen Aposteln kein Martyrium, sondern entschläft friedlich in Ephesus.

Die *Johannesakten* enthalten viele Gebete und liturgische Stücke, die zum Teil ursprünglich selbständig waren. Sekundär in dieses Werk aufgenommen ist auch die sogenannte »Evangeliumsverkündigung«. Dieses von den *Johannesakten* unabhängige heterogene Textfragment enthält eine Erscheinung Christi in vielfacher Gestalt, einen Tanzhymnus Christi und die Offenbarung des Kreuzgeheimnisses, in der die Passion Jesu, im Sinne gnostischer Protestexegese, durch eine Differenzierung zwischen himmlischem und irdischem Christus gedeutet wird. Der Christushymnus wirkte in der Literatur (M. Yourcenar: *L'œuvre au noir*, 1968; *Die schwarze Flamme*), im Film (L. Buñuel: *La voie lactée*, 1969; *Die Milchstraße*) und in der Musik (G. Holst: *Opus* 37, 1917) nach.

Neben den *Johannesakten* gibt es jüngere Erzählungen wie die *Historia Johannis syriaca* (Syrische Geschichte des Johannes), die *Johannesakten des Pseudo-Prochoros*, die *Virtutes Johannis* (Tugenden des Johannes) oder die *Passio Johannis* (Johannespassion).

Die aus dem 3. Jh. stammenden *Thomasakten* sind vollständig auf Griechisch und Syrisch überliefert; die syrische Fassung ist jedoch kirchlich überarbeitet. Weiter existieren mehrere griechische und lateinische Rezensionen sowie etliche orientalische Versionen. Den ursprünglichsten Text bietet die griechische Fassung. Die *Thomasakten* weisen mit ihren enkratitischen und dualistischen Vorstellungen eine Nähe zur Theologie des Tatianos (2. Jh.) auf und sind wahrscheinlich in Syrien entstanden.

Im Zentrum des Werkes steht der Apostel Thomas, der als geistiger Zwilling Jesu gilt. Der Text enthält 13 seiner Taten und endet mit dem Martyrium des Apostels in Indien. Die ersten sechs Taten sind nur lose miteinander verknüpft. In ihnen wird von der Abreise des Apostels nach Indien berichtet – Thomas wird von Jesus an einen indischen Händler verkauft, da er sich geweigert hat, freiwillig dorthin zu gehen –, von seinem Wirken auf einem Hochzeitsfest mit dem Ziel, das Brautpaar zu einem enthaltsamen Leben zu bekehren, vom Bau eines himmlischen Palastes sowie von mehreren Wundern und Begegnungen, u.a. mit einem verliebten Drachen, einem Eselsfüllen und einem mordlüsternen Jüngling. Die siebte und achte Tat, in denen u.a. ein königlicher Offizier eine Rolle spielt, leiten über zu den weiteren fünf Taten, die eine zusammenhängende Erzählung um Ereignisse am Hof des Königs Misdai bilden: Mygdonia, die Frau eines Verwandten des Königs, hört die Predigt des Thomas und entscheidet sich für ein enthaltsames Leben, was ihren Ehemann Charis gegen den Apostel aufbringt. Er lässt Thomas ins Gefängnis werfen; es kommt zum Streit zwischen Mygdonia und Charis. Mygdonia flieht, versteckt sich und wird von Thomas, der kurzzeitig aus dem Gefängnis entschwindet, getauft. Die Frau des Königs soll Mygdonia umstimmen, bekehrt sich aber selbst. Der Konflikt um Thomas, in den auch der Königssohn Vazan und Sifur – der königliche Offizier aus der siebten Tat –, verwickelt sind, spitzt sich bis zum Martyrium des Apostels zu. In die Erzählung eingefügt sind viele Nebenstränge und Heilungswunder, erläuternde Reden, Gebete, Epiklesen (Anrufungen des Heiligen Geistes), Rituale und Lieder, unter denen der Brauthymnus (erste Tat) und das gnostische Perlenlied, das Thomas im Gefängnis vorträgt (neunte Tat), von besonderer Bedeutung sind.

Auch die *Thomasakten* wurden fortgeschrieben; es existieren z. B. *Acta Thomae minora* (Kleine Thomasakten), die Schrift *De miraculis beati Thomae apostoli* (Über die Wunder des seligen Apostels Thomas) und eine *Passio sancti Thomae Apostoli* (Passion des heiligen Apostels Thomas). MARTINA JANSSEN

3 Briefe

Bereits unter den Schriften des NT finden sich zahlreiche pseudepigraphische Briefe (Deuteropaulinen, ›katholische Briefe‹), die Aposteln zugeschrieben sind, obwohl sie nicht von ihnen stammen. Diese Tendenz setzte sich in der apokryphen Briefliteratur fort, die allerdings keine große Bedeutung erlangte. Von vielen Schriften sind nur die Namen oder kurze Zitate bekannt, so vom »Brief des Paulus an die Alexandriner« im *Canon Muratori* (einem Verzeichnis der Schriften des NT; um 200 n. Chr.) oder von einem »Brief des Paulus an die Makedonier«, den Clemens von Alexandrien, *Protreptikus* 9,87, erwähnt. Oft dient die Briefform nur als Einkleidung anderer Textsorten (Traktat, z. B. *Pseudo-Titus-Brief*; Dialog, z. B. *Epistula Apostolorum*). Mitunter sind die Briefe Bestandteile von narrativen Makroformen oder wurden darin verarbeitet (vgl. den pseudo-paulinischen *Dritten Korintherbrief* in den *Paulusakten* oder die Einleitungsbriefe zu den *Pseudoklementinen*). Neben Apostelschriften, z. B. einem in Syrisch und Armenisch erhaltenen *Brief des Jakobus an Quadratus*, sind auch angebliche Briefe von Apostelschülern oder anderen aus dem NT bekannten Personen wie Pilatus (z. B. *Briefwechsel des Pilatus*) und von Jesus selbst überliefert. Die meisten apokryphen Briefe laufen indes unter dem Namen des Paulus.

Neben dem *Dritten Korintherbrief* ist ein lateinischer *Brief des Apostels Paulus an die Laodicener* erhalten, der zwischen dem 2. und 4. Jh. entstanden ist. Wahrscheinlich gab der im *Kolosserbrief* 4,16 erwähnte Brief des Paulus an die Christen in Laodicea den Anlass zu seiner Abfassung. Der kurze Brief besteht aus einer Zusammenstellung paulinischer Zitate; ob es sich dabei um eine stilistische Übung oder um eine bewusste Komposition handelt, wird kontrovers beurteilt.

Der lateinische *Briefwechsel zwischen Seneca und Paulus* stammt aus dem 4. Jh. Die Einheitlichkeit der insgesamt 14 Briefe ist umstritten; zumindest Brief 11 hebt sich mit seiner Schilderung des Brandes von

Rom von den anderen Schreiben ab. Der Inhalt der Sammlung mutet dürftig an; es finden sich kaum Spuren paulinischer Theologie oder senecanischer Philosophie. Die Briefe bestehen überwiegend aus konventionellen Phrasen und verfolgen den Zweck, die Freundschaft zwischen Paulus und Seneca herauszustellen. Insofern fügt sich der Briefwechsel in die Topik spätantiker Freundschaftsbriefe ein. Anknüpfungspunkte für ein Freundschaftsverhältnis zwischen Paulus und Seneca finden sich sowohl in Schriften des NT (Apg 18,12–17; Phil 4,22) als auch in der spätantiken Paulus- und Seneca-Rezeption. Neueren Forschungstendenzen zufolge hatte der Briefwechsel das Ziel, die Philosophie Senecas in christlichen Kreisen zu etablieren.

Unter den apokryphen Briefen der Paulusschüler tritt der *Brief des Titus* über die Keuschheit (ca. 5. Jh.) besonders hervor (*Pseudo-Titus-Brief*). Er ist in einer lateinischen Handschrift aus dem 8. Jh. überliefert. Titus – einer der Adressaten der kanonischen Pastoralbriefe und Mitarbeiter des Lukas (*Martyrium Pauli*) – schreibt eine asketisch motivierte Abhandlung an männliche und weibliche Jungfrauen. Der Verfasser macht reichliche Anleihen bei kanonischen, patristischen und apokryphen Schriften.

Bedeutsam ist auch der in das 3. Jh. zu datierende *Briefwechsel zwischen Jesus und Abgar*. Er stammt aus dem syrischen Raum und lässt sich als Versuch deuten, das orthodoxe Christentum in Syrien zu festigen. Die in mehreren Sprachen und Rezensionen vorliegende Korrespondenz ist u.a. bei Eusebios, *Historia ekklēsiastikē* I 13, überliefert, der sie als Fundstück aus einem Archiv in Edessa ausgibt. Der Fiktion nach hat der in Edessa residierende ostsyrische Herrscher Abgar – vermutlich Abgar V. Ukkama (reg. 4 v. Chr. bis 7 n. Chr. und 13 bis 50 n. Chr.) – von Jesu Heilkunst erfahren und bittet ihn in einem Brief um Heilung. Jesus antwortet Abgar, lobt seinen Glauben und verspricht, nach der Himmelfahrt einen Jünger zur Heilung zu senden. Das Weitere schildert die *Abgarsage/Thaddäuslegende* (*Doctrina Addai*, um 400). Der Apostel Thomas schickt Thaddäus nach Edessa; dieser heilt Abgar, und fast ganz Syrien wird christlich. Die Syrien bereisende Äbtissin *Egeria* berichtet Ende des 4. Jh.s in ihrer *Peregrinatio* (*Reisebericht*) von der magischen Verwendung dieses Briefwechsels, den man zu Schutzzwecken am Stadttor anbrachte.

Auch weitere Briefe stammen der literarischen Fiktion nach von Jesus selbst – so der in unterschiedlichen Sprachen überlieferte *Himmelsbrief Jesu*, dessen Grundfassung ins 5. Jh. datiert wird. Thema ist die Heiligung des Sonntags, weswegen die Schrift auch *Sonntagsbrief* genannt wird. MARTINA JANSSEN

4 Apokalypsen

Die apokryphen christlichen Apokalypsen knüpfen an die jüdische Apokalyptik an (vgl. das Buch *Daniel* und die alttestamentlichen Apokryphen). Formal zeichnen sie sich durch Visionen, Auditionen und Entrückungen aus, durch die ein Offenbarungsempfänger in verborgenes Wissen eingeweiht wird. Zentrale inhaltliche Vorstellungen sind die Enthüllung endzeitlicher Geheimnisse, die Gegenüberstellung von gegenwärtigem und kommendem Äon, das Weltende, das Schicksal der Verstorbenen und die Schilderung der Jenseitsorte. In der christlichen Apokalyptik nehmen zudem die Parusie (Wiederkunft) Christi und dessen Auseinandersetzung mit dem Antichristen eine zentrale Rolle ein; daneben werden Engelglaube und Heiligenverehrung, die Kirche sowie moralische Fragen behandelt. Neben zahlreichen jüngeren, zum Teil nur dem Titel nach bekannten Texten wie der *Stephanusapokalypse*, der *Zachariasapokalypse*, mehreren *Johannes-* und *Maria-Apokalypsen* sowie weiteren Offenbarungsschriften unter den Namen alttestamentlicher Personen liegen bereits aus den ersten Jahrhunderten n. Chr. apokryphe christliche Apokalypsen vor.

Die *Himmelfahrt Jesajas* (*Ascensio Isaiae*) ist eine frühchristliche Schrift des 2. Jh.s mit einer komplexen Wachstumsgeschichte. Vollständig ist sie nur auf Äthiopisch erhalten; ferner existieren Auszüge in unterschiedlichen Sprachen. Die Ursprache dürfte Griechisch gewesen sein. Den ersten Teil bildet das *Martyrium Jesajas*, das auf eine hebräisch verfasste Märtyrerlegende des 1. Jh.s v. Chr. zurückgehen könnte: Auf Befehl des Königs Manasse (2. Kön 21,16) wird Jesaja in Stücke zersägt. In diesen Martyriumsbericht eingefügt ist ein christlich-apokalyptischer Zusatz. Der zweite, christliche Teil enthält eine »Vision Jesajas«, die auch in einer lateinischen Version und in kirchenslawischen Übersetzungen erhalten ist. Die Verknüpfung mit dem Martyrium erfolgt dadurch, dass die Vision den Anlass für die

Hinrichtung Jesajas darstellt. In seinem visionären Aufstieg durch die sieben Himmel wird Jesaja eine Schau des Thrones Gottes sowie der Engel und verstorbenen Gerechten zuteil; weiter sieht er voraus, wie Christus zur Erde herabkommt und danach wieder durch die Himmel aufsteigt. Eingefügt in diese Vision ist ein Abschnitt über Josef und Maria, Jesu Geburt und Kreuzigung sowie die Jüngeraussendung.

Die *Himmelfahrt Jesajas* zeigt exemplarisch, wie man alttestamentlich-jüdischen Autoritäten christlich-apokalyptisches Gedankengut in den Mund legte. Weitere Beispiele dafür sind die Apokryphen unter dem Namen Esras (s.o. alttestamentliche Apokryphen). Auch ursprünglich jüdische Texte wie die *Baruch-Apokalypsen* und die koptisch überlieferten Apokalypsen des *Elija* und des *Sophonias (Zefanja)* wurden stark christlich überarbeitet.

Die *Apokalypse des Petrus* ist in griechischen Fragmenten und einer längeren äthiopischen Version erhalten; die vorliegenden Fassungen weisen zum Teil erhebliche inhaltliche Unterschiede auf. Zeitgeschichtliche Anspielungen (Bar-Kochba-Aufstand) und Zeugnisse von Kirchenvätern aus dem 2. Jh. legen eine Datierung um das Jahr 135 nahe. Ägyptisch-griechische, orientalische und pagane Vorstellungen sind ebenso enthalten wie Anspielungen auf jüdische Texte und Schriften des NT. Nach der äthiopischen Fassung handelt es sich um eine Rede Jesu vom Ölberg herab, die mit einer an die Apokalypse der synoptischen Evangelien (Mt 24/Mk 13/Lk 21) erinnernden Szene beginnt: Die Jünger wollen von Jesus die Zeichen seiner Wiederkunft erfahren. Themen der jesuanischen Offenbarung sind neben einer Erklärung des Feigenbaumgleichnisses (Mk 13,28 f.) das Weltende und das jüngste Gericht sowie Himmel und Hölle. Die Schilderung der Strafen für die Verdammten und der Freuden der Seligen sollen zur Frömmigkeit anleiten. Die Apokalypse endet mit der Verklärung und Entrückung Jesu. Durch ihre Rezeption in der *Apokalypse des Paulus* hat die Schrift große Wirkung entfaltet, u.a. in *La divina commedia* von Dante Alighieri.

Die *Apokalypse des Paulus* – von der gleichnamigen Schrift aus den Nag-Hammadi-Texten zu unterscheiden – ist in einer verkürzten griechischen und einer vollständigen lateinischen Fassung erhalten; darüber hinaus existieren z. B. syrische, koptische und armenische Fragmente und Übersetzungen. Sie stammt aus dem 4./5. Jh. Die angeblich im Haus des Paulus in Tarsus gefundene Offenbarungsschrift soll die ihm im dritten Himmel enthüllten Geheimnisse wiedergeben, auf die der Apostel in 2. Kor 12,2–4 anspielt. Paulus sieht das Schicksal der Verstorbenen im Himmel und in der Hölle und hört dazu die Erläuterungen eines Engels. Die Paulusapokalypse enthält antike und frühjüdische Vorstellungen und benutzt Schriften wie die *Sophonias-* und *Elijaapokalypse*, aber auch die *Apokalypse des Petrus*.

Die *Apokalypse des Thomas* ist in zwei lateinischen Fassungen überliefert; der griechische Urtext ist nicht erhalten. Die aus dem 5. Jh. stammende Offenbarungsschrift setzt inhaltlich einen ganz eigenen Akzent. Sie lehnt sich eng an die kanonische *Offenbarung des Johannes* an. Thema sind die sieben Tage vor dem Weltende und die sich an ihnen ereignenden Zeichen. MARTINA JANSSEN

5 Gespräche Jesu

Eine in der apokryphen Literatur breit bezeugte Textsorte sind die Gespräche Jesu mit seinen Jüngern, deren älteste aus dem 2. Jh. n. Chr. stammen. Zum Teil bestehen formale Entsprechungen zu den apokryphen Apokalypsen (s. o.). Die Dialogform ist erstarrt: In der Regel antwortet Jesus auf Jüngerfragen; oft gehen die Gespräche in längere Monologe Jesu über. Besonders gnostische Richtungen bedienten sich dieser Form der Offenbarungsvermittlung (Nag-Hammadi-Texte, *Pistis Sophia*, *Bücher Jeû*); viele gnostische Texte lassen Jesus als Auferstandenen sprechen und knüpfen an die Auferstehungsberichte des NT an. Darüber hinaus war die Form des jesuanischen Dialogs als literarisches Sujet bei jüngeren Apokryphen bis ins Mittelalter hinein beliebt, wobei ganz unterschiedliche Inhalte transportiert werden: Engellehren (koptische Engelbücher), Kirchenordnungen (*Testamentum Domini*), hagiographische (*Enkomion über Johannes den Täufer*) und magische Themen (*Äthiopisches Zauberbuch*).

Das *Judasevangelium* wurde erst 2006 veröffentlicht. Es ist zusammen mit zwei auch unter den Nag-Hammadi-Schriften überlieferten Texten und einem noch unpublizierten *Buch des Allogenes* in dem koptischen Codex Tchacos (3./4. Jh.) erhalten. Mit dem *Judasevangelium* liegt eine gnostische Schrift aus dem 2. Jh. vor, die vermutlich mit dem von Eirenaios von Lyon (*Adversus Haereses* I 31,1) bezeugten *Judasevangelium* identisch ist. Die Schrift enthält Visionen der Jünger und Gespräche Jesu mit seinen Jüngern. Diese gelten als unwissend, schwach und unmoralisch und repräsentieren das unverständige Kirchenchristentum, das zum Gegenstand der Polemik wird. Einzig Judas Iskariot ist positiv gezeichnet; nur ihm offenbart Jesus in einem Dialog einen gnostisch-sethianischen Mythos. Typisch für das *Judasevangelium* ist die Umdeutung der biblischen Traditionen. Weil der Schöpfergott als böse gilt, sind die ›Guten‹ diejenigen, die sich gegen ihn auflehnen. Deshalb entwirft das *Judasevangelium* ein positives Bild von Judas und stellt dessen Verrat als ein gutes Werk hin, das Jesus selbst in Auftrag gibt. Für eine solche Protestexegese gibt es hinsichtlich der Deutung des Sündenfalls und der Passion Jesu zahlreiche Beispiele unter den Nag-Hammadi-Texten.

Das in griechischen Fragmenten und einer nicht ganz vollständigen koptischen Fassung erhaltene *Evangelium der Maria* stammt aus dem 2. Jh. und wurde vermutlich auf Griechisch abgefasst. Der Text ist als erste von vier gnostischen Schriften in dem seit 1896 bekannten Codex Berolinensis Gnosticus 8502 überliefert. Zwar wird kein gnostischer Mythos entfaltet, aber es finden sich einige gnostische Motive. Das Evangelium setzt mitten in einem Gespräch Jesu mit seinen Jüngern ein. Nach dem Entschwinden Jesu tröstet Maria Magdalena ihre Mitjünger und gibt geheimes Wissen weiter, das sie von Jesus in einer Vision empfangen hat. Thema ist der Aufstieg der Seele und ihre Auseinandersetzung mit den feindlichen Mächten. Im Anschluss an die Offenbarung entsteht ein Streit unter den Jüngern über die Rechtmäßigkeit der Worte Marias, die Petrus und Andreas anzweifeln, während sie Levi (Matthäus) verteidigt. Von einem ähnlichen Konflikt zeugen die *Pistis Sophia* (Kap. 36; 72) und das *Philippusevangelium* (Spruch 55) aus Nag Hammadi.

Die *Epistula Apostolorum* (Brief der Apostel) stammt aus dem späten 2. Jh. Neben einer vollständigen äthiopischen Version existieren koptische und lateinische Fragmente; die Ursprache ist vermutlich Griechisch. Dieses Offenbarungsgespräch Christi mit seinen Jüngern nach seiner Auferstehung ist als Brief des Apostelkollegiums an die

Kirche in aller Welt stilisiert. Zudem leitet eine Rahmenerzählung, die mit den Ereignissen kurz vor der Passion beginnt, das Offenbarungsgespräch ein. Von den Schriften des NT wird besonders das *Johannesevangelium* rezipiert; die Gottheit Christi und seine Einheit mit dem Vater spielen eine große Rolle. Weitere Themen sind die Menschwerdung, Höllenfahrt und Wiederkunft Christi, das Schicksal der Kirche, das Gericht und die Auferstehung der Toten sowie die Stellung des Paulus. Glaubenssaussagen werden in Form von Bekenntnissätzen formuliert, auch liturgische Handlungen spielen eine Rolle. Obwohl gnostische Einflüsse auszumachen sind, richtet sich die *Epistula Apostolorum* gegen die doketische Häresie (s.o.), die Simon und Kerinth paradigmatisch repräsentieren.

Das in koptischer Sprache überlieferte *Unbekannte Berliner Evangelium* wurde 1991 in den Berliner Handschriftenbeständen entdeckt und 1999 ediert. Der stark beschädigte Text trägt keinen Titel und wird vorläufig als *Unbekanntes Berliner Evangelium*, *Berliner Evangelienfragment* oder *Gospel of the Savior* (Evangelium des Erlösers) bezeichnet. Die Datierungsvorschläge (3. Jh.?) und Vermutungen über die Ursprache (griechisch oder koptisch?) schwanken; der Codex selbst stammt aus dem 6. Jh. Zusammen mit nubischen und koptischen *Staurostexten* (Kreuzestexte) und dem *Straßburger koptischen Papyrus* ist das *Unbekannte Berliner Evangelium* Zeuge eines größeren Textkomplexes. Eine genauere Identifizierung als *Evangelium der Zwölf Apostel* oder *Andreasevangelium* bzw. eine Zuordnung zum *Petrusevangelium* ist umstritten.

Das *Unbekannte Berliner Evangelium* beschäftigt sich mit den Ereignissen vor der Passion Jesu. Es enthält viele Logien, Reden, Dialoge Jesu mit seinen Jüngern, eine visionäre Himmelsreise der Jünger und hymnische Elemente. Der Text endet mit einer feierlichen Ansprache Jesu an das Kreuz. Neben der Aufnahme der Gethsemane-Szene (Mk 14,32–42) und der Thronsaal-Szene aus der *Offenbarung des Johannes* (Apk 4) greift die Schrift vor allem auf das *Johannesevangelium* zurück, aber auch zu apokryphen Traditionen gibt es Entsprechungen (*Thomasevangelium*, *Petrusevangelium*, *Andreasakten*).

Das *Testamentum Domini* (*Testament unseres Herrn Jesus Christus*) stammt aus dem 5. Jh. Die in Syrien entstandene, ursprünglich wohl auf Griechisch abgefasste Kirchenordnung liegt auf Arabisch und

Äthiopisch sowie in mehreren syrischen Fassungen vor. Formal stellt die Schrift eine Offenbarung des Auferstandenen an seine Jünger dar. Der erste Teil enthält eine zuvor selbständig überlieferte Apokalypse, der zweite Teil eine Kirchenordnung, deren Grundstock auf die *Traditio apostolica* zurückgeht, eine nicht überlieferte Ordnung des 2./3. Jh.s. Das *Testamentum Domini* wurde später Bestandteil eines kirchenrechtlichen Sammelwerks, des *Klementinischen Oktateuchs*.

MARTINA JANSSEN

MIX
Papier aus verantwortungsvollen Quellen
FSC® C013736

Gedruckt auf chlorfrei gebleichtem, säurefreiem und alterungsbeständigem Papier

Bibliografische Information der Deutschen Nationalbibliothek
Die Deutsche Nationalbibliothek verzeichnet diese Publikation in der Deutschen Nationalbibliografie; detaillierte bibliografische Daten sind im Internet über http://dnb.d-nb.de abrufbar.

ISBN 978-3-476-04061-9

www.metzlerverlag.de
info@metzlerverlag.de

Gestaltung: Finken & Bumiller, Stuttgart
(Umschlagfoto: picture-alliance/akg-images; picture alliance/Artcolor)
Satz: Dörlemann Satz, Lemförde
Druck und Bindung: Kösel, Krugzell

Printed in Germany